地灣漢簡

甘肅簡牘博物館
甘肅省文物考古研究所
出土文獻與中國古代文明研究協同創新中心中國人民大學分中心
編

中西書局

國家文物局邊疆考古項目（項目負責人：張德芳）

國家古籍整理出版專項經費資助項目

前言

地灣，一個毫無特色的地名，却以出土大量漢簡而聞名於世。一九三〇年，中瑞西北科學考查團成員、瑞典考古學者弗克·貝格曼（Folke Bergman）在居延地區的近三十個地點掘獲漢簡一萬零八百多枚。其中甲渠候官遺址（俗稱破城子）出簡四千四百二十二枚，地灣出簡二千三百八十三枚，大灣出簡一千三百三十四枚，金關出簡七百二十四枚。除此四地出土八千八百六十三枚簡外，其他地點都只有零星發現。當時地灣出簡的數量僅次於破城子，占全部居延漢簡的五分之一。[一]

根據漢簡的記載，兩千多年前這裏是肩水都尉下屬之肩水候官的駐地，一座西北邊塞通往居延地區的軍事要塞。時至今日，歷經歲月滄桑的障城仍巍然屹立。

地灣遺址，地理坐標在北緯 40°35′1.40″，東經 99°55′45.27″。南距甘肅省金塔縣航天鎮三十四公里，東北距今天的衛星發射中心直綫距離五十公里。遺址往西七十米處，就是著名的額濟納河，它發源於祁連山，由西南向東北流淌而過。今天的額濟納河由上游經過張掖、臨澤、高臺的黑河和西南經酒泉的北大河匯流而成。它不僅同地灣遺址密切相關，而且承載着更多的歷史文化。兩漢時期，今天的黑河稱羌谷水，北大河稱呼蠶水，額濟納河稱弱水。《漢書·地理志》載：「羌谷水出羌中，東北至居延入海，過郡二，行二千一百里。」「呼蠶水出南羌中，東北至會水入羌谷。」《尚書·禹貢》中「導弱水至于合黎，餘波入于流沙」，説的就是這條河。漢代的居延防綫呈「Y」字形，卅井塞東西走向，六十公里左右，像一支斜逸出的「枝條」。其他的要塞都是沿着弱水兩岸分布的，從北向南有殄北塞、甲渠塞、廣地塞、橐他塞、肩水塞，等等。地灣遺址只是其中的一處，它與上述邊塞形成一個完整的防禦體系。地灣遺址的北面是肩水金關遺址，兩者相距五百米。後者除一九三〇年貝格曼在此發掘漢簡七百多枚外，一九七一年至一九七三年，甘肅文博部門又在此發掘簡牘一萬多枚，並於二〇一一年至二〇一六年陸續出版了《肩水金關漢簡》一至五輯。[二]

現在的地灣遺址由障城和塢院兩部分組成。障城爲正方形，二二·五×二二·五米。墻厚五米，高八·四米。障内北墻四米高處和東墻二米高處有成排的曾經安放過木椽的壁洞。西墻開門。障外西面有塢院一座，呈

[一] 中國社會科學院考古研究所編：《居延漢簡甲乙編》第二九五—二九六頁，中華書局一九八〇年。
[二] 《肩水金關漢簡》（壹—伍），中西書局二〇一一—二〇一六年。

長方形，五五×四八米，壁高三米，基寬一・三米。塢院東墻同障的西墻呈直綫形連接，院門南開。障塢南邊還有一道塢墻，沿障的東墻直綫南走，三十米後西拐，與塢院南墻平行而西。塢内障南有若干房屋遺址。塢院北部二十米處，有一道東西走向的塢墻，長一百米，基寬二米。一九八八年地灣遺址被列爲全國重點文物保護單位。此地四周是礫石戈壁，屬典型的温帶乾旱氣候，降水稀少，蒸發量大，夏季炎熱，冬季寒冷，四季多風。地表有稀疏的駱駝刺、白刺等耐旱植物。時有蜥蜴、野兔和野雞出没。

遺址東面一千一百米處，有一條二十世紀六十年代所修、由南向北通向航天基地的鐵路；鐵路東面三百米，近幾年修建的酒（泉）航（天城）公路與鐵路並行。遺址東南一千三百米處，有部隊營房一座，一〇〇×一〇〇米，有駐軍守護鐵路。

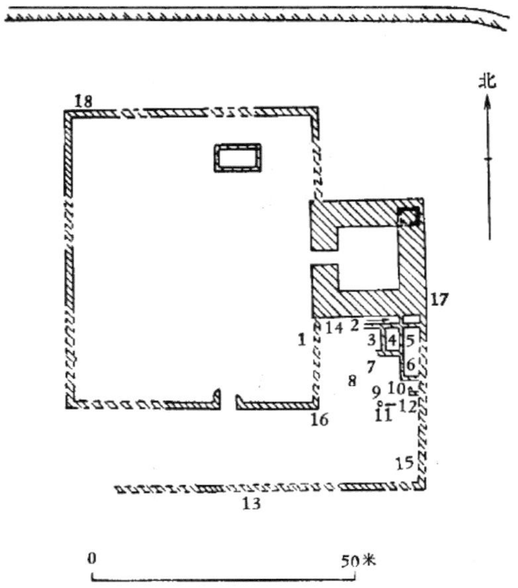

A33（地灣）平面圖

一九三〇年，貝格曼在居延考古發掘近三十個出簡遺址，地灣遺址是其中之一。當時，貝格曼將此地標爲A33，挖掘十八個地點（參看上引平面圖。該圖録自《額濟納河流域障隧述要》，見《居延漢簡甲乙編》下册，第三一四頁），出土漢簡二三八三枚，是當年居延漢簡的組成部分。

此次居延發掘歷時十一個月，從一九三〇年四月二十七日到一九三一年三月二十七日。發掘結束後，貝氏將全部發掘所得，即一萬多枚漢簡和其他文物，分裝十二個木箱，用駝隊運往北京。這批文物先存放於北平圖書館四庫閲覽室，由馬衡和劉半農監督開箱，組織人員拆包，清點、登記、編號、製卡、存放，並開始由馬衡等人着手整理。一九三三年七月，又將這批漢簡從北平圖書館搬到北大文史研究院考古學會（景山東街馬神廟崧公府），增派北平圖書館向達和賀昌群、北大余遜、史語所勞榦四人協助馬衡繼續整理。一九三七年「盧溝橋事變」後，一萬多枚漢簡身處危境。劉半農的弟子沈仲章不懼艱險，在傅斯年、徐森玉的關心支持下，隻身將漢簡運往香港，存入香港大學馮平山圖書館。得到葉恭綽、傅斯年的支持，沈仲章在守護漢簡的同時，開始新一輪整理：重新上架、登記、照相、編排、剪貼，打算完成後送往上海商務印書館印製出版。但是太平洋戰爭爆發後，香港不保，漢簡的安全又成了問題。經駐美大使胡適斡旋，美國國會圖書館同意協助保存。一九四〇年八月四日，這批漢簡搭美國輪船從香港啓航，於十月二十六日安抵美國國會圖書館。時隔廿五年之後，才於一九六五年十一月二十三日運抵臺北，現存放臺北南港的「中研院」歷史語言研究所。

居延漢簡的整理，最早於一九三六年出過余遜和勞榦的曬藍本，只有釋文而無圖版。釋文也不完整，只有三〇五五條。抗戰時期，勞榦先生一個人堅持工作。他在四川宜賓的李莊用反體照片釋讀原簡，於一九四三年和一九四四年先後石印刊行《居延漢簡考釋・釋文之部》和《居延漢簡考釋・考證之部》，一九五七年又在臺北出版了《居延漢簡考釋・圖版之部》。最近臺北「中研院」史語所重新整理居延漢簡，用紅外綫掃描，並對釋文詳加訂正。二〇一四年開始出版第一卷，每年一卷，計劃於二〇一八年將五卷本全部完成。這是居延漢簡圖版和釋文整理的最新成果，地灣漢簡作爲其中的重要部分也得以嶄新的面貌呈現。

至於這次發掘的考古報告，由於貝格曼於一九四六年英年早逝，在他生前並未完成。從一九五一年起，瑞典學者博·索馬斯特勒姆（Bo Sommarstrom）接手此項工作，並於一九五六年和一九五八年分別出版了兩卷本的《内蒙古額濟納河流域考古報告》，即「斯文赫定博士率領的中國西北諸省科學考察報告」的第三十九本和第四十一本，其中對地灣漢簡的發掘有詳細描述。中國大陸於一九五九年由中國科學院考古研究所整理出版了《居延漢簡甲編》，衹收録圖版和釋文二五五五條。到一九八〇年出版《居延漢簡甲乙編》時才基本收齊了全部居延漢簡的圖版和釋文。書後附有《額濟納河流域障隧述要》，就是陳夢家先生根據索馬斯特勒姆的報告撮要編寫的。另外，二〇一四年由學苑出版社出版的黄曉宏、張德芳等翻譯的索氏的考古報告，其中對當年貝格曼在地灣的發掘有詳細記録。[三]研究地灣遺址及其出土漢簡，這是重要的參考資料。

本書收録的簡牘圖版和釋文是一九八六年對地灣遺址進行第二次考古發掘的收穫。相隔前次貝格曼的發掘，已有五十六年時間。一九八六年，剛剛從甘肅省博物館分離出來的甘肅省文物考古研究所在此前多次深入居延地區進行調查的基礎上，集中對地灣遺址進行了再次發掘。時間是一九八六年九月二十三日至十月二十四日，整整一個月。此次發掘自始至終都是在時任所長岳邦湖先生的組織下進行的。工地發掘人員有吴礽驤、任步雲、馬建華三位先生和司機馬更生。工地由吴礽驤負責。當時，開掘探方五十九個，發掘面積一千八百多平方米，出土漢簡七百多枚和其他各類遺物若干。

一九八六年的地灣發掘，距今已經三十多年。其中的岳、吴、任三位先生已經作古，馬建華先生也已調往外地並退休多年。爲了紀念三位老先生對地灣發掘的貢獻，此處對他們的生平略作介紹。岳邦湖（一九二九—二〇一三），河南温縣人。一九五〇年參加北京大學考古學習班，此後一直在甘肅省文博部門工作。先後任甘肅省博物館文物工作隊隊長、甘肅省文物考古研究所第一任所長，直至退休。對甘肅長城的調查、居延遺址及居延新簡的調查發掘、地灣遺址的發掘以及其他方面諸如甘肅石窟、甘肅岩畫、秦直道的調查等都作出過重要貢獻。主持和參與完成的專著有十多種。吴礽驤（一九三四—二〇〇四），湖北天門人。一九六一年北京大學歷史系畢業後長期在甘肅省文博部門工作。曾參加靈臺白草坡兩周墓、酒泉嘉峪關魏晉壁畫墓、敦煌馬圈灣、敦煌懸泉置以及地灣遺址的調查發掘，是著名的長城學專家和簡牘學專家。曾任甘肅省文物考古研究所漢簡研究室主任。整理並完成《敦煌漢簡》，著有《河西漢塞調查與研究》和論文數

[三]［瑞］博·索馬斯特勒姆著，黄曉宏等譯：《内蒙古額濟納河流域考古報告》，學苑出版社二〇一四年。

十篇。任步雲（一九二三—一九九一），甘肅隴西人。一九五三年到甘肅省文博部門工作，曾參加過多次重要的考古調查和發掘。有《居延漢簡「候史廣德坐罪行罰檄」》《居延漢代遺址的發掘和新出土的簡册文物》《建武三年居延都尉吏奉例略考》等文章。他們的發掘，爲當年貝格曼所出兩千多枚地灣簡又增添了材料，也爲我們今天的工作奠定了基礎。藉本書出版的機會，對以上各位前賢表示深切懷念。

爲了使讀者能更多瞭解這批簡牘和當年發掘的有關信息，書後附有「簡牘形制尺寸表」和當年吴礽驤、任步雲兩位先生的發掘日記。

這批漢簡的最初釋文是由何雙全、張俊民和張德芳在二十世紀九十年代中期完成的。時過二十多年，我們重新整理並正式發表這批材料時，已是時勢流轉、物是人非。過去的「漢簡研究室」一變而爲「甘肅簡牘保護研究中心」，再變而爲「甘肅簡牘博物館」。

此次整理出版，一是照顧到歷史的連續性，二是本着與文博部門以外的科研機構和大專院校加强合作的精神，由甘肅簡牘博物館、甘肅省文物考古研究所、出土文獻與中國古代文明研究協同創新中心中國人民大學分中心合作完成。

具體過程是，甘肅簡牘博物館將新近拍攝掃描的圖版與釋文稍作核校後交由出版社編輯排版，在校樣排出後請相關學者分頭校讀，然後把校讀結果集中反饋給出版社排出二校樣，再把二校樣交給各位學者繼續校讀，並於二〇一七年七月二十九日—三十日集中蘭州討論定稿。甘肅簡牘博物館館長張德芳及副研究員肖從禮、馬智全，中國人民大學王子今教授、孫家洲教授、馬利清教授和孫聞博副教授，南開大學楊振紅教授，中國社會科學院簡帛研究中心鄔文玲研究員，西北師範大學李迎春副教授以及中西書局秦志華、田穎等自始至終參加了這次再整理的全過程。其中肖從禮、馬智全、李迎春、田穎在具體校改編務過程中出力尤多。全書照片的拍攝和吴礽驤、任步雲日記的整理由張德芳完成。

至於簡文的釋讀，我們雖盡了最大努力，但錯誤缺漏在所難免，誠望學界不吝賜教，隨時批評指正。

甘肅簡牘博物館　館　長　張德芳

二〇一七年九月二十二日

凡　例

一、本書收録一九八六年地灣遺址出土的全部漢簡七七八枚，以及當年在肩水金關遺址採集的散簡廿五枚，共收録簡牘八〇三枚。包括彩色照片、紅外圖版和簡牘釋文。

二、本書編排以當年發掘之探方爲單元，分彩色照片和紅外圖版兩個部分。無論彩色照片還是紅外圖版，每簡之後均附有釋文。

三、簡牘編號一例依發掘出土時的原始編號，不再另編新號。編號中包含四個要素，即發掘時間、出土地點、探方編號以及每簡在該探方中的順序號。比如 86EDT1:1，「86」代表發掘時間爲一九八六年，「ED」是額濟納河流域地灣遺址的漢語拼音首字母，「T1」代表當年發掘時的一號探方，再後的阿拉伯數字乃該簡在該探方中的順序號。類此，「EJ」代表額濟納河流域肩水金關遺址，「C」指採集所得。

四、全書圖片與簡牘原物呈 1:1 比例。正反面有字者，標以 A、B。多面有字者，以 A、B、C……標示。

五、釋文格式迻録原簡，但因排版的原因，不求其位置的完全對應。

六、無法釋讀的文字，一字一「□」。而一行無法釋讀又不能確定字數者，以「……」表示。

七、簡文中的其他符號隨文録出，如：／、△、〓、·、■、∠、卩、丿、乚等，只求其大致相似。

八、簽牌上方的半圓形網狀標記「◓」、封泥匣「回」以及斷簡符「⧄」，因圖版中原簡形制具在，故不再標出。

九、河西漢簡中从「⺮」之字均从「艸」，釋文中以正字出現，如「薄」「藉」之類，均作「簿」「籍」，以此類推。

十、簡文中的異體字如「塱」「坖」，通作「望」「氐」；異體字「隧」「隊」等，統一作「隧」，但「隊」仍作原字。

十一、簡文中的「大守」「一兩」「縣索關」，不改爲「太守」「一輛」「懸索關」；「警」「蓬」等字不改爲「驚」「烽」。

十二、爲呈現簡牘的更多信息，書後附有「簡牘形制尺寸表」。因河西所出簡牘除少量多棱觚外，大多數厚度都在〇・二厘米左右，故所列尺寸除專門標明者，一般只列出長、寬二維的尺寸。

十三、爲使讀者瞭解當時的發掘情況，書後附有發掘者吴礽驤和任步雲二位先生的「地灣考古發掘日記」。原日記影印並以「圖注」形式照録原文。日記中的個別錯誤，整理者作了適當處理。如「肩〈削〉」表示原稿中的「肩」爲「削」之訛字；〔坑〕表示「坑」爲補字；［　］中爲説明文字。

目録

彩色圖版

地灣漢簡 86EDT1:1—26

地灣漢簡 86EDT2:1—15

地灣漢簡 86EDT3:1—3

地灣漢簡 86EDT4:1—10

地灣漢簡 86EDT5:1—24

地灣漢簡 86EDT7:1—38

地灣漢簡 86EDT8:1—66

地灣漢簡 86EDT9:1—9

地灣漢簡 86EDT10:1—18

地灣漢簡 86EDT14:1—6

地灣漢簡 86EDT15:1—8

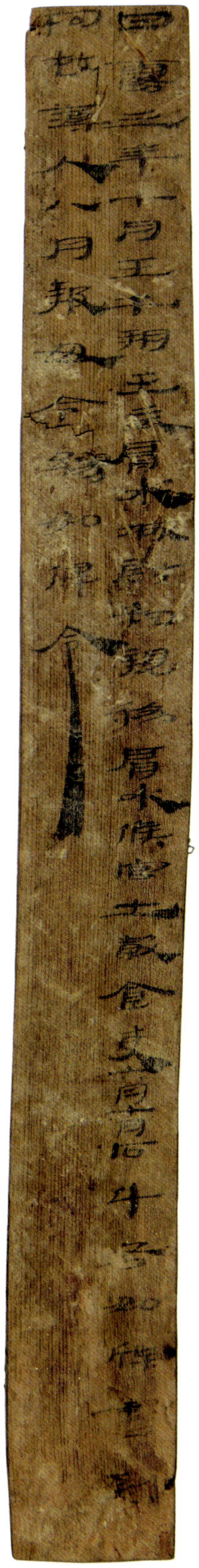

甘露三年七月壬午朔壬辰肩水城尉利親移肩水候官出穀食吏六月七月石斗各如牒書到
构校簿入八月報毋令繆如律令
86EDT1:1A

印曰肩水城尉
七月乙未沙頭卒丁顛以來　嗇夫買臣
86EDT1:1B

•肩水候官庠竟隧長公乘聶良
初元年功勞案
86EDT1:2A

•肩水候官庠竟隧長公乘聶良
初元年功勞案
86EDT1:2B

隧長禹敢言之囚道病　86EDT1:3

收降隧長徐良　就三兩入　廿五石官
□六石尉　86EDT1:4

縣使寧歸願逋未盡稟穀少不足　86EDT1:5

駮南亭長孫章　就三兩　入七十五石　周宣載　畢　86EDT1:6+12

□□□□□不得就　就三兩　不□□　86EDT1:7

□□六百廿　86EDT1:8

七十石三斗七升吏卒或　86EDT1:9

□安　就三兩　86EDT1:10

□完　86EDT1:11

湌食安善久不相見旬月□□　86EDT1:13A

……致勝意　86EDT1:13B

……
廢不以爲憂不思奉稱覆校　86EDT1:14

詔書京師衆□
□□□□□　86EDT1:15

•□叩頭君□　86EDT1:16A

迫夜又遽至　86EDT1:16B

之□□□　86EDT1:17

•右十月□書　86EDT1:18

……人定時起騂北
……界中九十里當行九時　86EDT1:19

……二封　……
……　86EDT1:20

……

86EDT1:21

□掾印正月十二日□下部
……戊辰食時金關毋忘付

86EDT1:22

□

86EDT1:23

入北書四封　……
……

86EDT1:24A

一封……
永光四年十月

86EDT1:24B

□□到□□
……

86EDT1:25

出北檄三封肩水佐發

86EDT1:26

封　其一封將軍章驛馬行一䌛得丞印郵行
居延
……

86EDT2:1

……　86EDT2:2A

……封□□　86EDT2:2B

假八月十日□後□□李□受甯非　86EDT2:3

出錢六百　河平元年五月庚子令史遂　86EDT2:4

被肩水
候禹行
□□　86EDT2:5

肩水候官　86EDT2:6

名人　86EDT2:7

肩水候長孫晏　86EDT2:8

□詬表從矢□各各再拜　86EDT2:9

……五千　86EDT2:10

……　86EDT2:11A

……　86EDT2:11B

寫建□□王意　86EDT2:12

關六月七日　86EDT2:13

……　86EDT2:14

……月一日
月一日□□　86EDT2:15

東平陸中里周竟人入　86EDT3:1

•肩水候官始建國元年　86EDT3:2

君單氾□
□又自等德君叩頭
□□□□□　86EDT3:3A

•右五傳往來積卌□　86EDT4:1

戍卒淮陽郡陳□　86EDT4:4

出□　86EDT4:7

當迫賣之使□　86EDT3:3B

趙君□十五錢丿
□子親十五錢　86EDT4:2

月中尊持官行　86EDT4:3

金城隧卒角得千秋　86EDT4:5

□弩□（削衣）　86EDT4:6

出……　86EDT4:8

……　86EDT4:9

入南書一封都尉印一月□　86EDT4:10

廣地候王閎　86EDT5:1

尉參行丞事　86EDT5:2A

白教　86EDT5:2B

□被止虜隊長至　86EDT5:3

騎吏師卿　86EDT5:4

吏除　86EDT5:5

•北部扁索入　86EDT5:6

孝德　86EDT5:7

里王尊　86EDT5:8

……少□　86EDT5:9

丑朔月廿七日辛卯起□
皆都尉印其一皁緯　86EDT5:10

□筍㩳中□　86EDT5:11

馳告昭武記　86EDT5:12

橐他候官　86EDT5:13

事賜　86EDT5:14

並山隧　86EDT5:15

食城倉所□　86EDT5:16

……
□□相下因示一封後□來　86EDT5:17

□□□□□到□有□□　86EDT5:18A

……　86EDT5:18B

……
……
……　86EDT5:19

□得□□（削衣）　86EDT5:20

告肩
□（削衣）　86EDT5:21

肩水候官　（削衣）　86EDT5:22

若和兹賣買　（削衣）　86EDT5:23

□謹移吏　（削衣）　86EDT5:24

李會李業任況楊鴻叩頭言
成卿孟卿坐前頃起居人馬毋它善聞者廣從南方北追□
毋它掾尉卿寧當來北耶願札記告令知之二卿當何
時來北諸事長毋累郵書將爲見且自愛慎出入　86EDT7:1A

南來□□急願以記書相聞記畢路不一乚二……
人受記願爲謝官中諸人叩"頭"　86EDT7:1B

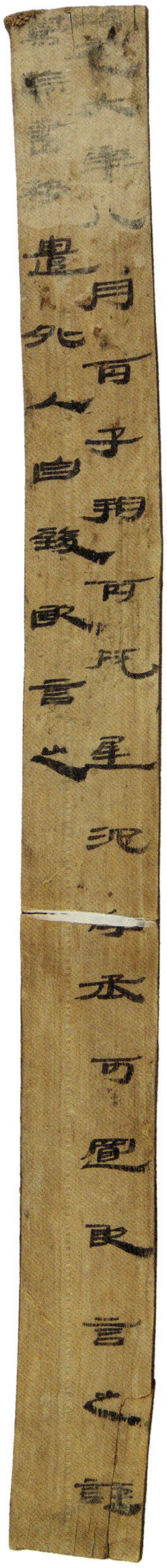

始元六年八月丙子朔丙戌氐池守丞可置敢言之謹
寫除書移遣外人自致敢言之
86EDT7:2A

始元六年八月丙子朔丙戌氐池
86EDT7:2B

印曰張猛印
肩水候官
三月癸未騂北卒勝以來
86EDT7:3

建武三年三月戊申行居延都尉事大將軍偏將軍忠以張掖橐佗候印封丞　敢言之
……
86EDT7:4

史孫戍卒東郡東　令史令伏地再拜　86EDT7:5

長坐　86EDT7:6

涿郡都尉主壽勞三歲十一月十八日　安定都尉鉤密勞三歲十月十六日　86EDT7:7

〃水〃候官當道何以回辟不使稟　86EDT7:8

禁姦隧卒東郡博平布里李綰
稾矢五十　□□□
寅矢百五十　服一
承弦二　弩循　86EDT7:9

□□近衣裘强進
幸甚"謹請長奉書　86EDT7:10A

梟長弦二完　乚　86EDT7:11

癸卯旦迹毋人馬越塞出入者　86EDT7:13

己丑迹盡界毋越塞出入迹　86EDT7:15

迹盡界毋越塞出　86EDT7:17+24

……
□□幸毋逆即毋有　86EDT7:10B

□得得得得得（習字）　86EDT7:12

石穀今旦來決□　86EDT7:14

居延東鄉佐廣都里□　86EDT7:16

□者不可不審
樂幸得天德令　（削衣）　86EDT7:18

逕子文胡奴□ 86EDT7:19

事缺 86EDT7:20

日起畢檄一槖他
□□□□□□ 86EDT7:21

黄龍元年 86EDT7:22

令史 86EDT7:23

酒□ 86EDT7:25

戊子朔癸酉肩水
□□□□ 86EDT7:26

六月食 86EDT7:27

□病者□□□□ 86EDT7:28

環記 86EDT7:29

…… 86EDT7:30

□刑延壽欲定名縣□ 86EDT7:31

……人□ 86EDT7:32

六錢凡少千六百 86EDT7:33

□□順 86EDT7:34

□□□　86EDT7:35A

□□□□　86EDT7:35B

□□□□□　86EDT7:36

亭長張　86EDT7:37

牛車一兩弩一矢　86EDT7:38

肩水都尉　86EDT8:1

河平二年九月壬辰朔　肩水置嗇夫光詣官　86EDT8:2+26

□□□□□□□□□□□願□近衣强酒食寬小人□□□□收成
幸=甚=收成叩頭因道降對會□□□除爲萬世隧長□□□□□　86EDT8:3

七月　肩水關嗇夫　以小官印兼行候事謂左前南部　86EDT8:4

戍卒淮陽郡傿武都里王安樂　86EDT8:5

□母右後候長武敢言之　86EDT8:6A

□斗　候史建　86EDT8:6B

七制詔御史前曰軍在外尚有繇賦事今非大有繇賦已五
……
86EDT8:7

今餘磑卅一合一蹄　86EDT8:8

□□□□五□參一分細辛茱各一分苑弓窮各一分半□□□　86EDT8:9

出賦錢六百　以給第六隧長馬秋九月奉　九月丙辰獲胡　86EDT8:10

□都尉史周黨史史詣門下叩頭叩頭頭延叩頭頭頭尉史頭字子康（習字）

86EDT8:11A

都尉史周黨史詣門下叩叩叩叩叩頭頭頭頭叩頭叩頭頭頭（習字）

86EDT8:11B

□先以證不言請出入

86EDT8:12

五月已來逋食凡六斛二斗未得□

86EDT8:13A

日久泉用盡索今哀憐全□

86EDT8:13B

積當空道便處稟食如律

□□□□□□

86EDT8:14A

□□

86EDT8:14B

□　爲祁掾償故府□　86EDT8:15

就人觻得益昌里成鳳輸肩水候官　86EDT8:16

平旦表一通
日出二通
蚤食一通
食時一通　86EDT8:17

□亥掾憙給置佐張霸　86EDT8:18

獄庚子至都　86EDT8:19

五佰　86EDT8:20

丞解　86EDT8:21

十一月奉　十二月乙丑　86EDT8:22

臨渠隧卒宋亭　尚　86EDT8:23

齒八歲高五尺八寸　五月　86EDT8:24

□□□□□□　86EDT8:25

折傷兵　　86EDT8:27

以食望　　86EDT8:28

亡未得移
……　　86EDT8:29

枚　□□　　86EDT8:30

五月丁□　　86EDT8:31

肩水候鄣十二月　　86EDT8:32

出錢七千九百六十　　86EDT8:33

買一　　86EDT8:34

壬子　二人養　　86EDT8:35

字子公阜復袍一領　麗　　86EDT8:36

大車二兩
牛一黑犗齒七　　86EDT8:37

□子房施刑　　86EDT8:38A

□□□弦千　　86EDT8:38B

入麥大石七十四石　　86EDT8:39

言之　86EDT8:40

·凡入千四百
因五月六月
入麦錢九百　□百五十叁　86EDT8:41

……　86EDT8:42A

□□
□□□□　86EDT8:42B

送忠等昭武候長　86EDT8:43

定陽令張□
武關候楊□　86EDT8:44

□□　86EDT8:45

□六十八廿　精　86EDT8:46A

出二百八十粟
□八十麥　出四百一十七□　86EDT8:46B

□奉世敢言　86EDT8:47

肩水　86EDT8:48

□□　86EDT8:49

出錢千二百　城官　86EDT8:50

府　86EDT8:51

□恐□□□□　86EDT8:52

賞肉□□　86EDT8:53

君……　86EDT8:54

……
……　86EDT8:55

□案　86EDT8:56

□衣一　86EDT8:57

賜用帛五十八匹
帛三匹
□九人用錢（削衣）　86EDT8:58

安竟隧長任尚　86EDT8:59

創中風頭　86EDT8:60

□民□□　86EDT8:61

……　86EDT8:62

二百九十三　86EDT8:63

……　86EDT8:64

□□　86EDT8:65

三　86EDT8:66

□陳過衆　軺車一乘馬一匹　86EDT9:1

弩一矢廿五　86EDT9:2

金關毋它罪□□
……
86EDT9:3A

……

86EDT9:3B

二月庚　86EDT9:4

其九百六十因積四月食小石十三石三斗□
已入錢千八百卌
凡二千八百

86EDT9:5

令史普買　86EDT9:6

忠下丞相□　86EDT9:7

書到逐召□□　86EDT9:8

觻得縣（削衣）　86EDT9:9

……命國難者謂　86EDT10:1

□百　86EDT10:2

以食當　86EDT10:3

□宋惠十一月食　86EDT10:4

云一人有慶萬民□　86EDT10:5

士吏延壽　86EDT10:6

□□　86EDT10:7

人在尉鄣
一人在官一人□　86EDT10:8

收降隧卒□　86EDT10:9

累重伐閱行□　86EDT10:10

出錢千二百　86EDT10:11

……百六十五•凡二千一百　86EDT10:12

步□□　86EDT10:13

〃廷檄言　86EDT10:14

□□肩水士吏平受良　86EDT10:15

□騎段……　86EDT10:16

丁丑省卒　86EDT10:17

□石承弩　86EDT10:18

張充年廿六　取右館簪褭李充國年廿六爲庸自代（竹簡）　86EDT14:1

丁亥迹毋人馬迹出入塞者　86EDT14:2

練子小男助　86EDT14:3A

章曰居延令印　86EDT14:3B

□七尺黑色　86EDT14:4

•士吏□馮□　86EDT14:5

九人　86EDT14:6

官六石具弩一　86EDT15:1A

官六石具弩一　86EDT15:1B

建始四年五月甲辰朔壬
迎受□橐他令史田並□　86EDT15:2

元鳳六　86EDT15:3

傳爰書　86EDT15:4

意卒李廣　86EDT15:5

孟長孫　86EDT15:6

元鳳四年十月己□　86EDT15:7

石多二石
□卅六石多二石　86EDT15:8A

五
□　86EDT15:8B

地 灣 漢 簡　86EDT16:1—36

地 灣 漢 簡　86EDT22:1—20

地 灣 漢 簡　86EDT28:1—13

地 灣 漢 簡　86EDT34:1—11

地 灣 漢 簡　86EDT40:1—38

地 灣 漢 簡　86EDT42:1—11

地 灣 漢 簡　86EDT43:1—14

地 灣 漢 簡　86EDT44:1—6

地 灣 漢 簡　86EDT46:1—3

地 灣 漢 簡　86EDT65:1—20

地 灣 漢 簡　86EDT79:1—5

□敝足下善毋恙甚苦官事
……
86EDT16:1

稾伏胡隧卒番隆十一月食　十一月辛酉令史宏付候長譚
86EDT16:2

樂涫貞里上造張鳳年三十八　樂涫丞印　世里安樂年二□
富里齊明□
86EDT16:3A

……
君魚足下
86EDT16:3B

粟六斗　一□
三斛
86EDT16:4

長安昌陽里公乘成隆年卅二　居延丞印　大車一兩
用牛二頭
86EDT16:5

麥二石　已出麥二石
□□　……
86EDT16:6

□爲之如何黨有
……
86EDT16:7A

□□□□遂□光□
□自振給當如它
86EDT16:7B

調護之
86EDT16:8

幸爲致　勿忘也叩頭　……
幸甚令
先門下　口〃叩頭〃……（習字）　86EDT16:9A

頭白記　元　□立　□
門下二三　□叩頭白記　三　□（習字）　86EDT16:9B

□朔丁張歌倉守長弘敢言　86EDT16:10A

戊子戊寅戊寅敢言　86EDT16:10B

元康二年三月庚午朔　86EDT16:11

五人〃三升　86EDT16:12

□斗五斗□　86EDT16:13

大男字伯
□男字□□　86EDT16:14

□庚申兼掌官掾　86EDT16:15

……　86EDT16:16

□食不　86EDT16:17

原夫子　86EDT16:18

置……　86EDT16:19

延田黍少□　86EDT16:20A

□□千人薑五□　86EDT16:20B

不在署令　86EDT16:21

二斛八斗　稟登山　86EDT16:22

□詣官　86EDT16:23

束直千一百廿　86EDT16:24

……
伏罪請□□　86EDT16:25

粟六斗……　86EDT16:26

……　86EDT16:27

十一月壬申戊□　　86EDT16:28

月丁巳□　　86EDT16:29

叩頭言……　　86EDT16:30

□□□□中□數蚩不□ □□　　86EDT16:31

出米一斛桼斗□　　86EDT16:32

□詡奏封　　86EDT16:33

出倉米三　　86EDT16:34

曹掾宏　　86EDT16:35

與□ □□君　郡周邊叩頭　　86EDT16:36

肩水以郵行 ……
佘□死□　　86EDT22:1

稾收降卒藉鳳十一月食　十一月乙丑令史豐付鳳　　86EDT22:2

年二十五　張掖後司馬　大車一
牛二頭

86EDT22:3

五封……

86EDT22:4

地節四年八月己酉佐充

86EDT22:5

月吏奉賦錢不到　□□□
十月以來奉　□少一□

86EDT22:6

橐當谷隧卒王明十一月食　十一月辛酉令史宏付候長譚

86EDT22:7

欲從大兄與

86EDT22:8A

□忽□□
復須納言願

86EDT22:8B

不煩不污閒闊良日莫如今□

86EDT22:9A

五

86EDT22:9B

□□坐□　86EDT22:10

居延司空佐綦毋豐　86EDT22:13

少不足　86EDT22:15

出米六斗　□　86EDT22:18

居延守卒史護年卅長七尺三寸黑色劍一　86EDT28:1

府都吏趙倉馬一匹北　86EDT22:11+12

□□馬□　86EDT22:14

□千四百　86EDT22:16

□/掾奉德書　86EDT22:19

肩水□□　86EDT22:17

忠頃聖　86EDT22:20

□稱年卌五　有方一　靳幡一
靳干一　86EDT28:2

令史嗇夫二人出百□　86EDT28:3

出糜二石　86EDT28:4

□□五年九　86EDT28:5

梟長弦□　□□
槀矢五十　□□
寅矢百五十　□□　86EDT28:6

今餘□　86EDT28:7

朔甲寅　86EDT28:8

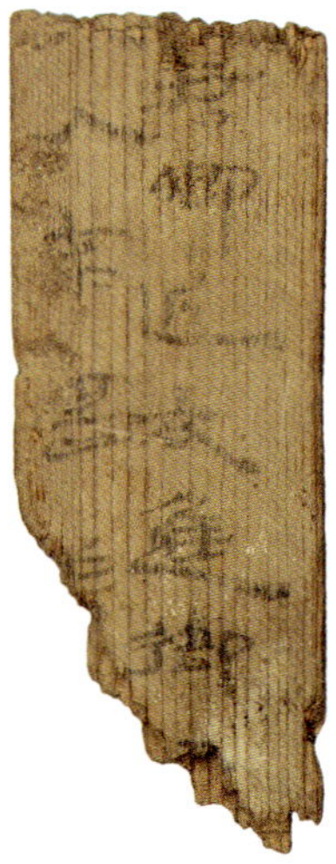
君卿近衣進御□
□入來甚善　86EDT28:9A

"罪"有來者□　86EDT28:9B

二千一百六　86EDT28:10

毋失年　86EDT28:11

屬國塞吏　86EDT28:12

安世隧長　86EDT28:13

肩水金關　86EDT34:1

從　君記傳詣士吏張卿當谷隧長

86EDT34:2A

□徐鳳不幸爲□
□□□□□□

86EDT34:3

□□□第四百五十六人

86EDT34:5

升　……

86EDT34:7

韋弦二　□
梟長弦八　宜

86EDT34:9

從所請張卿少卿苦事水到壍多少扁不
者非爲塞渠水也居延都尉使農令買

86EDT34:2B

□史錢三百其二百□
□錢百卌須君請□

86EDT34:4

車一兩□□□三百□

86EDT34:6

金城卒爰陽載茭二百廿□束
塞虜卒處宜載茭二百卌束少

86EDT34:8

伏地再拜

86EDT34:10

□□

86EDT34:11

循伏地再拜請
子贛∟贛足下屬見不具辤謹道子贛∟贛幸不忍許與循俱
……又求易食窮人易置然循宜
□子贛∟贛□毋棄捐循

86EDT40:3A+1A+5A+4A

石卿　　李聖君

86EDT40:4B+1B+5B+3B

稟受降隧卒滇齊十一月食　　86EDT40:2

肩水候官　　86EDT40:6

緯皆敝絶　　86EDT40:7

□十束爲馬莝
□食牛　　86EDT40:8

出粟二石

86EDT40:9

長卿
□（削衣）

86EDT40:12

□□
恙寒□（削衣）

86EDT40:14

□
承君毋□
□□（削衣）

86EDT40:17

□年廿六長七（削衣）

86EDT40:19

辛卯

86EDT40:10

觻得平昌里大夫□（削衣）

86EDT40:28+13

不
詣府（削衣）

86EDT40:15

□叩頭願子（削衣）

86EDT40:18

□從官（削衣）

86EDT40:20

□
隨方□
孤獨延
□（削衣）

86EDT40:11

□
□賈官（削衣）

86EDT40:16

召□（削衣） 86EDT40:21

簿一（削衣） 86EDT40:22

伏地請
君足下苦 86EDT40:30+23

□□ 86EDT40:24

二書 86EDT40:25

□□□（削衣） 86EDT40:26

升賦（削衣） 86EDT40:27

□（削衣） 86EDT40:29

□□□（削衣） 86EDT40:31

言（削衣） 86EDT40:32

敢言之□□
九月丙申騂北（削衣） 86EDT40:37+33

□□ 86EDT40:34

□ 86EDT40:35

史　　86EDT40:36

□　　86EDT40:38

□□□□　□□三斛今轉二斛去餘有五斗在倉中　　86EDT42:1

萬世……款以二月食□　　86EDT42:2

月丁丑平旦肩水關卒王並付兼置佐賞　　86EDT42:3

□　　凡出錢五千六百九十七
□□　……　　86EDT42:4

里呂去病　　86EDT42:5

□斗二　　86EDT42:6

□日鋪　（削衣）　　86EDT42:7

□次皆　　86EDT42:8A

田並□　　86EDT42:8B

肩□　86EDT42:9

入粟五十石　□　86EDT42:10

縣（削衣）　86EDT42:11

廿六　廿五　廿四　廿一　十八　十六　十五　得此時大吉　86EDT43:1

出賦錢六百　丿　給　86EDT43:2

□隊長石胥長閏月奉　86EDT43:3

□　86EDT43:4

□口三　出□　86EDT43:5

五鳳□年
謹作治（殘觚）　86EDT43:6

□騎士廿一人還趣騎樂　86EDT43:7

緤得　86EDT43:8

用錢二千四百　86EDT43:9

□叩頭"因言謹遣卒受穀□　86EDT43:10A

頭"再拜白　86EDT43:10B

爲意　86EDT43:11

肩水候官尉史　86EDT43:12

出肉三斤　86EDT43:13

毋毋□（削衣）　86EDT43:14

射溝　毋　86EDT44:1

牛二黄犗　卩　劍一循一居延令印封辟　丿　86EDT44:2

□常富　86EDT44:3

三百廿五子曰舜者在制所　86EDT44:4

故□　86EDT44:5

里扈經年廿三　86EDT46:1

□　□□　86EDT44:6

劍一　86EDT46:3

四月壬寅日中時入　86EDT46:2

陽朔元年六月丙子朔戊子右後候長嘉敢言之官檄曰具移吏負卒責多少牒別
言會月廿日謹移部吏負卒責以六月奉錢償如牒敢言之　86EDT65:1A

□嘉印　史臨發
□月……卒同來　君前　86EDT65:1B

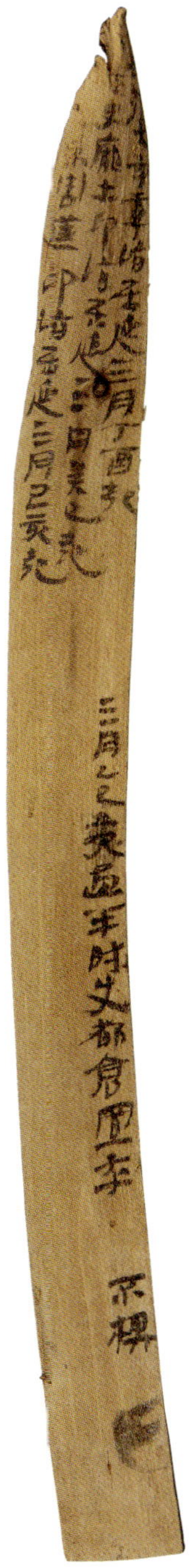

□張掖大守章詣居延三月丁酉起　三月乙巳夜過半時受都倉置卒　不椑　已
□□□史龐土印詣居延三月癸巳起
……□周漢印詣居延三月己亥起

86EDT65:2

第廿五車皆完　86EDT65:3

樂所貸麥十石直七百卌　樂所麥□　86EDT65:4

□守長史　86EDT65:5A

女子□□　86EDT65:5B

官到有　86EDT65:6

□□□□□　其廿七石四斗九□
六百六十七石四斗　86EDT65:7

□尉史博　86EDT65:8

□驚糒
二升麥　86EDT65:9

亭塞　86EDT65:10

相除定負廿五　86EDT65:11

出麥二石　86EDT65:12

子買夫人足下甚再拜　86EDT65:13

卩　弩一矢五十　86EDT65:14

肩水候官　86EDT65:15

元康　86EDT65:16

三升少　86EDT65:17

□一十八　卩　86EDT65:18

光　86EDT65:19

……
……　86EDT65:20A

……　86EDT65:20B

□九日夜鄉晨……　即廿日"餔時付　86EDT79:1

□□□□令□　86EDT79:2

書□□　86EDT79:3

汙辱壽長孫左右毋已又去吏家處廷
言故長孫所乘陷陳亭卒自言□
……廷以
86EDT79:4A

□當□□□□□□欲到□□□□□
容獨居不耐□卒罪急此□□卒不得
卒者奈何所到拜候未善也□
……
86EDT79:4B

入六月四時報如律令　86EDT79:5

地灣漢簡　86EDH:1—31

地灣漢簡　86EDHT:1—96

七斗　稟傳馬五匹驛馬二匹八月食　86EDH:1

四匹驛馬二匹　86EDH:2

安樂隧
駒薪三其一頃足皆不墌
堠上蓬干下兩相不事當徙
居延蓬干置當□
大薪三足不墌ノ
堠塢不墌ノ　86EDH:3

地再拜
安進而食□　86EDH:4A

□□□　86EDH:4B

要害隧茭□　86EDH:5

肩水金關　86EDH:6

□　用肉二斤
用鹽六龠　86EDH:7

□所即行　86EDH:8

□高五尺八寸　86EDH:9

出鹽五升九龠　86EDH:10

□王秋六……　86EDH:11

廣宗三月盡五月積八十　□　86EDH:12

□拜白　86EDH:13

二　86EDH:14

出鹽三升　86EDH:15

窮寇隧卒扈□　86EDH:16

一　86EDH:17

出鹽二升九龠　86EDH:18

□詔獄承書牒　86EDH:19A

百六十六　86EDH:19B

□七……　86EDH:20

敦煌彊力□　86EDH:21

月盡七……　86EDH:22

百　86EDH:23

□申候長□　86EDH:24

移自□□　86EDH:25

出賦錢六百　86EDH:26

鹽五升九龠　86EDH:27

當利隊卒□　86EDH:28

出錢六百　丿　86EDH:29

□霸少百八十二　86EDH:30

出鹽二升八龠　86EDH:31

地再拜令史地再伏地地再伏丞（習字） 86EDHT:1

肩水候官 被書 86EDHT:2

肩水候官 86EDHT:3

肩水候官 86EDHT:4

肩水候官

86EDHT:5

夫見　夫地伏　夫進　夫己丑朔夫夫
肩水　肩水候官　居延　部再伏　初元二年八月
伏（「肩水候官」四字外均爲習字）

86EDHT:6A

初元年夫夫　隊長隊隧　將軍吏
肩水候　夫完伏　進伏　伏地再　彌　弟
完初初伏地再肩伏地地地夫伏地地　弟弟（習字）

86EDHT:6B

受賜令　肩水都尉府　□　86EDHT:7A

進記　□　□　86EDHT:7B

魏郡繁陽安樂里馬卿　86EDHT:8

奏　86EDHT:9

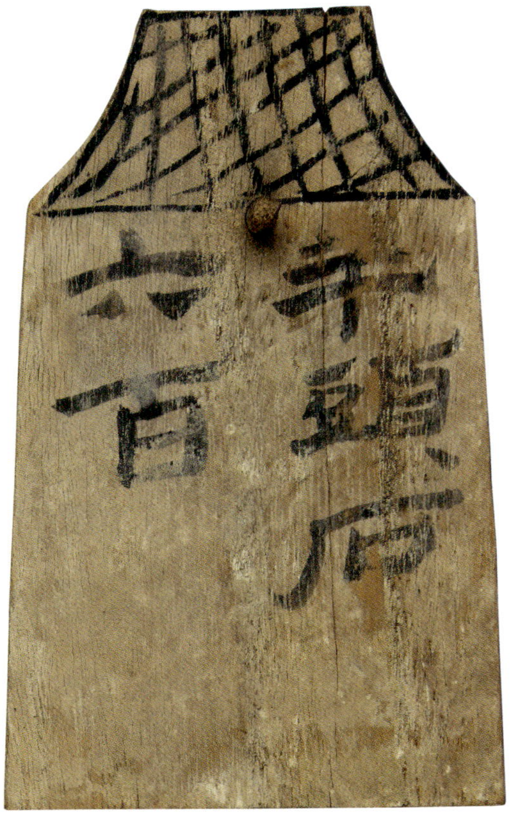

羊頭石
六百　86EDHT:10

青一丈九尺
緹二丈三尺　•凡四丈二尺　86EDHT:11

戍卒東郡畔東郭里吳異衆疾

有方一

靳干幡各一　方　十

86EDHT:12

右後部扁索二

86EDHT:13

□平夌園里成蓋之

三石具弩一　服一

槀矢五十　弩楯一　三丿

宝矢百五十　靳干幡各一

糸韋弦二　革甲鞮瞀各一

枲長弦一

86EDHT:14

□大石廿九石八斗二升•始元七年閏月壬寅朔騂北長奉世受肩水候長孟

86EDHT:15

令史皪得安定里丁延年本始五年二月乙卯除未得地節二年十月盡十二月積三月奉

86EDHT:16

……長守富也高而不危所以長守貴富貴□□□□

86EDHT:17A

聖王□□解祐吉兇憂或卒至毋時君子不敬何以輔之毋

86EDHT:17B

地節四年三月辛巳朔庚戌肩水
隧□□□定里□功□

86EDHT:18A

地節四年□月辛□□

86EDHT:18B

河陽里不更宣害年卅四

86EDHT:19

□　護以此知　86EDHT:20

•右第五十八車　86EDHT:21

父幸幸　幸幸幸衛幸（削衣）　86EDHT:22

安世隧（削衣）　86EDHT:23

十八人屬第五丞别田彭祖
□人屬第五丞官佐時
十三人屬三别田充
二人屬第五農官　86EDHT:24

□水候前移　記召倉南隧長疪所關

86EDHT:25

北檄二封　章曰張掖大守章
詣居延都尉府

86EDHT:26

襄澤隧長趙放　史　史　史　埻

86EDHT:27

本始四年十一月庚申除

86EDHT:28

盡界毋越塞出入迹

86EDHT:29

始元七年閏月甲辰居延與金關爲出入六寸符券□百從第一至千左居官
•第二百廿六

86EDHT:30+31

□□年□月丙辰朔戊午張掖肩
以檄書入出界時常與期
□□□何且劾候農令

86EDHT:32

肩水候官

86EDHT:33

□肩水候官

86EDHT:34

金關出入敢言之

86EDHT:35

……

出沉粟一石券　出麥

86EDHT:36

卿　馬長卿

86EDHT:37A

足下謹趣

86EDHT:37B

臨渠卒梁壽
完軍卒丁顧　　86EDHT:38

……伏地言
……　　86EDHT:39

粟　　86EDHT:40

正月庚寅平樂隧長延年穀　　86EDHT:41

廿九　　86EDHT:42

田卒梁國虞千秋里不更顔歐　　86EDHT:43

受候長黑穀小石卅四石六斗三升□　　86EDHT:44

出麥一斛九斗三升少　以食通望卒王同四月□　　86EDHT:45

□□□□□□□用禁所稟平其倉廥
……　　86EDHT:46

□有物故白報須決獄毋留如律　　86EDHT:47

鍉□二
鐵鎧鍉瞀各一ノ　□□　　86EDHT:48

記告安世隧長博取芳　86EDHT:49

田卒淮陽郡陽夏徐平里上造陳免年廿四　86EDHT:50

受五石具弩一　今力四石　86EDHT:51

騂北亭長楊毋害本始四年　86EDHT:52

凡出稟五石四斗　86EDHT:53

亢父昌陵里梁　86EDHT:54

■右第三車　86EDHT:55

所實□持錢來拔善刀一　86EDHT:56A

它毋傷也　86EDHT:56B

地節五年正月癸……　86EDHT:57

田卒淮陽郡長平北鉅里董　86EDHT:58

嗇夫破胡　86EDHT:59

□用錢六百九十……　86EDHT:60

月甲申　望泉　86EDHT:61

六月戊申　86EDHT:62

居延假佐田□　86EDHT:63

受府交錢……　86EDHT:64

■候行　86EDHT:65

本始四年三月奉用錢六百　86EDHT:66

□千一百一十人
三千三百卅錢　86EDHT:67

里董□　86EDHT:68

去　86EDHT:69

以食廣利候長安世正月食　86EDHT:70

六……　86EDHT:71

□令承□　86EDHT:72

望泉隧卒公乘□十二月食　86EDHT:73

長卿王君足下……　86EDHT:74

□職莫□□　86EDHT:75

□□　86EDHT:76

□百六十約至□□　86EDHT:77

□□□　86EDHT:78

節拜它□　86EDHT:79A

故事替　86EDHT:79B

□大　七月□　86EDHT:80A

七月□　86EDHT:80B

……　86EDHT:81

……　86EDHT:82

□與鳳　86EDHT:83

令□　86EDHT:84

□□　86EDHT:85

……十八步　86EDHT:86

□積　86EDHT:87

……　86EDHT:88

弓　86EDHT:89

肩　86EDHT:90

□始三年二月尉丞卿行　86EDHT:91A

□□舉　86EDHT:91B

麥四斗食馬……　86EDHT:92

□　□　86EDHT:93

月廿一日
□□□□□　86EDHT:94

……　86EDHT:95

奉自取　86EDHT:96

地灣漢簡 86EDT5H:1—250

地灣漢簡 86EJC:1—25

金關　86EDT5H:1A

金關　86EDT5H:1B

肩水廷隧次行　86EDT5H:2

□田甲卒皪得卷舒里魏長年三十　86EDT5H:3

張掖郡昭武甲卒皪得萬年里公乘溫良年二十五　86EDT5H:4

□石前已稟　稟止虜隧長蘇習十一月食　丿　86EDT5H:5

昭武甲卒平都里尹傰年三十五　86EDT5H:6

張掖以西武都少遠嚴勑門亭謹苛察毋令橫與黨與過留界中不得有所苛疑須者職物茈□　86EDT5H:7

右大尉士馬史　再拜言昭武　86EDT5H:8

閏月辛亥置輿普敢言之謹寫重敢言之　86EDT5H:9+21

居聑三年正月壬辰肩水候　敢言之府　86EDT5H:10

不宜久空乏如律令敢告卒人……　86EDT5H:11

謝詡　主丁亥　86EDT5H:12

印行候文書事敢言之府下　大大大大……　86EDT5H:13

□□□□□見歸□□□□就□且蘣見歸等即隨龐陽來詣營告且蘣見歸
等曰且蘣自知蒙厚恩及見歸皆有鄉善之意使者方奉以聞且蘣見歸　86EDT5H:14A+99A

廿三　86EDT5H:99B+14B

鰈得始建國三年三月壬子左部外營鰈得甲卒稟名籍　86EDT5H:15

始國三年三月己巳步兵出各　86EDT5H:16

十二月乙卯張掖肩水都尉參司馬詡行丞事謂肩水寫移書到□□□□　86EDT5H:17A

十二月戊午以來　86EDT5H:17B

死當案叩頭死〻罪〻己部千人戎掌騎迹張放忘黨五百高嘉逐　86EDT5H:18

已收彭蓑索遣吏之城官取屏泥未還〻遣吏　86EDT5H:19

□警戒部中謁官傳一封　86EDT5H:20

觻得騎馬百九十二匹　•昭武騎馬六十五匹　86EDT5H:22

劉詡叩頭白……　86EDT5H:23A

願賜明報叩頭再拜白　86EDT5H:23B

再拜言前日騎士耿鳳馬死　86EDT5H:24

觻得萬年里司馬級　86EDT5H:25

泜溺不以時詣營白馬少二匹其一匹今月三日〻下餔時　86EDT5H:26

謹枃校見物故吏及遷徙□　86EDT5H:27

即日中到官謹遣臨田隧長級送　86EDT5H:28

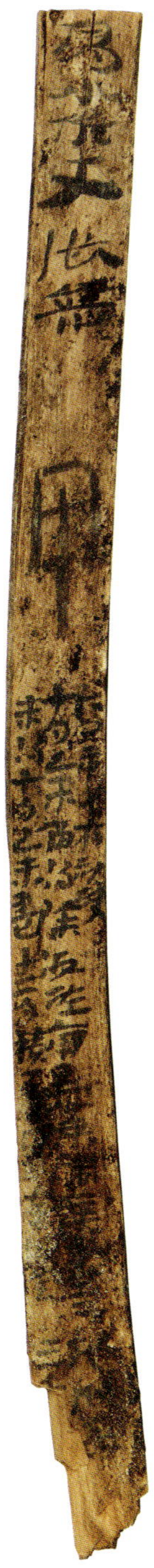

肩水候史張普　甲
六月庚午有劾缺
七月乙未角得除假佐南里公乘徐業年廿三代張普
未得七月乙未盡十二月積五月四日奉用錢三千　86EDT5H:29

肩水言第六隧長郭護自言
伯父死願取急未解遣　86EDT5H:30

趙誼　主乙亥　86EDT5H:31

實具言會十三日如府書律令　86EDT5H:32A

張掖肩水都尉……　86EDT5H:32B

史　86EDT5H:33

中營甲卒五百昭武直廷里宋音　86EDT5H:34

罪敢言之　86EDT5H:35

書曰詔書一封大農丞印居聑三年十一月甲子起三月辛　86EDT5H:36+177

六石具弩十二　有方六盾六　凡甲卒五十三人其六人將舩
槀矢銅鍭千二百　□廿八盾廿八　今見人三十七人　86EDT5H:195+37

狀會月十五日•府記即日昏到謹案中部候　86EDT5H:38

鼓下景少房發　願爲致此書鼓下景少　86EDT5H:39

李並　卩　86EDT5H:40

淮布五尺半尺〃十四直七十七　淮布二尺三寸尺十八直卌一　□□□□□□付□□□
□□□□百五十　出三百六十付子舉
……
86EDT5H:145+41

■右第十伍長　86EDT5H:42

始建國二年十月壬寅肩水關嗇夫欽以小官印行候文書事□　86EDT5H:180+43

死罪囚隧長張順自絞爰書　86EDT5H:44

居聑二年八月辛亥朔戊辰令史　　86EDT5H:45

右後右前左後左前吏卒皆詣城官稾　　86EDT5H:46

什長耿鳳及歆同産弟田卒馬適恭辤皆曰歆素貧□　　86EDT5H:47

出　契刀一直五百　凡五百五十　給望泉隧長韓萌奉　□
　　大泉一直五十

86EDT5H:48

□長伸中起居此人明勑諸部有行者輒苛捕致尉以爲賞□　　86EDT5H:49

•肩水騎千人張實量張掖左農右長官辟在　86EDT5H:50

出麥四石　稟東望隧長茍彭九月十月食　86EDT5H:111+51

□敢言之　86EDT5H:52

出賦錢五十　賦昭武久長里大女劉直君戶人　86EDT5H:53

萬一千八百一十枚長三尺
六百枚長三尺
……
肩水候蘄伐櫰木已　86EDT5H:54

敢言之右前行候長事臨澤隧長歆南部　86EDT5H:55

肩水窮寇隊長觻得利處里公乘張並年卌八　元始六年正月庚子除　86EDT5H:56

出麥二石　稟壙野隧長閻級六月食　丿　86EDT5H:57+78

……　始建國元年二月庚戌起廷　86EDT5H:58

中營候令史仲客　中營八十人第四□　86EDT5H:59

□□□□□九十八丿　□□□□□　付少九十七
入布一匹四百五十卩　•凡出四千五百
今見二千三百一十八　86EDT5H:60

十七人　凡用穀卌八石　86EDT5H:61

月廿一日旦發行亭隧七所到橐他候官坐傳客外勞見吏卒上城覆　86EDT5H:62

五年十月盡居攝元年七月積十月奉用泉六千　86EDT5H:63

名籍　一通　卩　86EDT5H:64

書收得司御卒粟三百九十斛遣守　86EDT5H:65

……叩頭死罪敢言之　86EDT5H:66

茍彭　麥四石卩•～•～麥四石卩•卩•
□•～（第二個「四」爲二次書）　86EDT5H:67

肩水候史石級　未得居攝二年七月盡十一月□　86EDT5H:68

肩水候長徐襃　未得八月盡九　86EDT5H:69

昭武甲卒㵾得安定里寧嘉　86EDT5H:70

出麥二石　稾當利卒孟崇□　86EDT5H:71

□三官掾唐宫持　86EDT5H:72

中營卒昭武益廣里零如　86EDT5H:74

國三年敢言之即日到□□□□□　86EDT5H:76

今候長迎卒已還　86EDT5H:79A

左部甲卒觻得安樂里績蒼　86EDT5H:80

入麥百廿九石五斗二升大　受粟□　86EDT5H:73

□米三斗糒半斗亡謹部假司馬恭□□　86EDT5H:75

凡用麥五十一石八斗八升　86EDT5H:77

南部候長蘭出塞□　86EDT5H:79B

待後檄記以從事有　86EDT5H:81

始建國元年四月壬寅朔丙　86EDT5H:82

要當死願往自歸奮威軍就死□　86EDT5H:83

屋蘭聽由昆弟皆復故姓王氏上名見五威使者　上壽昆弟宗家皆以復　86EDT5H:191+124+84

•一樂鄉侯地緒言願入□　86EDT5H:85

□敢言之謹移受卒閣錢　86EDT5H:86

舉畢人傳廿五里食〃已發行亭隧十五所到　86EDT5H:87

屋蘭穀給屯吏士卒食□　86EDT5H:88

□十二月四時茭穀簿皆入□　86EDT5H:89

□三日馬三匹死長願　86EDT5H:90

稾萬福隧長宋放十月食　86EDT5H:91

狀並官除年姓各如牒先年□　86EDT5H:92

□遣醫診治敢言　86EDT5H:93

來文書□不可是政宜以赦令除唯　86EDT5H:94

少不徙士百三匹　86EDT5H:95

肩水金關隧長觻得步利里公乘張誼年卌一　建平五　86EDT5H:96

田四時穀簿　86EDT5H:97

東部居鼆三年七月吏卒稟名　86EDT5H:98

三石六斗　86EDT5H:100

敢言之府移守府書曰詔書吏□　86EDT5H:101

觻得唐戎　86EDT5H:102

年三月乙丑肩水候　敢言之□　86EDT5H:103

塞以令斥免缺　86EDT5H:104

候遣駿馬亭長張崇曰莫　86EDT5H:105

居聑三年計餘大黄糸承弦四　毋出　86EDT5H:106

稾西部候史黄放六月食　86EDT5H:108

餔時復見破虜亭南逢界亭長辟　86EDT5H:110

塢中空倉中以所□絳枲繩　86EDT5H:113

里王放　86EDT5H:115

月廿日•謹案昭武四□　86EDT5H:117

郡屬國承用駮不同而姦黠吏民　86EDT5H:107

遣豐詣府敢言之　86EDT5H:109

用麥　86EDT5H:112

死立使牧士成豐□□□　86EDT5H:114

稾登山隧卒桃永二□　86EDT5H:116

□三月二十九日病目種　86EDT5H:118

出粟一石　〜　稾　86EDT5H:119

敢言之伏地□　86EDT5H:120

出麥二石　……　86EDT5H:121

力日夜作治不臨出五月十五日□　86EDT5H:122

出麥二石　稾平樂隧卒鄭並十二月食　86EDT5H:123+127

……　稾士吏張憲二月　86EDT5H:125

部候長豐檄言　86EDT5H:126

靳豐乘河上金關隧卒朱業　86EDT5H:128

□年卅二　元始三年二月丙□　86EDT5H:129

□不相及唯莫　86EDT5H:130

始建國元年三月癸　86EDT5H:131

十二月餘陷堅稾矢五百一十五　86EDT5H:132

遣吏送叩頭死罪　86EDT5H:133

食以澹其乏□　86EDT5H:134

止虜隧長蘇習　86EDT5H:135

敢言之左前候長　86EDT5H:136

□□□一通　86EDT5H:137

出麥四石　稟　86EDT5H:138

出粟二斛　86EDT5H:139

關佐嘉　86EDT5H:140

居攝三年五月丁未朔己
吏受奉名籍一編敢言　86EDT5H:141+160

十人〃五斤用肉九百斤　86EDT5H:142A

□今三十八匹　□病凡十匹
□田病十二匹　……　86EDT5H:142B

□會月十七日•謹案守尉　86EDT5H:143

久者皆應略賣人法共部　86EDT5H:146

世　未得居聑元年五月盡七月　86EDT5H:148

騂北騂北亭長王當九月　86EDT5H:150

出
契刀一大泉卅
五銖泉千四百　86EDT5H:152

並自放縱或駕車馬　86EDT5H:144

當稟乚甲卒十三人　86EDT5H:147

亭郵鄣隧簿　一通　86EDT5H:149

後候史賞敢言之□　86EDT5H:151

□過五日故官趣遣新官言到　86EDT5H:153

逃亡吏卒𢿨得　86EDT5H:154

肩水候官十三日入□　86EDT5H:155

逆甲卒五百人　其百三□
其三百□　86EDT5H:156

氣不能食飲□　86EDT5H:157

始建國三年三月壬戌朔庚寅　86EDT5H:158+239

□沙頭亭長趙　86EDT5H:159

府遣醫診治□　86EDT5H:161

四時書到如律令　86EDT5H:162

□刀簿卌一直□　86EDT5H:163

□東部候長褒檄　86EDT5H:164

日餔時詡䞒同付卒王　86EDT5H:165

出錢二百卌　付宋馬買槧　86EDT5H:166+167

東部居攝三年八月九月稟名籍　86EDT5H:168

將徑謁書　86EDT5H:169A

〃頭〃旦日詡　86EDT5H:169B

候史李恭自言　86EDT5H:170

人東沙中候立遣候史德　86EDT5H:171

□肉不到今困乏□　86EDT5H:172

□見　　△氏池甲卒五十人□
三人□□酒穀二人死三人亡見二百　86EDT5H:173

□癸卯除年廿二訖九月年廿三　86EDT5H:174

昭武甲卒氏池□□　86EDT5H:175

□當用成□　86EDT5H:176A

□□□小□　86EDT5H:176B

□勝書人在□　86EDT5H:178

吏二百石以上見物故名　86EDT5H:179

免缺　86EDT5H:181

□都倉置發　86EDT5H:182

氏池甲卒孝仁里王汲　86EDT5H:183

□辛丑昏時順□　86EDT5H:184

月甲寅除　86EDT5H:185

候方燧如律令　86EDT5H:186

囚遝相書　86EDT5H:187

□安二千桼百桼十里　産䌫得縣
□日（削衣）
86EDT5H:188

□常賦　卩　86EDT5H:189

敢言之丿　86EDT5H:190

觻得將屯堂騎彭　86EDT5H:192

出
傷寒|||
心腹|||　86EDT5H:193A

傷寒|||||||||
心腹|||||　86EDT5H:193B

自給往時民　86EDT5H:194

晏迎取　86EDT5H:196

南部候長候史之府稾　86EDT5H:197

□五千　丿　車　86EDT5H:198

□　賦出百八□　86EDT5H:199A

十二匹　□□
一匹今七十　86EDT5H:199B

月壬寅移十　86EDT5H:200

桼十八人　86EDT5H:201

□伐取□□　86EDT5H:202

癡駿□常可 86EDT5H:203

謂肩水尉史孫□ 86EDT5H:204

不敬仰不任□ 86EDT5H:205

…… 86EDT5H:206A

…… 86EDT5H:206B

癸未除爲肩水□□騂北亭長調上 86EDT5H:207

遠不可見□□ 86EDT5H:208

□君病傷□□□ 86EDT5H:209

□別吏主當坐□肩水□□□書到 86EDT5H:210

敢言之 86EDT5H:211

□府君到願令史調過 86EDT5H:212

……出麥廿　86EDT5H:213

戍未當付各有别　86EDT5H:214

•肩水候史徐業　86EDT5H:215

赦令前　86EDT5H:216

肩水
三月甲午卒□　86EDT5H:217

□稟乘山　86EDT5H:218

迫近河□　86EDT5H:219

□觻得氏池　86EDT5H:220

稟名籍　86EDT5H:221

□王譚居聑三年正月　86EDT5H:222

稟望泉隧卒彭立九月食　86EDT5H:223

左部甲卒觻得市陽里　86EDT5H:224

始建國元年八月□　86EDT5H:225

所容累足無所立叱□
□邊竟永安天下 86EDT5H:226

可令乘塞吏卒 86EDT5H:227

匹 六十一匹死屯所
酒穀未到 定見馬百九十六匹 86EDT5H:228

□大半日一旬内死慶十四日 86EDT5H:229

日見
人 今見三百八十一人…… 86EDT5H:230

三月己□ 86EDT5H:231

|||||||||||| 86EDT5H:232

□十六 86EDT5H:233

□常年卅九 元始五年 86EDT5H:234

小官印簿 86EDT5H:235

出麥二石 86EDT5H:236

□守融守部司馬 86EDT5H:237

已定□ 86EDT5H:238

禁姦隧　86EDT5H:240

凡吏卒□　86EDT5H:241

積五月奉用泉三　86EDT5H:242

□□滅亡之禍侈□
□威尤著也功效赫　86EDT5H:243

□房所　86EDT5H:244

□觻得定國里上造李音　86EDT5H:245

丿從君行塞　86EDT5H:246

□□凡二千五百已　86EDT5H:247

受傳馬一匹病　86EDT5H:248

……丑夜出　86EDT5H:249

□積三十餘□　86EDT5H:250

永始三年三月己酉朔……
肩水候官　86EJC:1

未朔壬戌居延令守丞勳移過所河津關
正月己丑南　86EJC:2A

嗇夫賞□
君門下　□白出　86EJC:2B

賢兼行丞事移卅井縣索肩水金
居延昌里毋它□□□□□遣　86EJC:3

元三年八月　86EJC:4A

元四年八月　86EJC:4B

王卿入泉二十五枚　86EJC:5

•即見虜及　86EJC:6

省渫凡□　86EJC:7

始建國元年　86EJC:8

□得孝義里女子王□　86EJC:9

入塞亭　86EJC:10

年五月　86EJC:11

正月奉　86EJC:12

□□簿部　86EJC:13

□□□□□廿五
□第君□卅　□
尹少卿婢卅　86EJC:14

□□□□□
須發叩　86EJC:15A

掾霸叩頭白　86EJC:15B

卌止蒼　86EJC:16

迹虜所　86EJC:17

此　86EJC:18

度到　86EJC:19

……　86EJC:20

……　86EJC:21

臨里　86EJC:22

長平□　86EJC:23

•□□□　86EJC:24

戊申　86EJC:25

紅外綫圖版

地灣漢簡 86EDT1:1—26

地灣漢簡 86EDT2:1—15

地灣漢簡 86EDT3:1—3

地灣漢簡 86EDT4:1—10

地灣漢簡 86EDT5:1—24

地灣漢簡 86EDT7:1—38

地灣漢簡 86EDT8:1—66

地灣漢簡 86EDT9:1—9

地灣漢簡 86EDT10:1—18

地灣漢簡 86EDT14:1—6

地灣漢簡 86EDT15:1—8

甘露三年七月壬午朔壬辰肩水城尉利親移肩水候官出穀食吏六月七月石斗各如牒書到
构校簿入八月報毋令繆如律令
86EDT1:1A

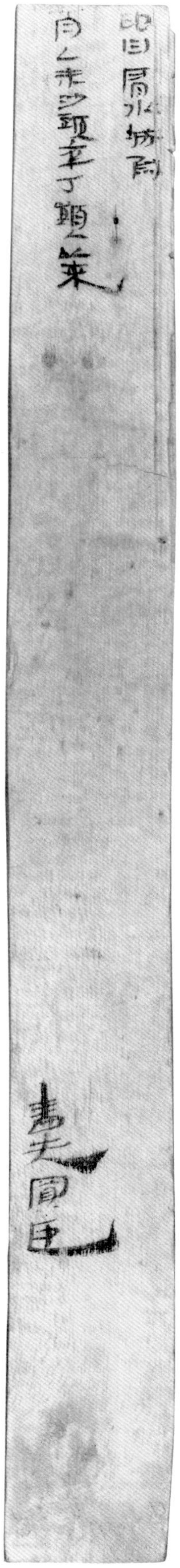

印曰肩水城尉
七月乙未沙頭卒丁顛以來　嗇夫買臣
86EDT1:1B

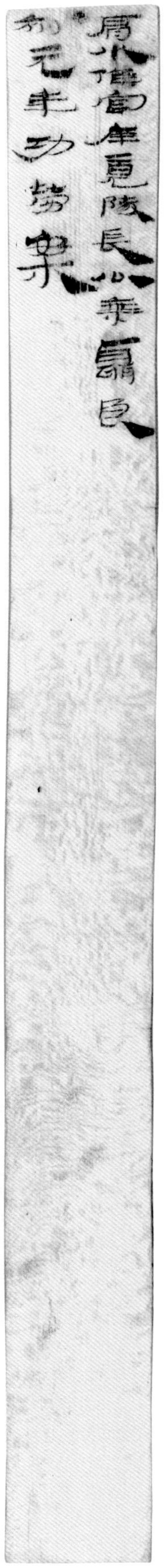

•肩水候官庠竟隧長公乘聶良
初元年功勞案
86EDT1:2A

•肩水候官庠竟隧長公乘聶良
初元年功勞案
86EDT1:2B

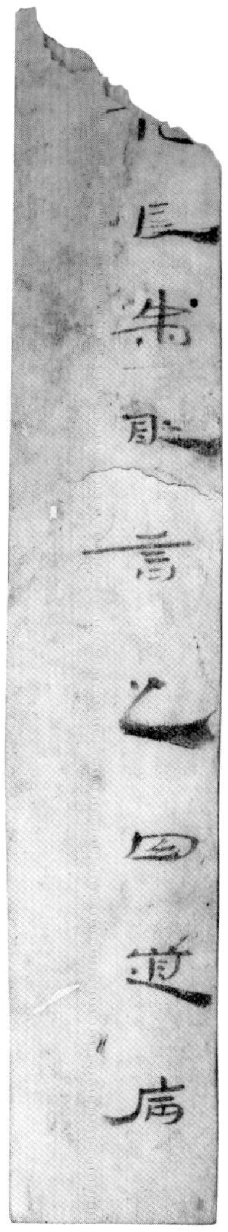

隧長禹敢言之囚道病　86EDT1:3

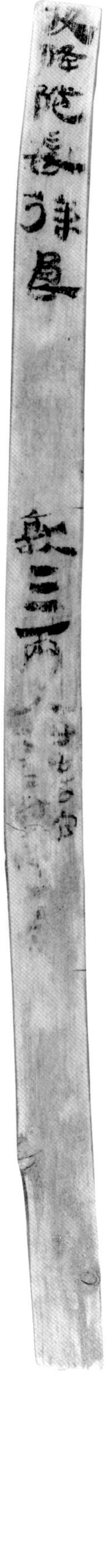

收降隧長徐良　就三兩入　廿五石官
□六石尉　86EDT1:4

縣使寧歸願逋未盡稟穀少不足　86EDT1:5

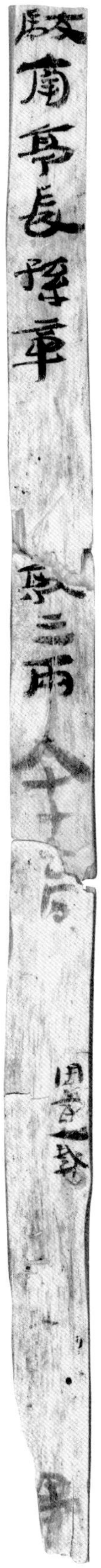

駮南亭長孫章　就三兩　入七十五石　周宣載　畢　86EDT1:6+12

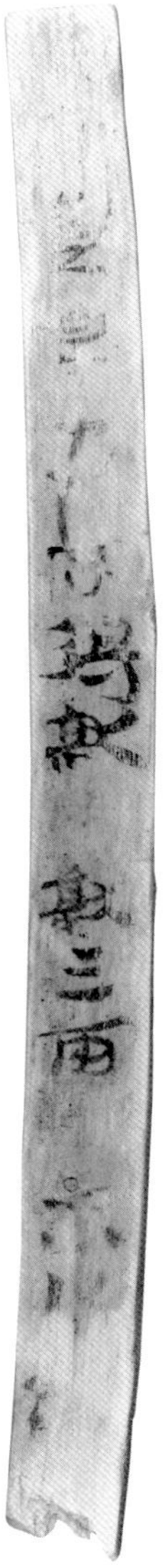

□□□□□不得就　就三兩　不□□　86EDT1:7

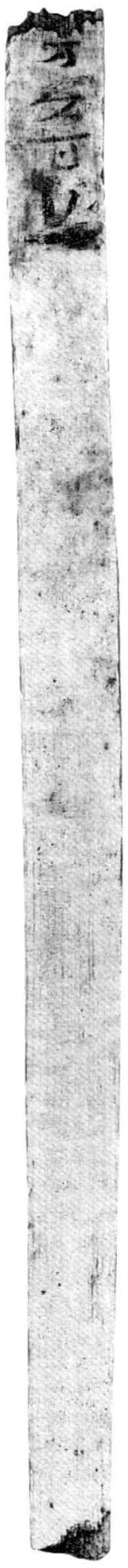

□□六百廿　86EDT1:8

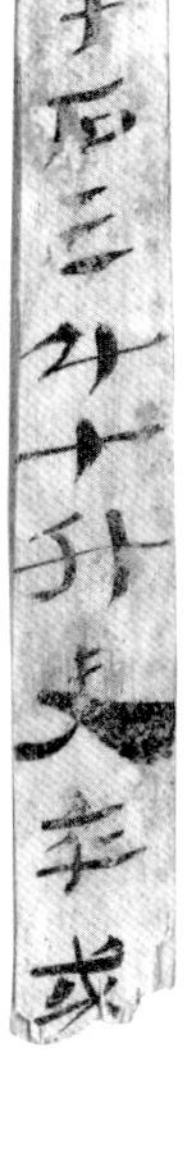

七十石三斗七升吏卒或　86EDT1:9

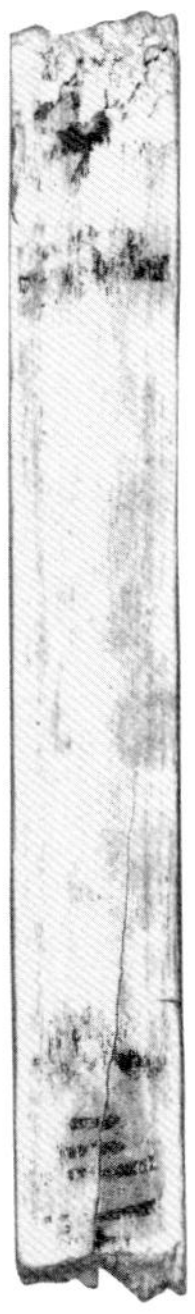

□安　就三兩　86EDT1:10

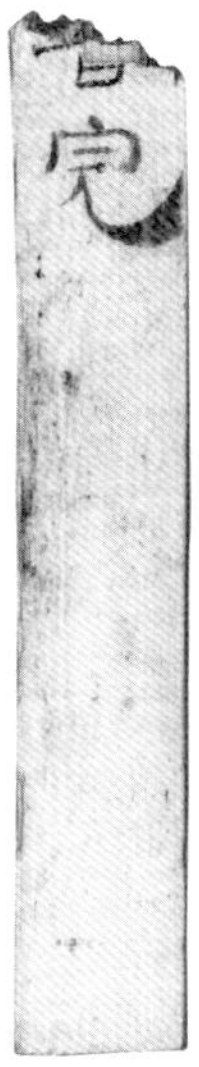

□完　86EDT1:11

湌食安善久不相見旬月□□　86EDT1:13A

……致勝意　86EDT1:13B

……
廢不以爲憂不思奉稱覆校　86EDT1:14

詔書京師衆□
□□□□□　86EDT1:15

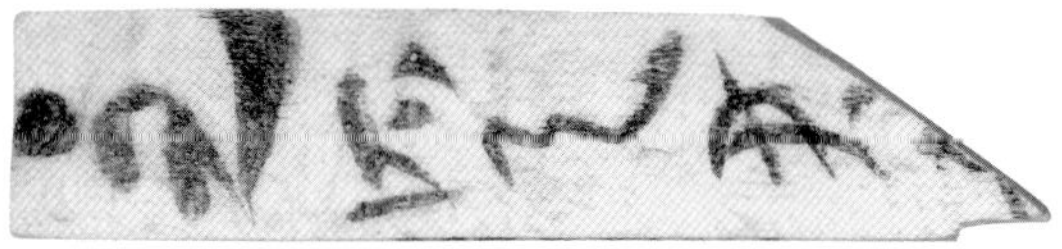

•□叩頭君□　　86EDT1:16A

迫夜又遽至　　86EDT1:16B

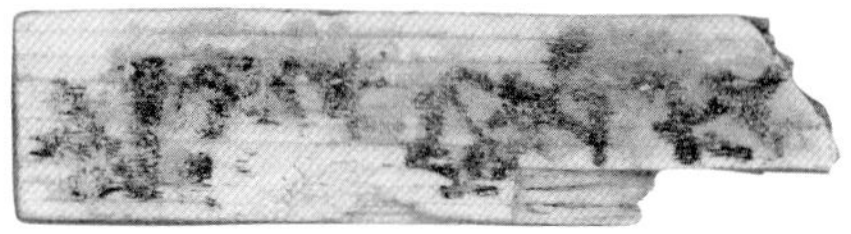

之□□□　　86EDT1:17

•右十月□書　　86EDT1:18

……人定時起騂北
……界中九十里當行九時　　86EDT1:19

……二封　　……
……　　86EDT1:20

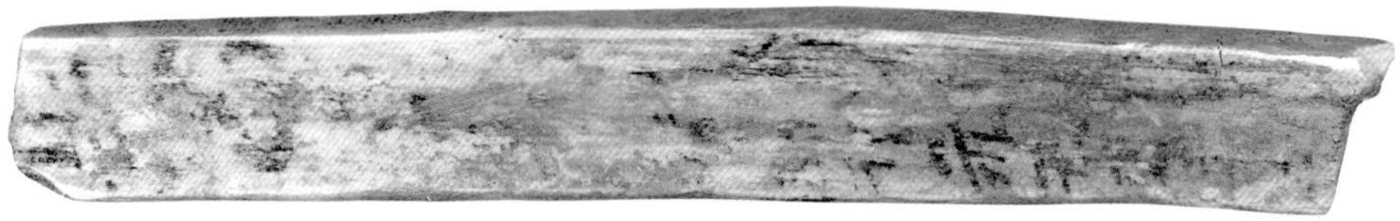

……　86EDT1:21

□掾印正月十二日□下部
……戊辰食時金關毋忘付　86EDT1:22

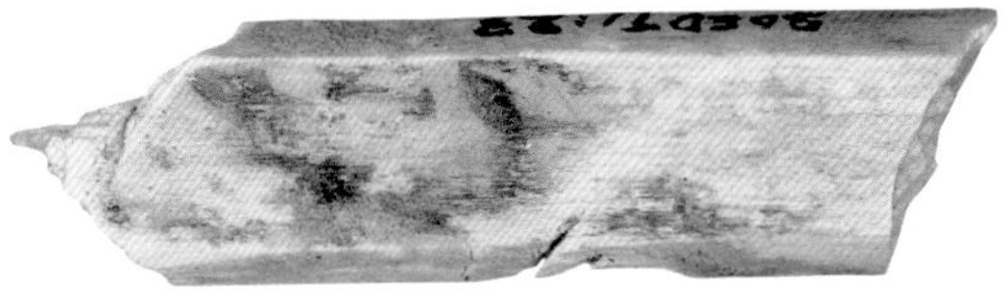

□　86EDT1:23

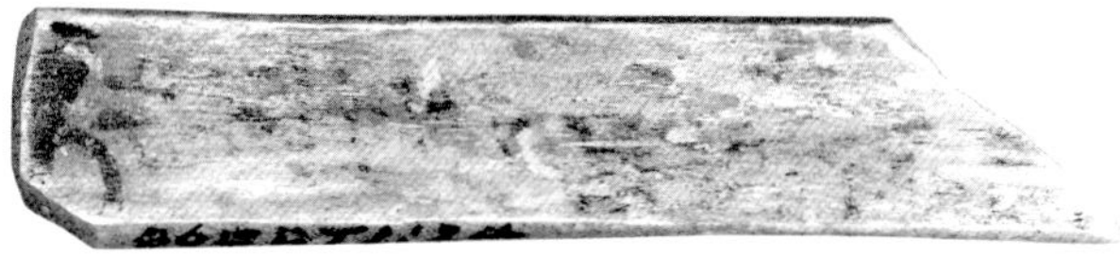

入北書四封　……
……　86EDT1:24A

一封……
永光四年十月　86EDT1:24B

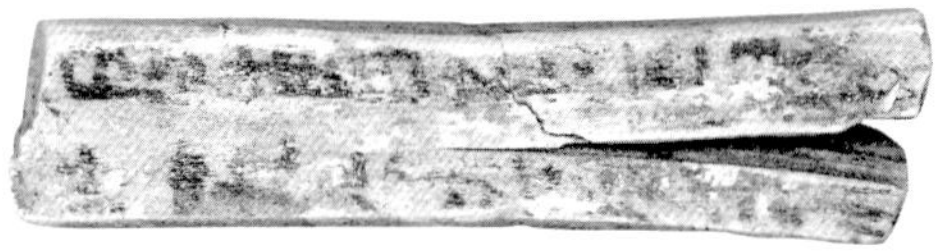

□□到□□
……　86EDT1:25

出北檄三封肩水佐發　86EDT1:26

封　其一封將軍章驛馬行一檄得丞印郵行
居延
……　86EDT2:1

…… 86EDT2:2A

……封□□ 86EDT2:2B

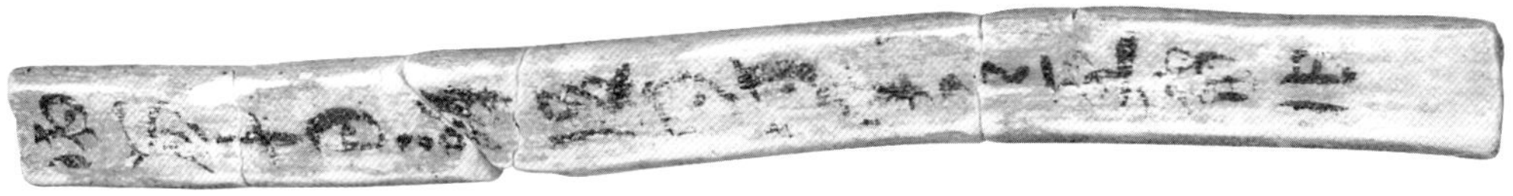

假八月十日□後□□李□受甯非 86EDT2:3

出錢六百 河平元年五月庚子令史遂 86EDT2:4

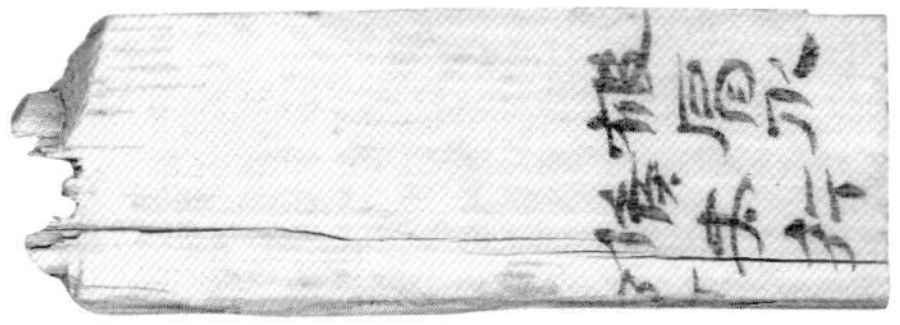

被肩水
候馬行
□□ 86EDT2:5

肩水候官 86EDT2:6

名人 86EDT2:7

肩水候長孫晏 86EDT2:8

□詬表從矢□各各再拜　86EDT2:9

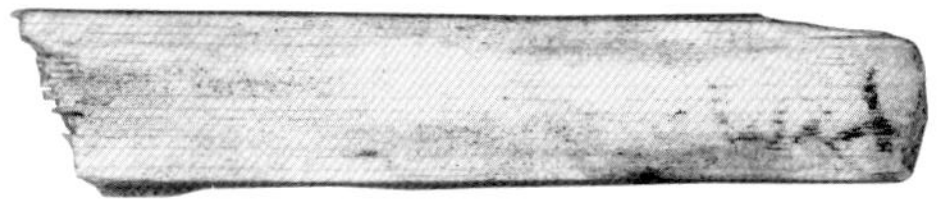

……五千　86EDT2:10

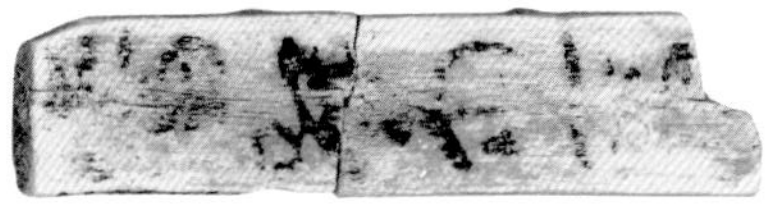

……　86EDT2:11A

……　86EDT2:11B

寫建□□王意　86EDT2:12

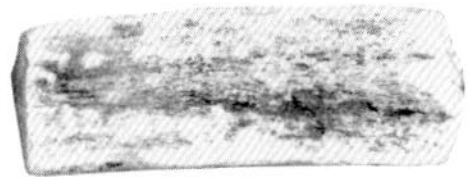

關六月七日　86EDT2:13

……　86EDT2:14

……月一日
月一日□□　86EDT2:15

東平陸中里周竟人人　86EDT3:1

•肩水候官始建國元年　86EDT3:2

君單汜□
□又自等德君叩頭
□□□□□　86EDT3:3A

當迫責之使□　86EDT3:3B

•右五傳往來積冊□　86EDT4:1

趙君□十五錢ノ
□子親十五錢　86EDT4:2

月中尊持官行　86EDT4:3

戍卒淮陽郡陳□　86EDT4:4

金城隧卒角得千秋　86EDT4:5

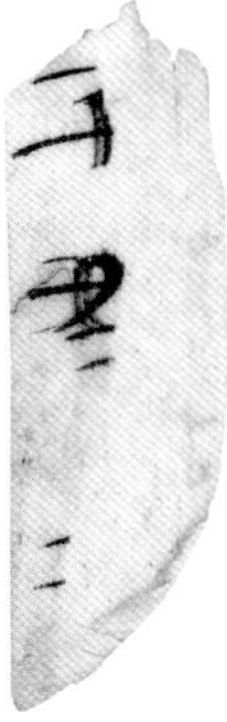

□弩□（削衣）　86EDT4:6

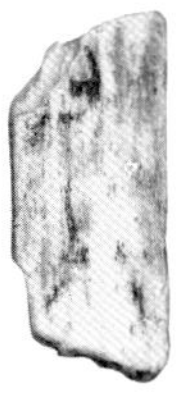

出□　86EDT4:7

出……　86EDT4:8

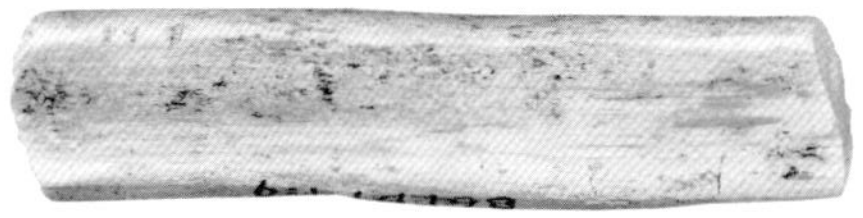

……　86EDT4:9

入南書一封都尉印一月□　86EDT4:10

廣地候王閎　86EDT5:1

尉叅行丞事　86EDT5:2A

白教　86EDT5:2B

□被止虜隊長至　86EDT5:3

騎吏師卿　86EDT5:4

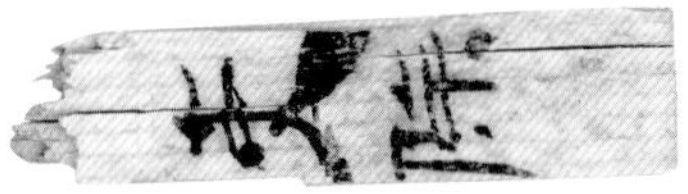

吏除　86EDT5:5

•北部扁索八　86EDT5:6

孝德　86EDT5:7

里王尊　86EDT5:8

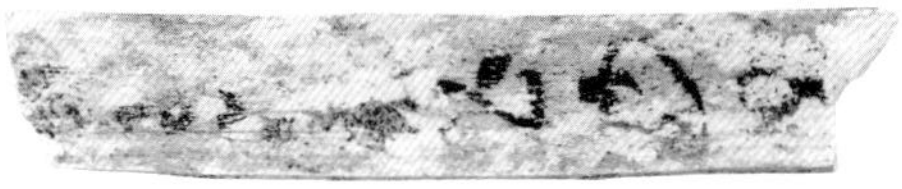

……少□　86EDT5:9

皆都尉印其一皁緯
丑朔月廿七日辛卯起□　86EDT5:10

□筲嬰中□　86EDT5:11

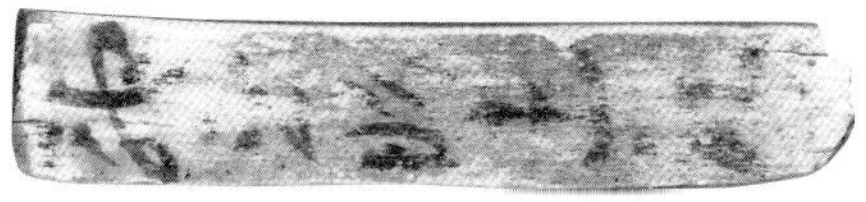

馳告昭武記　　86EDT5:12

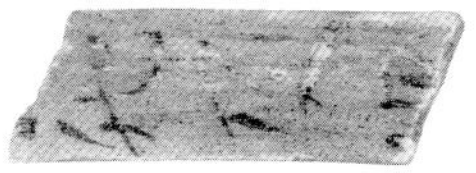

橐他候官　　86EDT5:13

事賜　　86EDT5:14

並山隧　　86EDT5:15

食城倉所□　　86EDT5:16

……
□□相下因示一封後□來　　86EDT5:17

□□□□□到□有□□　　86EDT5:18A

……　　86EDT5:18B

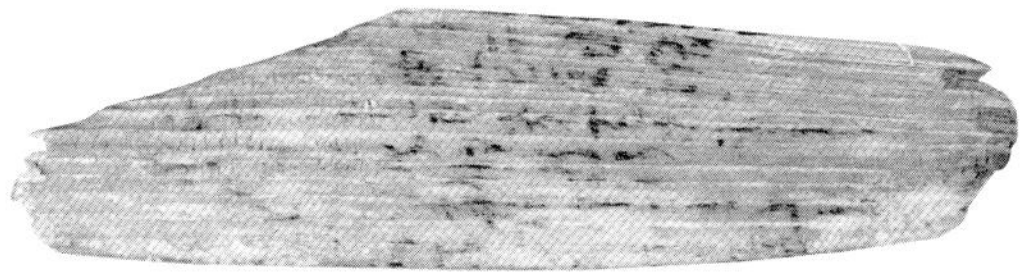

……
……
……　　86EDT5:19

□得□□　（削衣）　　86EDT5:20

告肩
□　（削衣）　　86EDT5:21

肩水候官 （削衣） 86EDT5:22

若和姦賣買（削衣） 86EDT5:23

□謹移吏 （削衣） 86EDT5:24

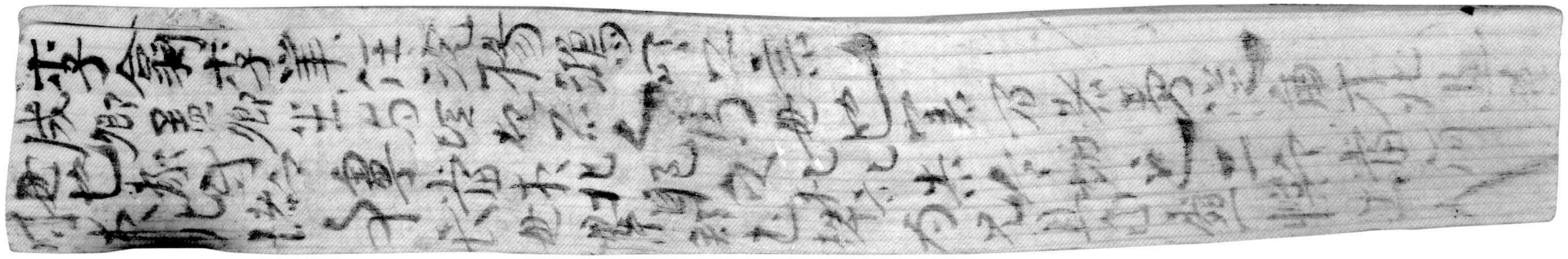

李翕李業任況楊鴻叩頭言
成卿孟卿坐前頃起居人馬毋它善聞者虜從南方北追□
毋它掾尉卿寧當來北耶願札記告令知之二卿當何
時來北諸事長毋累郵書將爲見且自愛慎出入 86EDT7:1A

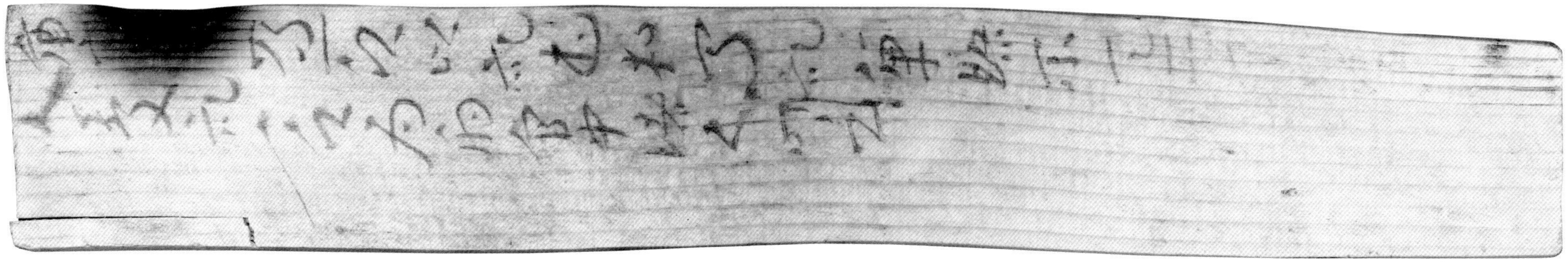

南來□□急願以記書相聞記畢路不一乚二……
人受記願爲謝官中諸人叩〃頭〃 86EDT7:1B

始元六年八月丙子朔丙戌氐池守丞可置敢言之謹
寫除書移遣外人自致敢言之
86EDT7:2A

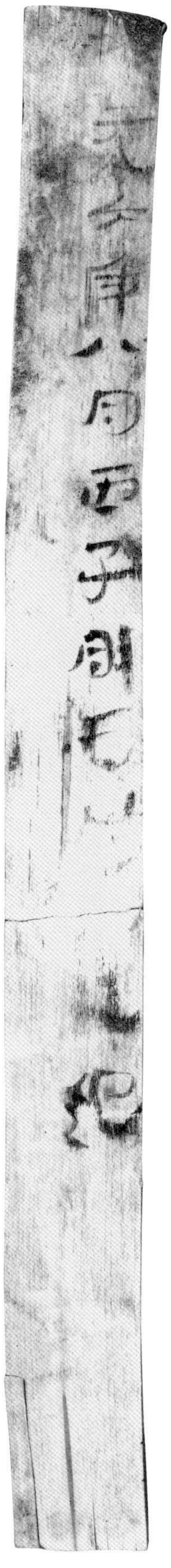

始元六年八月丙子朔丙戌氐池
86EDT7:2B

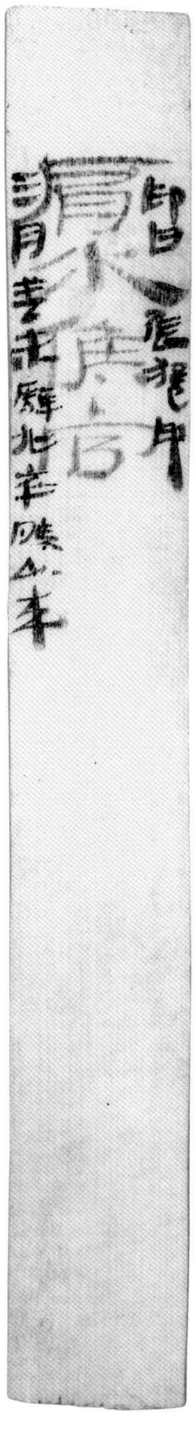

印曰張猛印
肩水候官
三月癸未騂北卒勝以來
86EDT7:3

建武三年三月戊申行居延都尉事大將軍偏將軍忠以張掖橐佗候印封丞　敢言之
……
86EDT7:4

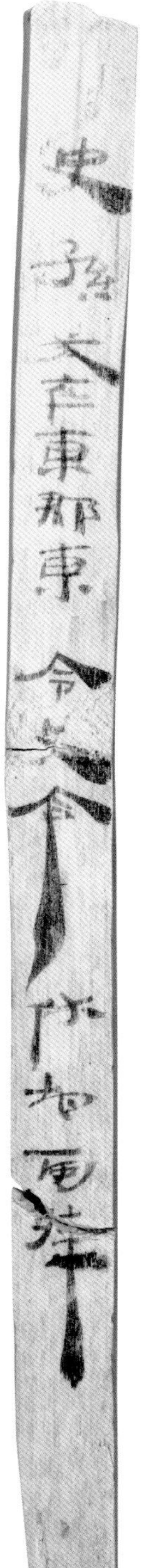

史孫戍卒東郡東　令史令伏地再拜

86EDT7:5

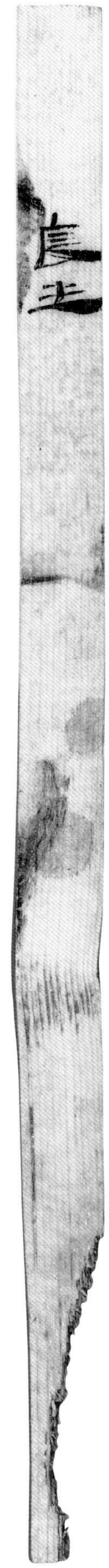

長坐

86EDT7:6

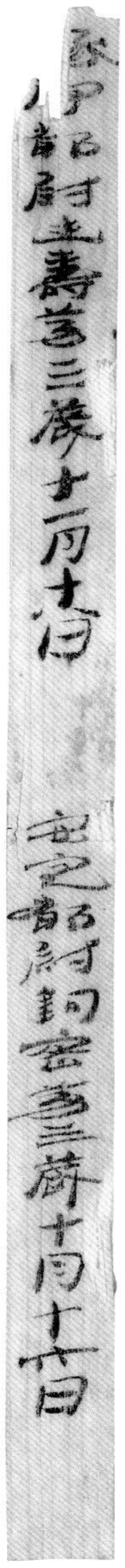

涿郡都尉主壽勞三歲十一月十八日　安定都尉鉤密勞三歲十月十六日

86EDT7:7

〃水〃候官當道何以回辟不使稾

86EDT7:8

禁姦隧卒東郡博平布里李綰

稾矢五十　　□□□

宝矢百五十　服一

承弦二　　弩循

86EDT7:9

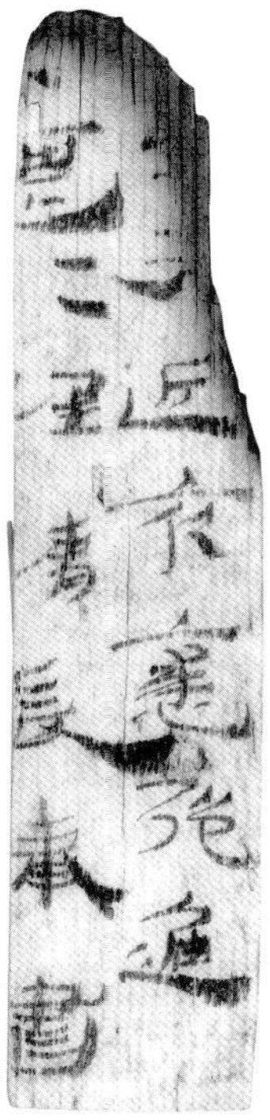

□□近衣裘强進
幸甚"謹請長奉書　86EDT7:10A

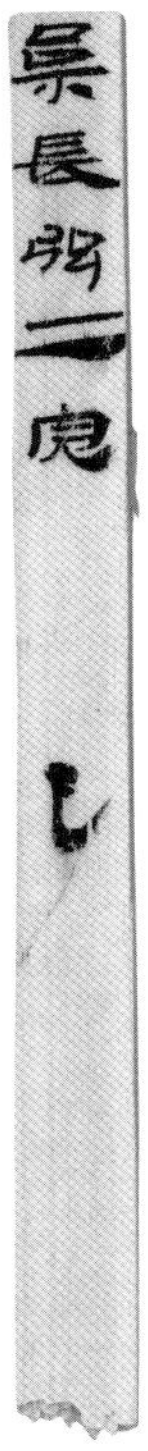

梟長弦二完　乚　86EDT7:11

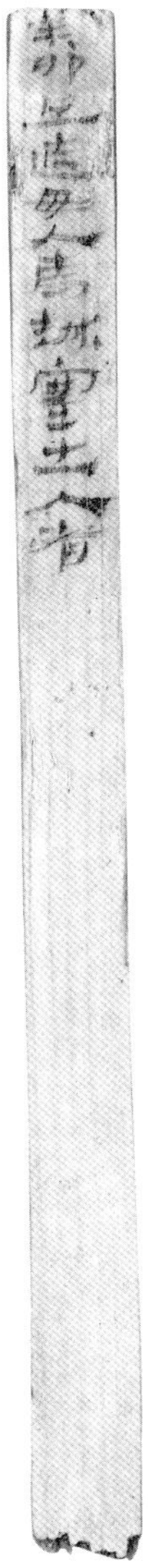

癸卯旦迹毋人馬越塞出入者　86EDT7:13

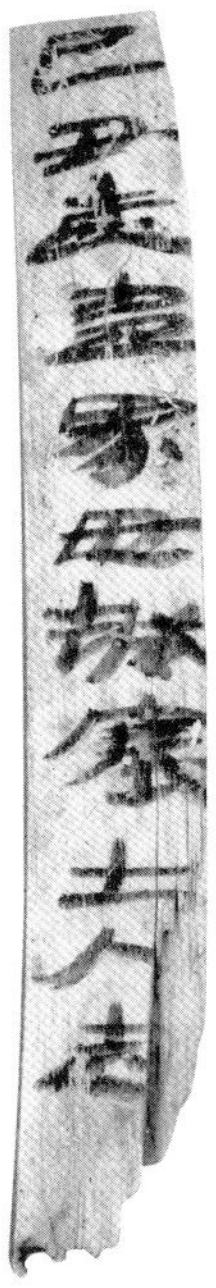

己丑迹盡界毋越塞出入迹　86EDT7:15

迹盡界毋越塞出　86EDT7:17+24

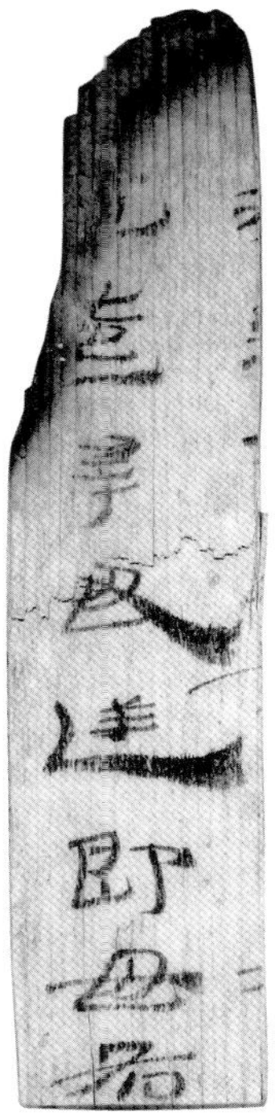

……
□□幸毋逆即毋有　86EDT7:10B

□得得得得得（習字）　86EDT7:12

石縠今旦來决□　86EDT7:14

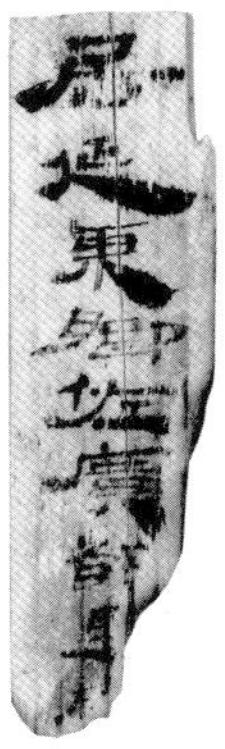

居延東鄉佐廣都里□　86EDT7:16

□者不可不審
樂幸得天德令　（削衣）　86EDT7:18

遝子文胡奴□　86EDT7:19

事缺　86EDT7:20

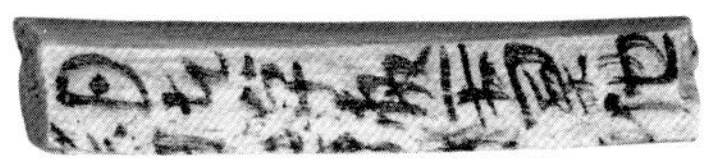
日起單檄一橐他
□□□□□□　86EDT7:21

黄龍元年　86EDT7:22

令史　86EDT7:23

酒□　86EDT7:25

戊子朔癸酉肩水
□□□□　86EDT7:26

六月食　86EDT7:27

□病者□□□□　86EDT7:28

環記　86EDT7:29

……　86EDT7:30

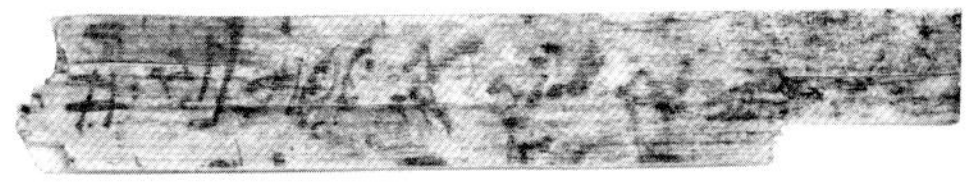
□刑延壽欲定名縣□　86EDT7:31

……人□　86EDT7:32

六錢凡少千六百　86EDT7:33

□□順　86EDT7:34

□□□　86EDT7:35A

□□□□　86EDT7:35B

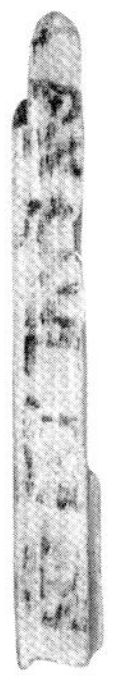

□□□□□□　86EDT7:36

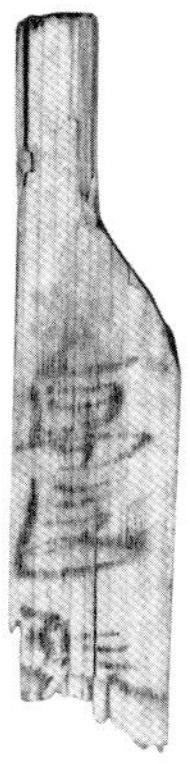

亭長張　86EDT7:37

牛車一兩弩一矢　86EDT7:38

肩水都尉　86EDT8:1

河平二年九月壬辰朔　肩水置嗇夫光詣官　86EDT8:2+26

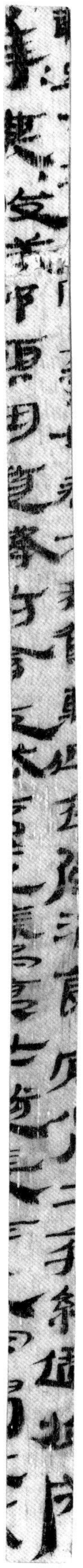

□□□□□□□□□□□願□近衣强酒食寛小人□□□□收成
幸〻甚〻收成叩頭因道降對會□□□□除爲萬世隧長□□□□□□□　86EDT8:3

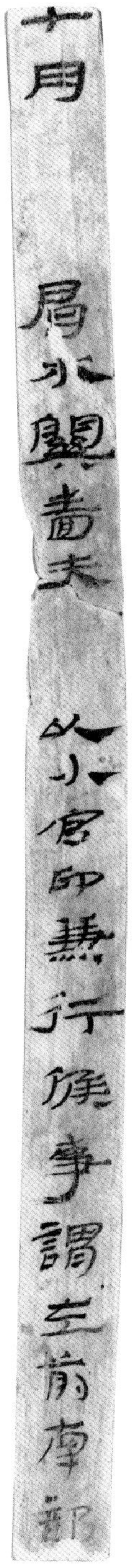

七月　肩水關嗇夫　以小官印兼行候事謂左前南部　86EDT8:4

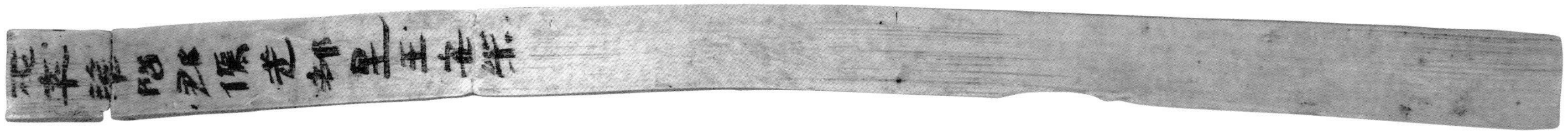

戍卒淮陽郡傿武都里王安樂　　86EDT8:5

□母右後候長武敢言之　　86EDT8:6A

□斗　　候史建　　86EDT8:6B

七制詔御史前曰軍在外尚有繇賦事今非大有繇賦已五
……　　86EDT8:7

今餘磑卌一合一踦　　86EDT8:8

□□□□五□參一分細辛朮各一分菀弓窮各一分半□□□　　86EDT8:9

出賦錢六百　　以給第六隧長馬秋九月奉　　九月丙辰獲胡　　86EDT8:10

□都尉史周黨史史詣門下叩頭叩頭頭延叩頭頭頭尉史頭字子康　（習字）　86EDT8:11A

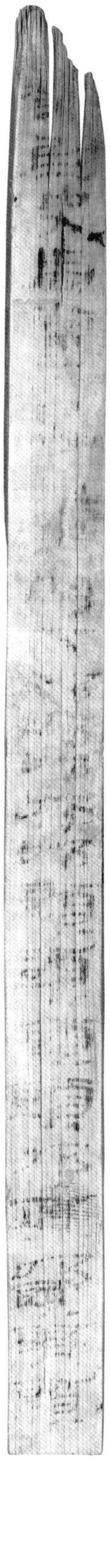

都尉史周黨史詣門下叩叩叩叩叩頭頭頭頭叩頭叩頭頭頭　（習字）　86EDT8:11B

□先以證不言請出入　86EDT8:12

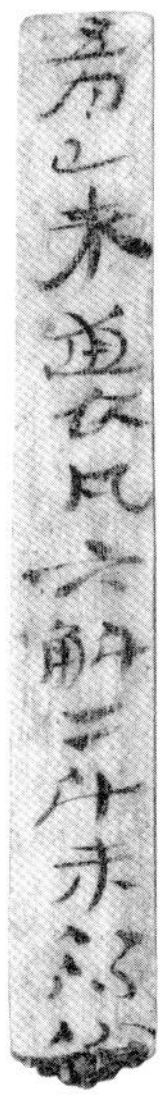

五月已來逋食凡六斛二斗未得□　86EDT8:13A

日久泉用盡索今哀憐全□　86EDT8:13B

積當空道便處稟食如律
□□□□□□　86EDT8:14A

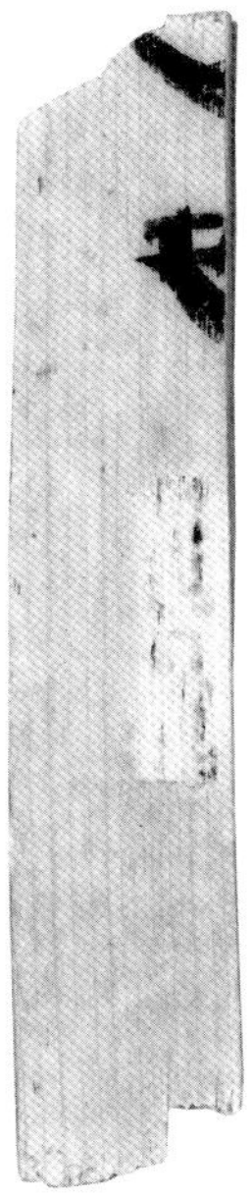

□□　86EDT8:14B

□　爲祁掾償故府□　86EDT8:15

就人觻得益昌里成鳳輸肩水候官　86EDT8:16

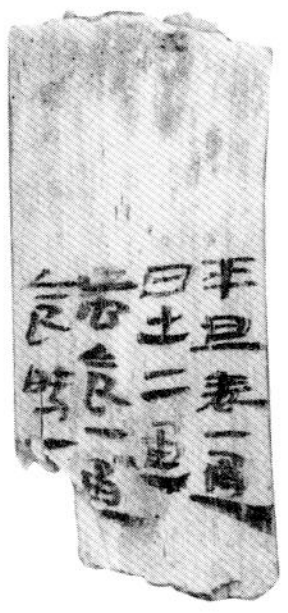

平旦表一通
日出二通
蚤食一通
食時一通　86EDT8:17

□亥掾憙給置佐張霸　86EDT8:18

獄庚子至都　86EDT8:19

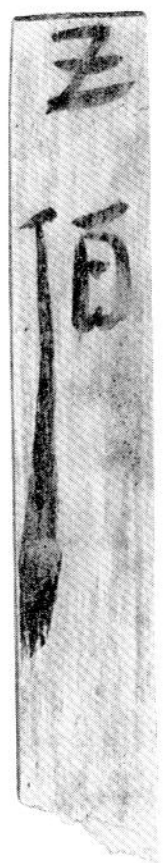

五佰　86EDT8:20

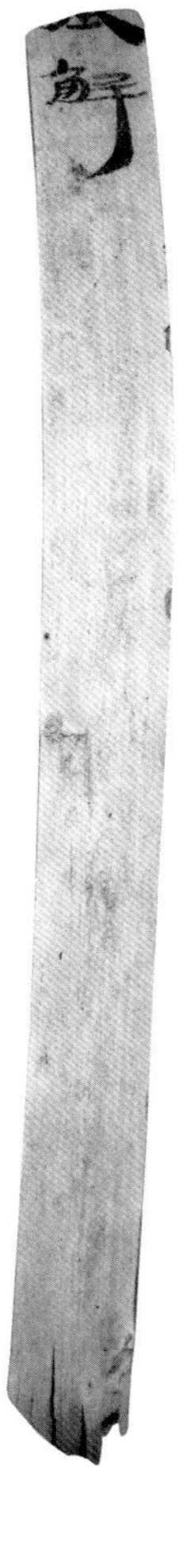

丞解　86EDT8:21

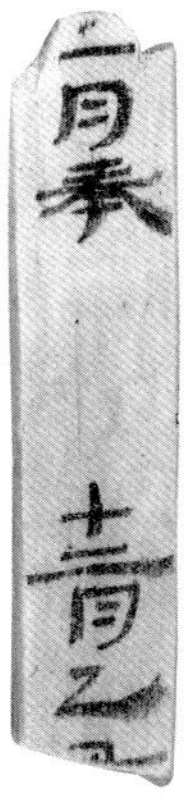

十一月奉　十二月乙丑　86EDT8:22

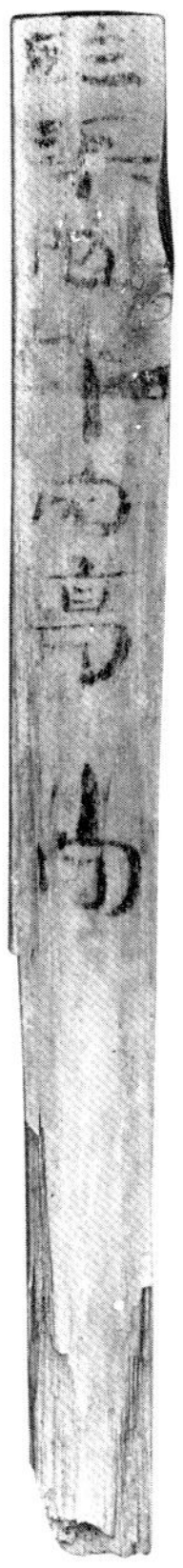

臨渠隧卒宋亭　尚　86EDT8:23

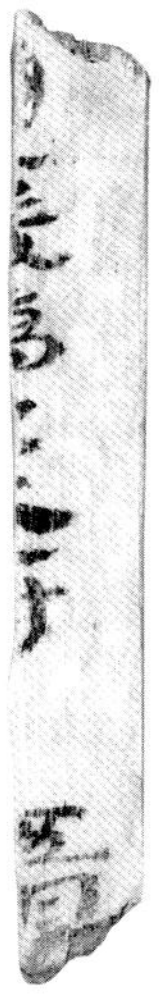

齒八歲高五尺八寸　五月　86EDT8:24

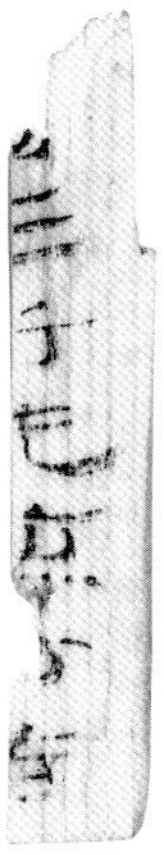

□□□□□□□　86EDT8:25

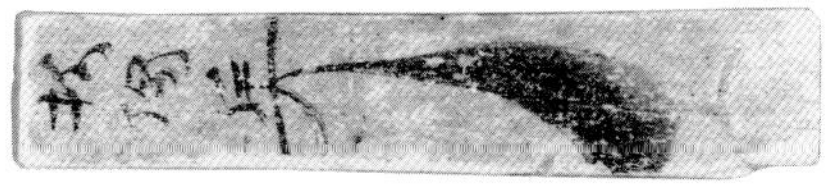

折傷兵　86EDT8:27

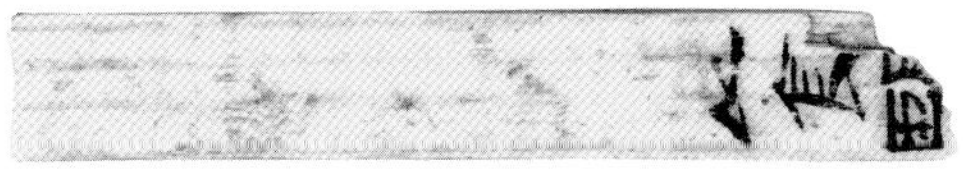

以食望　86EDT8:28

亡未得移
……　86EDT8:29

校　□□　86EDT8:30

五月丁□　86EDT8:31

肩水候鄣十二月　86EDT8:32

出錢七千九百六十　86EDT8:33

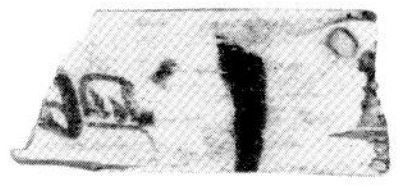

買一　86EDT8:34

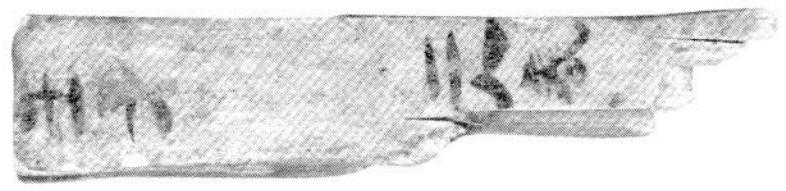

壬子　二人養　86EDT8:35

字子公皁復袍一領　麗　86EDT8:36

大車二兩
牛一黑犗齒七　86EDT8:37

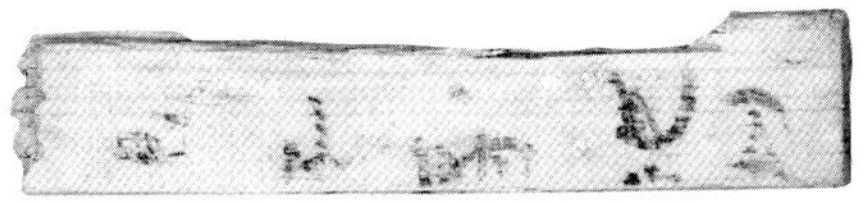

□子房施刑　86EDT8:38A

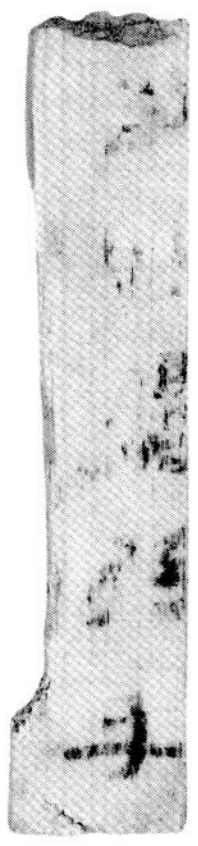

□□□弦千　86EDT8:38B

入麥大石七十四石　86EDT8:39

言之　86EDT8:40

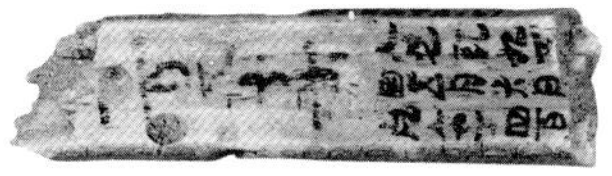

人菱錢九百
□百五十桼　困五月六月
•凡入千四百　86EDT8:41

……　86EDT8:42A

□□
□□□□　86EDT8:42B

送忠等昭武候長　86EDT8:43

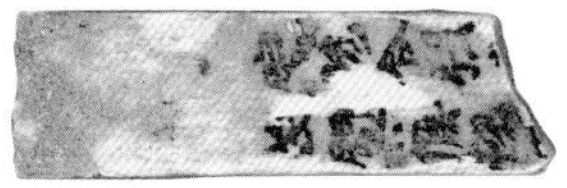

定陽令張□
武關候楊□　86EDT8:44

□□　86EDT8:45

□六十八廿　精　86EDT8:46A

出二百八十粟
□八十桼　出四百一十七□　86EDT8:46B

□奉世敢言　86EDT8:47

肩水　86EDT8:48

□□　86EDT8:49

出錢千二百　城官　86EDT8:50

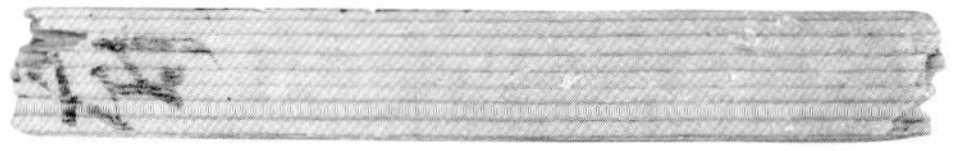

府　86EDT8:51

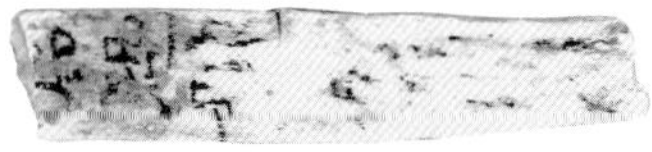

□恐□□□□　86EDT8:52

賞肉□□　86EDT8:53

君……　86EDT8:54

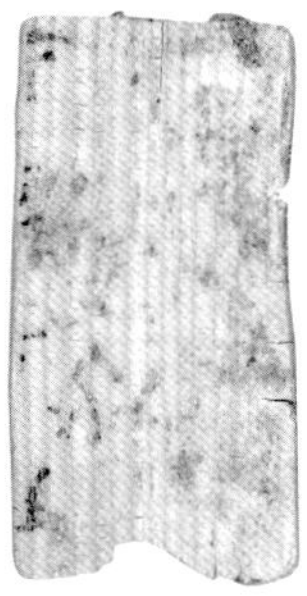

……
……　86EDT8:55

□案　86EDT8:56

□衣一　86EDT8:57

賜用帛五十八匹
帛三匹
□九人用錢（剃衣）　86EDT8:58

安竟隧長任尚　86EDT8:59

劍中風頭　86EDT8:60

□民□□　86EDT8:61

……　86EDT8:62

二百九十三　86EDT8:63

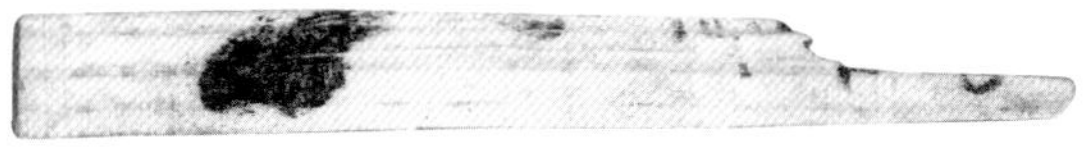

……　86EDT8:64

□□　86EDT8:65

三　　86EDT8:66

□陳過衆　軺車一乘馬一匹　　86EDT9:1

弩一矢廿五　　86EDT9:2

金關毋它罪□□
……
86EDT9:3A

……　　86EDT9:3B

二月庚　　86EDT9:4

其九百六十因積四月食小石十三石三斗□
已入錢千八百卌
凡二千八百
86EDT9:5

令史普買　　86EDT9:6

忠下丞相□　　86EDT9:7

書到逐召□□　　86EDT9:8

觻得縣（削衣）　　86EDT9:9

……命國難者謂　86EDT10:1

□百　86EDT10:2

以食當　86EDT10:3

□宋惠十一月食　86EDT10:4

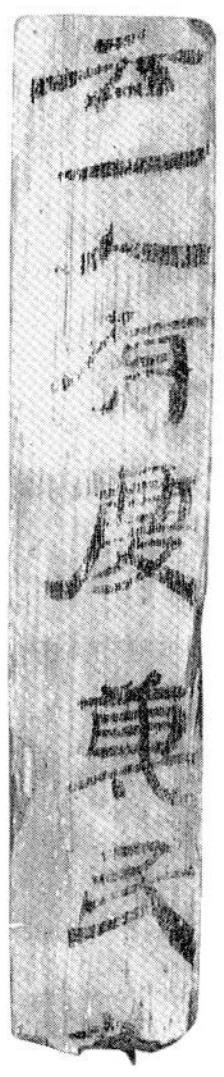

云一人有慶萬民□　86EDT10:5

士吏延壽　86EDT10:6

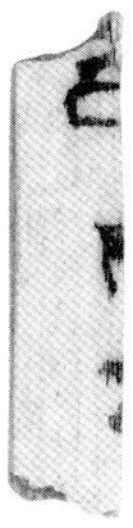

□□□　86EDT10:7

人在尉郭
一人在官一人□　86EDT10:8

收降隧卒□　86EDT10:9

累重伐閱行□　86EDT10:10

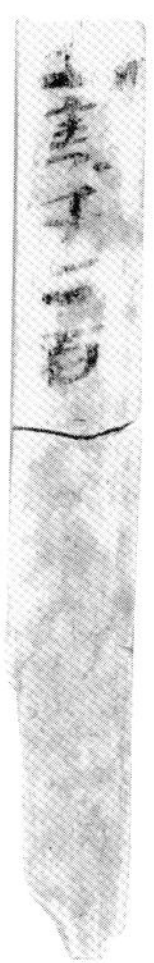

出錢千二百　86EDT10:11

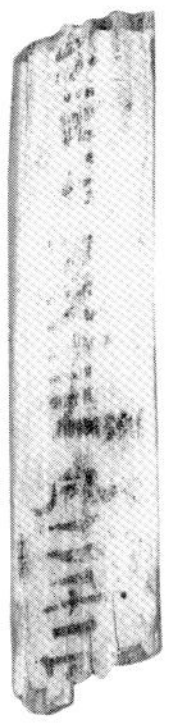

……百六十五•凡二千一百　86EDT10:12

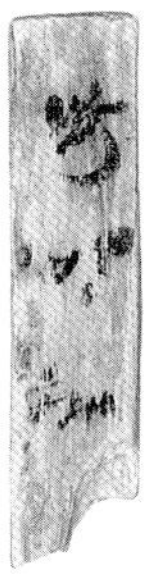

步□□　86EDT10:13

"廷檄言　86EDT10:14

□七尺黑色　86EDT14:4

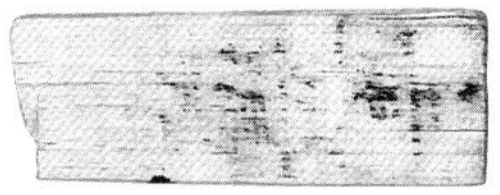

•士吏□馮□　86EDT14:5

九人　86EDT14:6

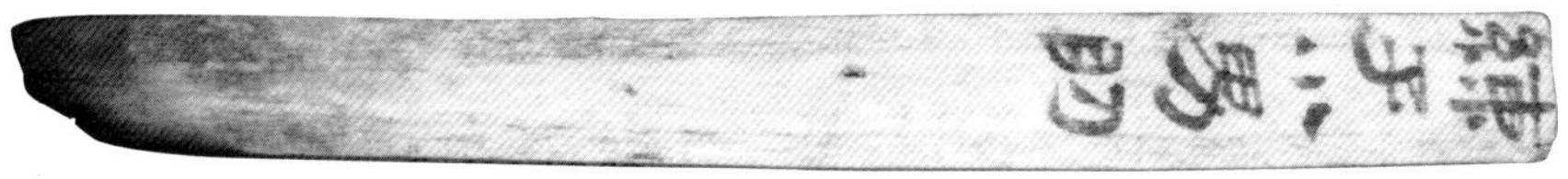

練子小男助　86EDT14:3A

章曰居延令印　86EDT14:3B

丁亥迹毋人馬迹出入塞者　86EDT14:2

□石承弩　86EDT10:18

張充年廿六　取右館籌裹李充國年廿六爲庸自代　（竹簡）　86EDT14:1

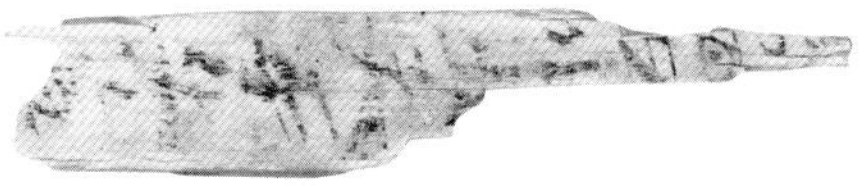

□□肩水士吏平受良　86EDT10:15

□騎段……　86EDT10:16

丁丑省卒　86EDT10:17

官六石具弩一　86EDT15:1A

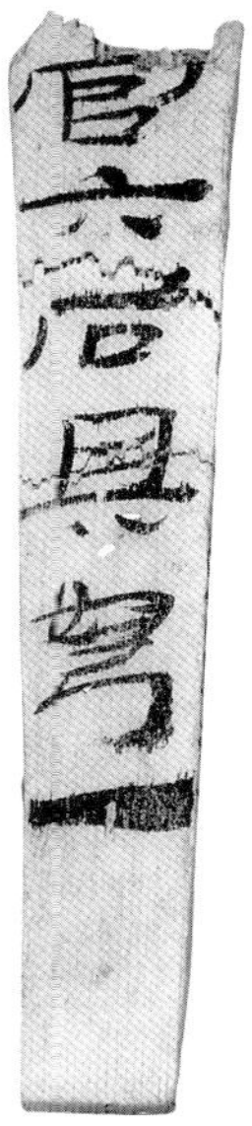

官六石具弩一　86EDT15:1B

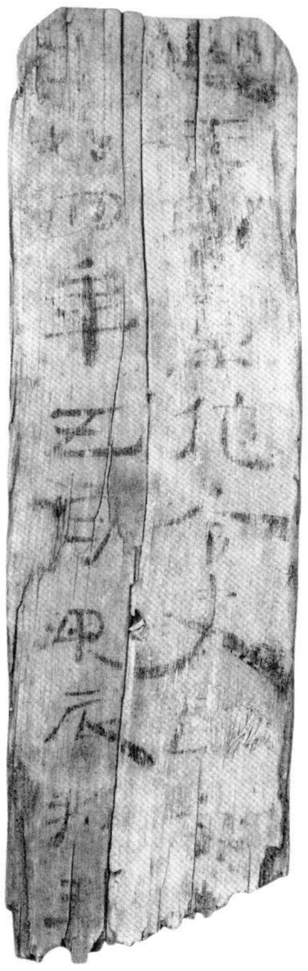

迎受□槖他令史田並□
建始四年五月甲辰朔壬　86EDT15:2

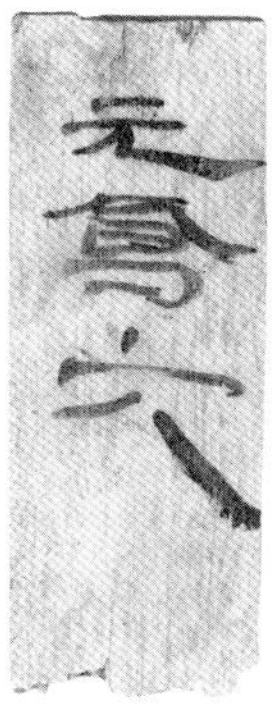

元鳳六　86EDT15:3

傳爰書　86EDT15:4

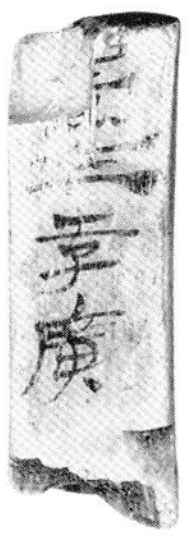

意卒李廣　86EDT15:5

孟長孫　86EDT15:6

元鳳四年十月己□　86EDT15:7

□卅六石多二石
石多二石　86EDT15:8A

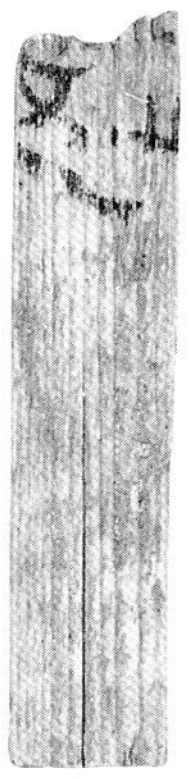

□
五　86EDT15:8B

地灣漢簡　86EDT16:1—36

地灣漢簡　86EDT22:1—20

地灣漢簡　86EDT28:1—13

地灣漢簡　86EDT34:1—11

地灣漢簡　86EDT40:1—38

地灣漢簡　86EDT42:1—11

地灣漢簡　86EDT43:1—14

地灣漢簡　86EDT44:1—6

地灣漢簡　86EDT46:1—3

地灣漢簡　86EDT65:1—20

地灣漢簡　86EDT79:1—5

□敞足下善毋恙甚苦官事
……
86EDT16:1

稟伏胡隧卒番隆十一月食　十一月辛酉令史宏付候長譚
86EDT16:2

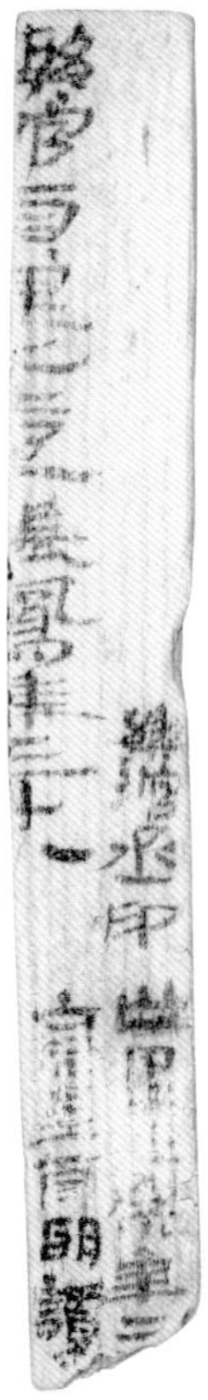

樂涫貞里上造張鳳年三十八　樂涫丞印　富里齊明□　世里安樂年二□
86EDT16:3A

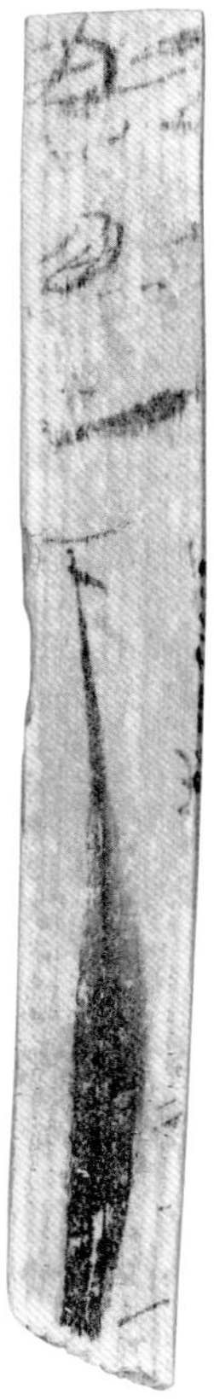

君魚足下
……
86EDT16:3B

粟六斗　一□　三斛
86EDT16:4

長安昌陽里公乘成隆年卅二　居延丞印　用牛二頭　大車一兩
86EDT16:5

麥二石　已出麥二石
□□　……
86EDT16:6

□爲之如何黨有
……
86EDT16:7A

□□□□遂□光□
□自振給當如它
86EDT16:7B

調護之
86EDT16:8

先幸爲　勿忘也叩頭　……
門下致　幸甚令
　　　　口〃叩頭〃……（習字）　86EDT16:9A

頭白記　元　□立　□
門下二三　□叩頭白記　三　□（習字）　86EDT16:9B

□朔丁張歌倉守長弘敢言　86EDT16:10A

戊子戊寅戊寅敢言　86EDT16:10B

元康二年三月庚午朔　86EDT16:11

五人〃三升　86EDT16:12

□斗五斗□　86EDT16:13

大男字伯
□男字□□

86EDT16:14

□庚申兼掌官掾

86EDT16:15

……

86EDT16:16

□食不

86EDT16:17

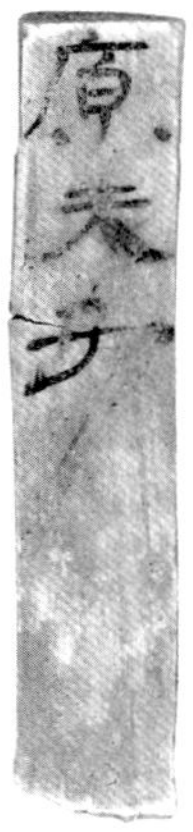

原夫子

86EDT16:18

置……

86EDT16:19

延田黍少□

86EDT16:20A

□□千人薑五□

86EDT16:20B

不在署今

86EDT16:21

二斛八斗　稟登山

86EDT16:22

□詣官

86EDT16:23

柬直千一百廿

86EDT16:24

……
伏罪請□□

86EDT16:25

粟六斗……

86EDT16:26

……

86EDT16:27

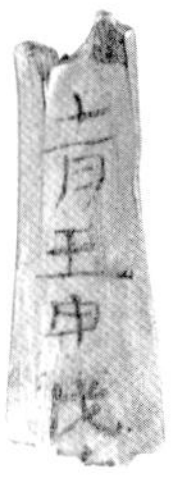

十一月壬申戊□　86EDT16:28

月丁巳□　86EDT16:29

叩頭言……　86EDT16:30

□□□□中□數蜚不□
□□　86EDT16:31

出米一斛桼斗□　86EDT16:32

□詡奏封　86EDT16:33

出倉米三　86EDT16:34

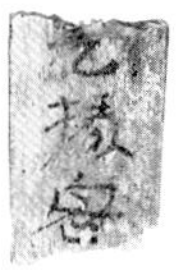

曹掾宏　86EDT16:35

與□
□□君　郡周邊叩頭　86EDT16:36

肩水以郵行
……
糸□死□　86EDT22:1

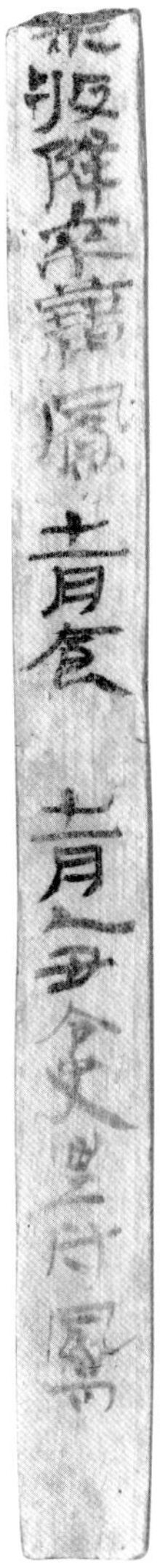

稟收降卒藉鳳十一月食　十一月乙丑令史豐付鳳　86EDT22:2

年二十五　張掖後司馬　大車一　牛二頭　86EDT22:3

五封……　86EDT22:4

地節四年八月己酉佐充　86EDT22:5

月吏奉賦錢不到　□□
十月以來奉　□少一□　86EDT22:6

橐當谷隧卒王明十一月食　十一月辛酉令史宏付候長譚　86EDT22:7

欲從大兄與　86EDT22:8A

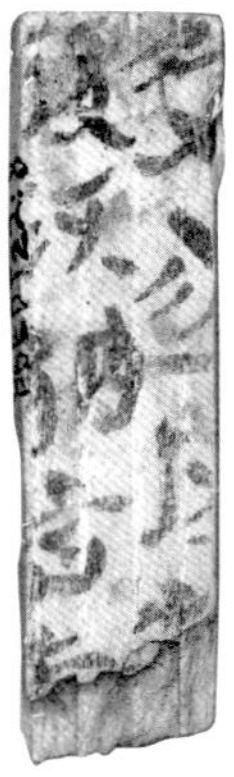

□忽□□
復須納言願　86EDT22:8B

不煩不污閒聞良日莫如今□　86EDT22:9A

五　86EDT22:9B

□□坐□　86EDT22:10

府都吏趙倉馬一匹北　86EDT22:11+12

居延司空佐綦毋豐　86EDT22:13

□□馬□　86EDT22:14

少不足　86EDT22:15

□千四百　86EDT22:16

肩水□□　86EDT22:17

出米六斗　□　86EDT22:18

□╱掾奉德書　86EDT22:19

忠頃聖　86EDT22:20

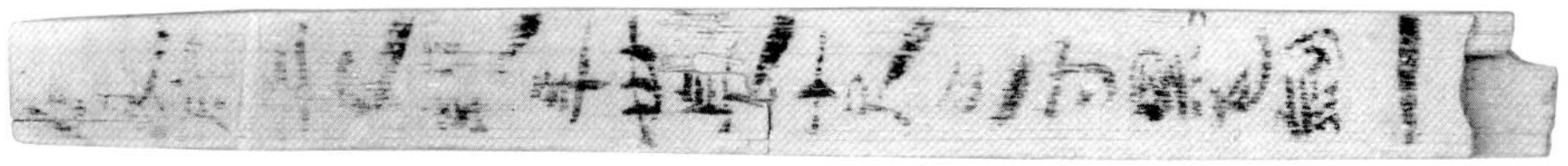

居延守卒史護年卅長七尺三寸黑色劍一　86EDT28:1

□稱年卌五　有方一　斬幡一
斬干一　86EDT28:2

令史嗇夫二人出百□　86EDT28:3

出糜二石　86EDT28:4

□□五年九　86EDT28:5

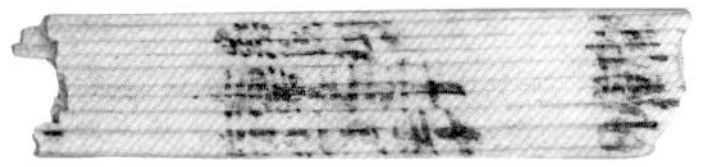

宲長弦□　□□
稾矢五十　□□
寅矢百五十　□□　86EDT28:6

今餘□　86EDT28:7

朔甲寅　86EDT28:8

君卿近衣進御□
□人來甚善　86EDT28:9A

"罪"有來者□　86EDT28:9B

二千一百六　86EDT28:10

毋失年　86EDT28:11

屬國塞吏　86EDT28:12

安世隧長　86EDT28:13

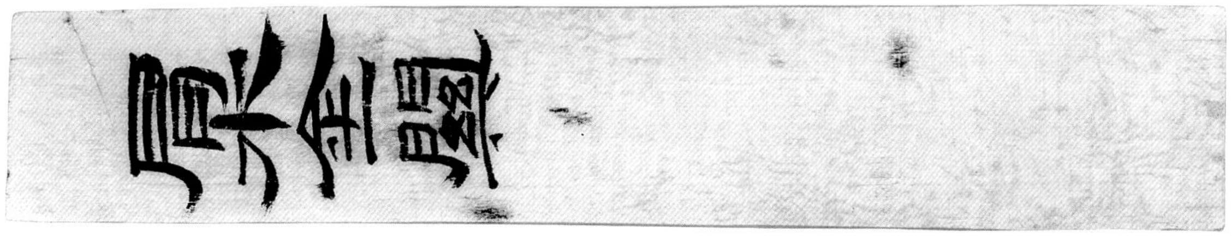

肩水金關　86EDT34:1

從　君記傳詣士吏張卿當谷隧長　86EDT34:2A

從所請張卿少卿苦事水到壄多少扁不
者非爲塞渠水也居延都尉使農令買　86EDT34:2B

□徐鳳不幸爲□
□□□□□□　86EDT34:3

□史錢三百其二百□
□錢百卌須君請□　86EDT34:4

□□□第四百五十六人　86EDT34:5

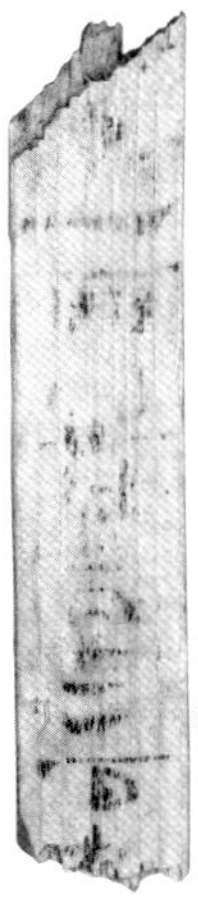

車一兩□□□三百□　86EDT34:6

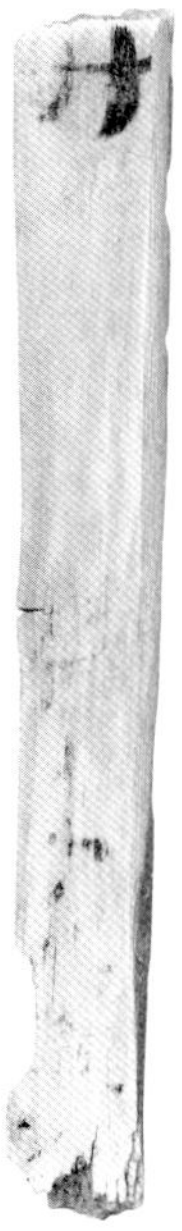

升　……　86EDT34:7

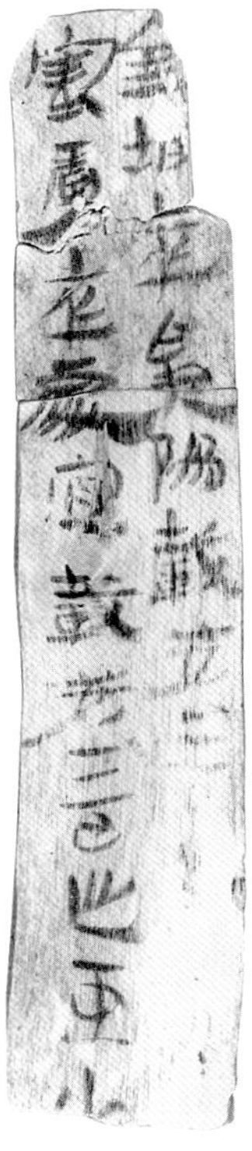

金城卒爰陽載茭二百廿□束
塞虜卒處宜載茭二百卌束少　86EDT34:8

韋弦二　□
臬長弦八　宙　86EDT34:9

伏地再拜　86EDT34:10

□□　86EDT34:11

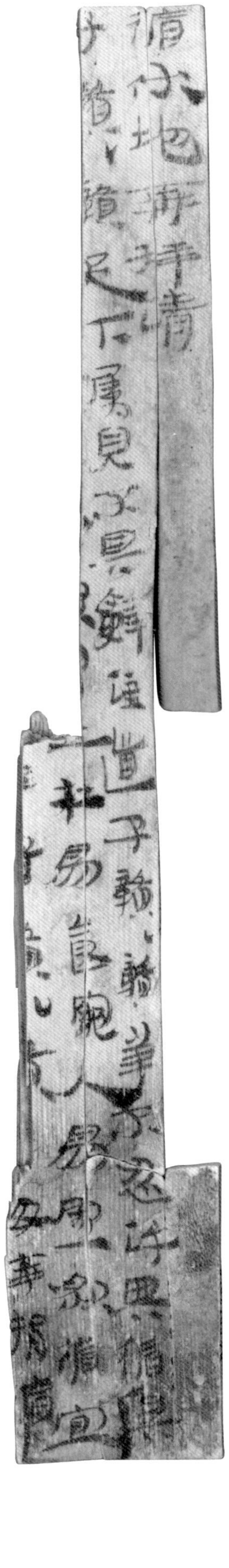

循伏地再拜請
子贛∟贛足下屬見不具辤謹道子贛∟贛幸不忍許與循俱
……又求易食窮人易置然循宜
□子贛∟贛□毋棄捐循

86EDT40:3A+1A+5A+4A

石卿

李聖君

86EDT40:4B+1B+5B+3B

稾受降隧卒湞齊十一月食　86EDT40:2

肩水候官　86EDT40:6

緯皆敝絶　86EDT40:7

□十束爲馬莝
□食牛　86EDT40:8

出粟二石　86EDT40:9

辛卯　86EDT40:10

□
隨方□
孤獨延
□（削衣）　86EDT40:11

長卿
□（削衣）　86EDT40:12

轢得平昌里大夫□（削衣）　86EDT40:28+13

□□
恙寒□（削衣）　86EDT40:14

不
詣府（削衣）　86EDT40:15

□
□賈官（削衣）　86EDT40:16

□
承君毋□
□□（削衣）　86EDT40:17

□叩頭願子（削衣）　86EDT40:18

□年廿六長七（削衣）　86EDT40:19

□從官（削衣）　86EDT40:20

召□（削衣）　86EDT40:21

簿一（削衣）　86EDT40:22

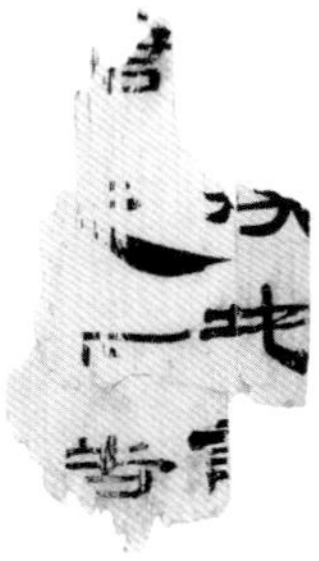

伏地請
君足下苦　86EDT40:30+23

□□　86EDT40:24

二書　86EDT40:25

□□□（削衣）　86EDT40:26

升賦（削衣）　86EDT40:27

□（削衣）　86EDT40:29

□□□（削衣）　86EDT40:31

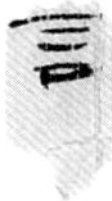

言（削衣）　86EDT40:32

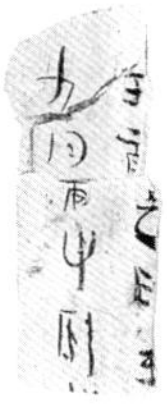

敢言之□□
九月丙申騂北（削衣）　86EDT40:37+33

□□　86EDT40:34

□　86EDT40:35

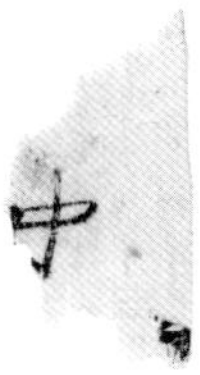

史　86EDT40:36

□　86EDT40:38

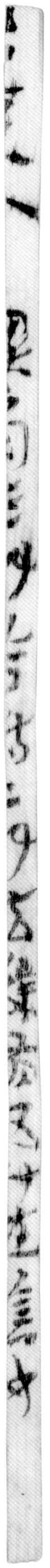

□□□□　□□三斛今轉二斛去餘有五斗在倉中　86EDT42:1

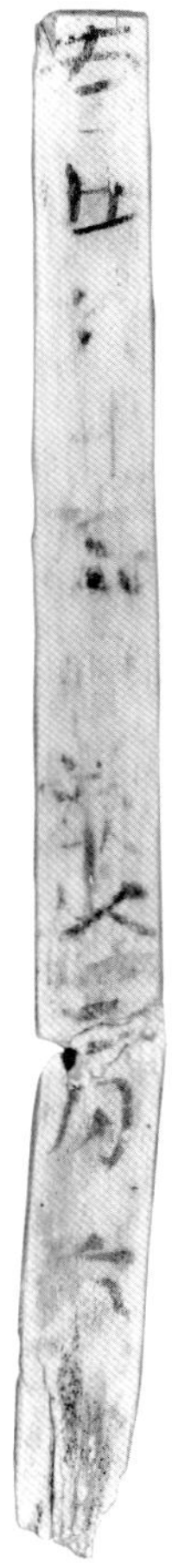

萬世……歆以二月食□　86EDT42:2

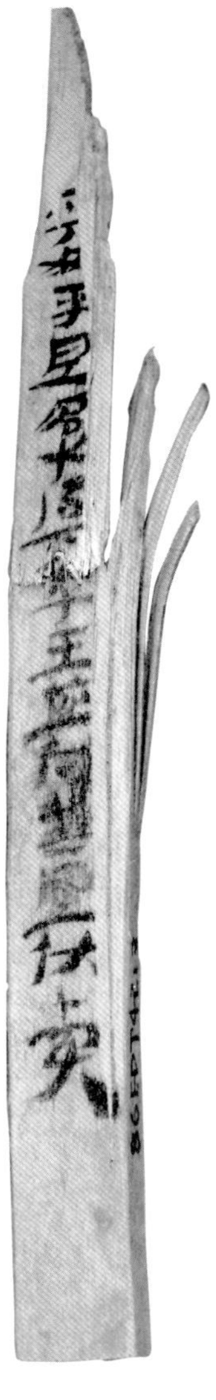

月丁丑平旦肩水關卒王並付兼置佐賞　86EDT42:3

□　凡出錢五千六百九十七
□□　……　86EDT42:4

里呂去病　86EDT42:5

□斗二　86EDT42:6

□日餔（削衣）　86EDT42:7

□次皆　86EDT42:8A

田並□　86EDT42:8B

肩□　86EDT42:9

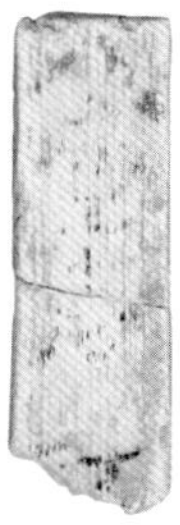

入粟五十石□　86EDT42:10

縣（削衣）　86EDT42:11

廿六　廿五　廿四　廿一　十八　十六　十五　得此時大吉　86EDT43:1

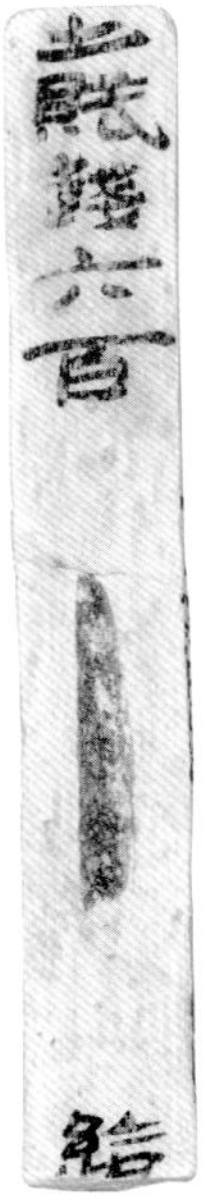

出賦錢六百　丿　給　86EDT43:2

□隊長石胥長閏月奉　86EDT43:3

□　86EDT43:4

□口三　出□　86EDT43:5

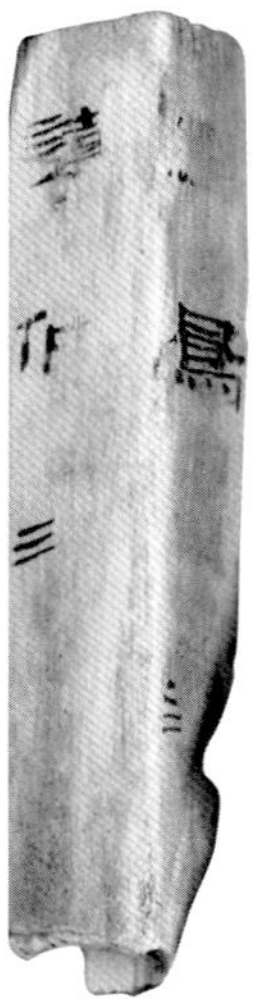

五鳳□年
謹作治（殘觚）　86EDT43:6

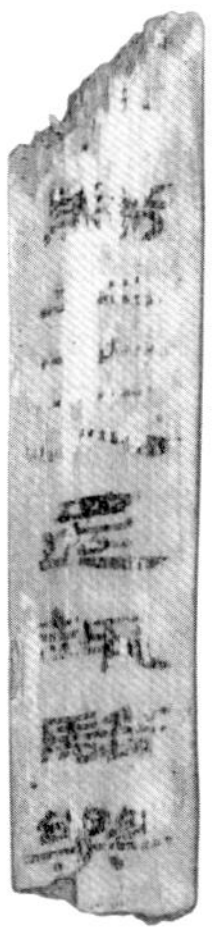

□騎士廿一人還趣騎樂　86EDT43:7

轢得　86EDT43:8

用錢二千四百　86EDT43:9

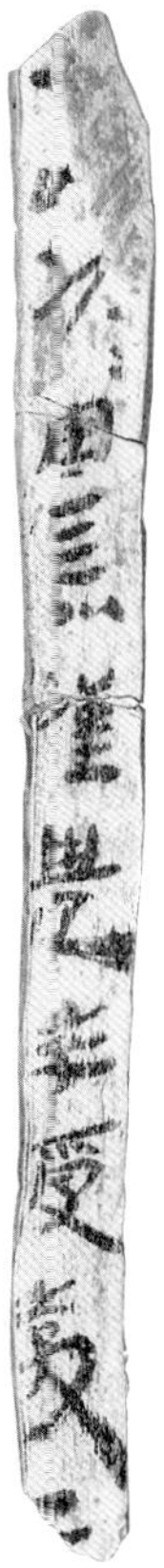

□叩頭＂因言謹遣卒受穀□　86EDT43:10A

頭＂再拜白　86EDT43:10B

爲意　86EDT43:11

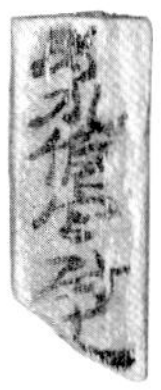

肩水候官尉史　86EDT43:12

出肉三斤　86EDT43:13

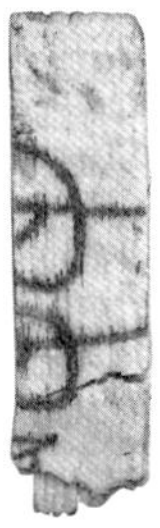

毋毋□（削衣）　86EDT43:14

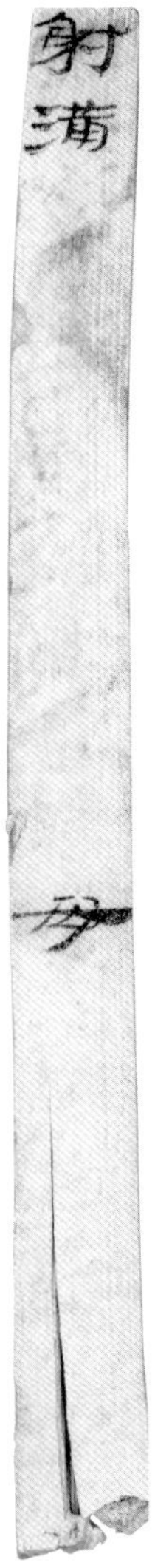

射溝　毋　86EDT44:1

牛二黄犗　卩　劍一循一居延令印封辟　丿　86EDT44:2

□常富　86EDT44:3

三百廿五子曰舜者在制所　86EDT44:4

故□　86EDT44:5

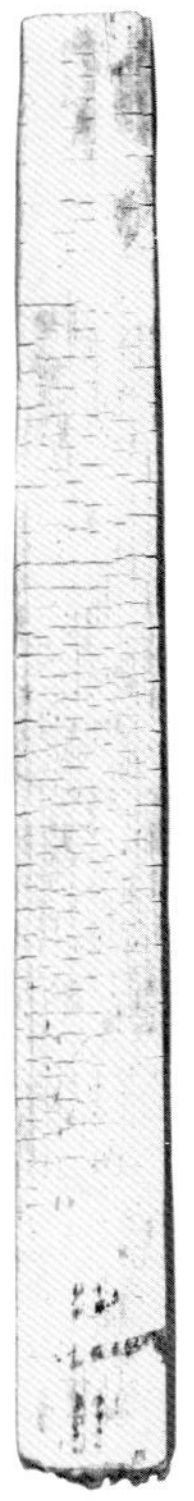

□　□□　86EDT44:6

里庖經年廿三　86EDT46:1

四月壬寅日中時入　86EDT46:2

劍一　86EDT46:3

陽朔元年六月丙子朔戊子右後候長嘉敢言之官檄曰具移吏負卒責多少牒別
言會月廿日謹移部吏負卒責以六月奉錢償如牒敢言之
86EDT65:1A

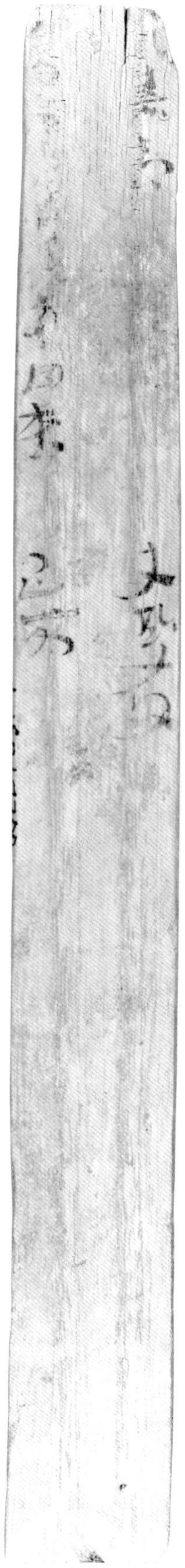

□嘉印　史臨發
□月……　卒同來　君前　86EDT65:1B

三月乙巳夜過半時受都倉置卒　不椑　已

□張掖大守章詣居延三月丁酉起
□□史龐土印詣居延三月癸巳起
……□周漢印詣居延三月己亥起

86EDT65:2

第廿五車皆完　86EDT65:3

樂所貸麥十石直七百卌　樂所麥□　86EDT65:4

□守長史　86EDT65:5A

女子□□　86EDT65:5B

官到有　86EDT65:6

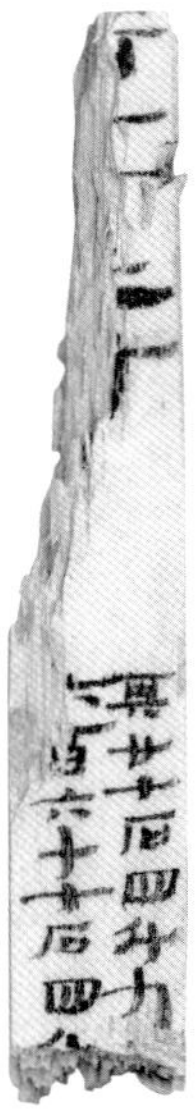

□□□□□

其廿七石四斗九□
六百六十七石四斗

86EDT65:7

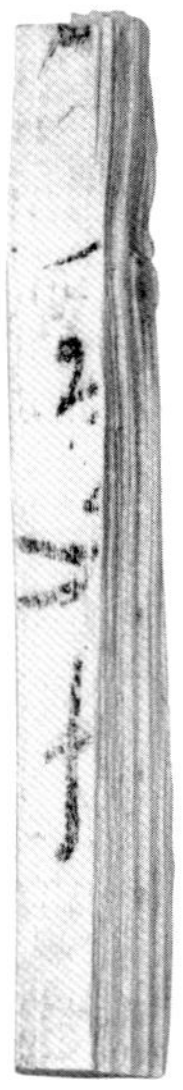

□尉史博　86EDT65:8

□驚糒
二升麥

86EDT65:9

亭塞　86EDT65:10

相除定負廿五　86EDT65:11

出麥二石　86EDT65:12

再拜
子買夫人足下甚　86EDT65:13

卩　弩一矢五十　86EDT65:14

肩水候官　86EDT65:15

元康　86EDT65:16

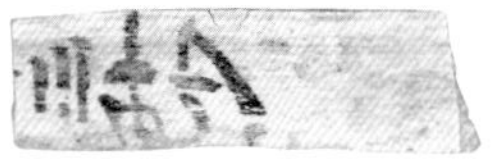

三升少　86EDT65:17

□一十八　卩　86EDT65:18

光　86EDT65:19

……
……　86EDT65:20A

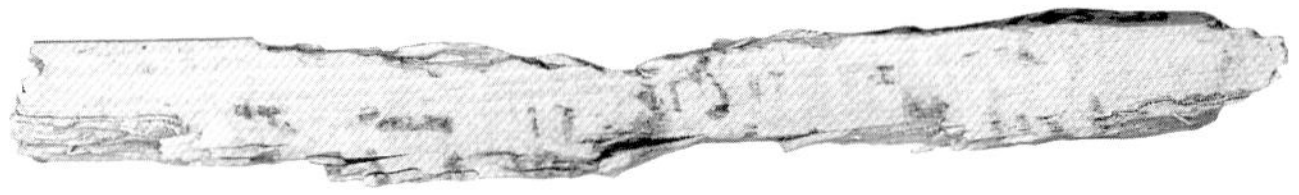

……　86EDT65:20B

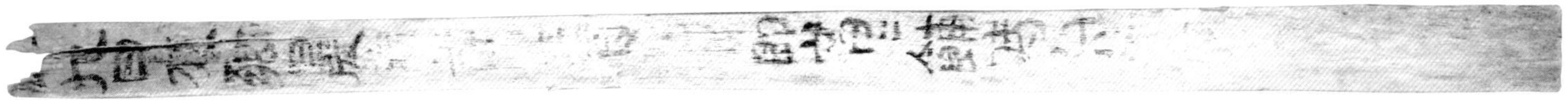

□九日夜鄉晨……　即廿日"餔時付　86EDT79:1

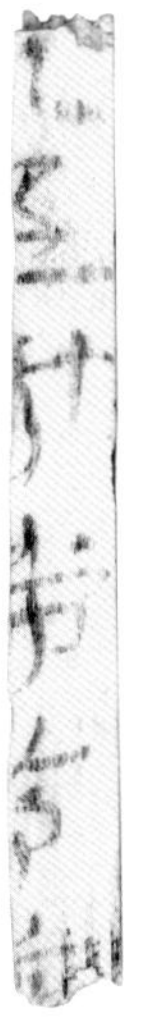

□□□□令□　　86EDT79:2

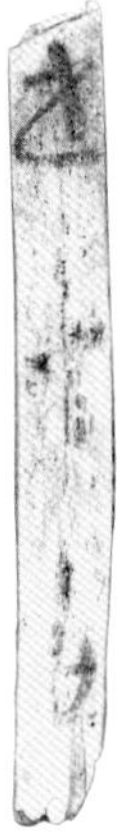

書□□　　86EDT79:3

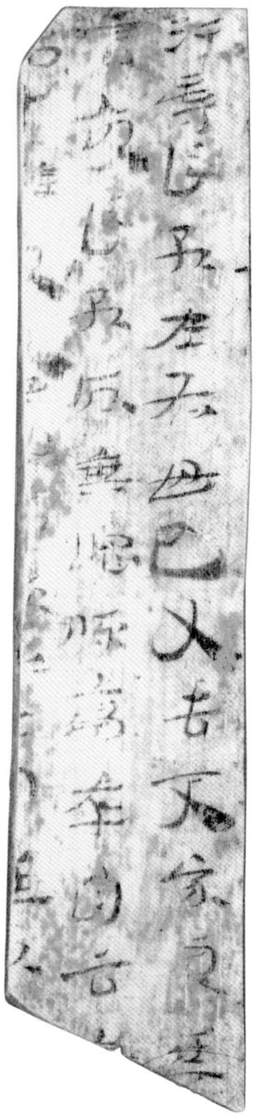

汙辱壽長孫左右毋已又去吏家處廷
言故長孫所乘陷陳亭卒自言□
……廷以
86EDT79:4A

□當□□□□□欲到□□□□
容獨居不耐□卒罪急此□□卒不得
卒者奈何所到拜候未善也□
……
86EDT79:4B

入六月四時報如律令　　86EDT79:5

地 灣 漢 簡　86EDH:1—31

地 灣 漢 簡　86EDHT:1—96

七斗　槀傳馬五匹驛馬二匹八月食　86EDH:1

四匹驛馬二匹　86EDH:2

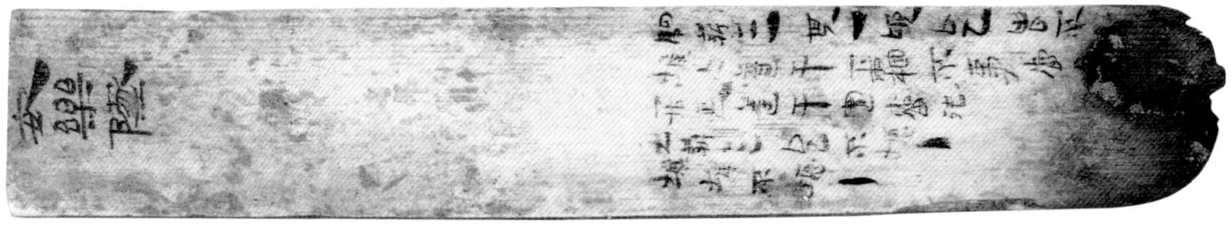

安樂隧
駒薪三其一頃足皆不堪
堠上蓬干下兩相不事當□
居延蓬干置當徙
大薪三足不堪ノ
堠塢不堪ノ　86EDH:3

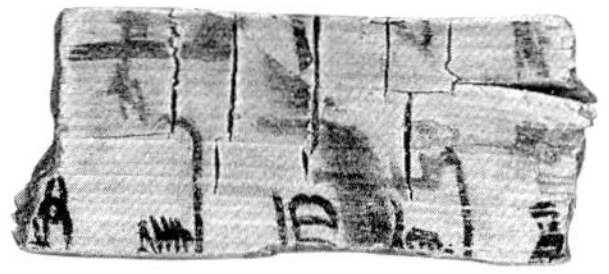

地再拜
安進而食□　86EDH:4A

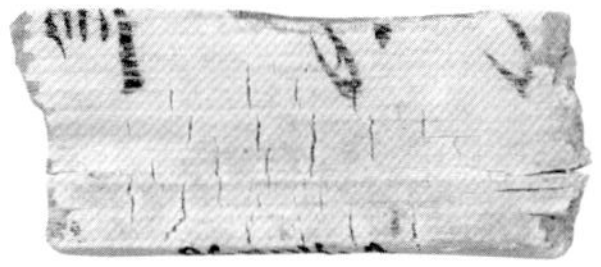

□□□　86EDH:4B

要害隧茭□　86EDH:5

肩水金關　86EDH:6

□　用肉二斤
用鹽六龠　86EDH:7

□所即行　86EDH:8

□高五尺八寸　86EDH:9

出鹽五升九龠　86EDH:10

□王秋六……　86EDH:11

廣宗三月盡五月積八十　□　86EDH:12

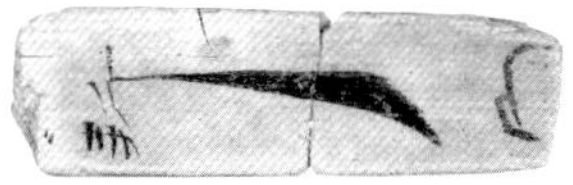

□拜白　86EDH:13

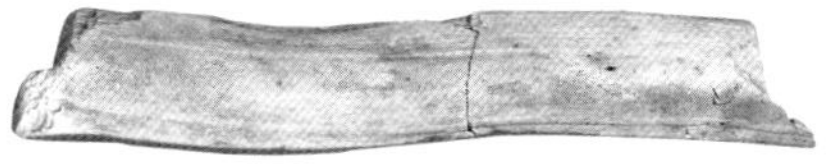
二　86EDH:14

出鹽三升　86EDH:15

窮寇隧卒扈□　86EDH:16

一　86EDH:17

出鹽二升九龠　86EDH:18

□詔獄承書牒　86EDH:19A

百六十六　86EDH:19B

□七……　86EDH:20

敦煌彊力□　86EDH:21

月盡七……　86EDH:22

百　86EDH:23

□申候長□　86EDH:24

移自□□　86EDH:25

出賦錢六百　86EDH:26

鹽五升九龠　86EDH:27

當利隧卒□　86EDH:28

出錢六百　ノ　86EDH:29

□霸少百八十二　86EDH:30

出鹽二升八龠　86EDH:31

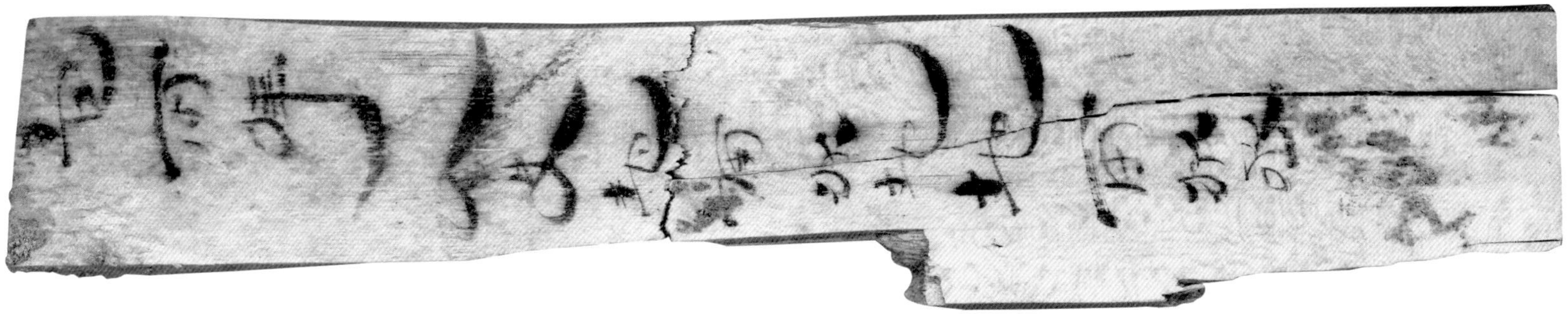

地再拜令史地再伏地地再伏丞　（習字）　86EDHT:1

肩水候官　被書　86EDHT:2

肩水候官　86EDHT:3

肩水候官　86EDHT:4

肩水候官

86EDHT:5

夫見　夫地伏　夫進　夫己丑朔夫夫
肩水　肩水候官　居延　部再伏　初元二年八月
伏（「肩水候官」四字外均爲習字）

86EDHT:6A

初元年夫夫　隊長隊隧　將軍吏
肩水候　夫完伏　進伏　伏地再　彌　弟
完初初伏地再肩伏地地地夫伏地地　弟弟（習字）

86EDHT:6B

受賜令　肩水都尉府　□　86EDHT:7A

進記　□　□　86EDHT:7B

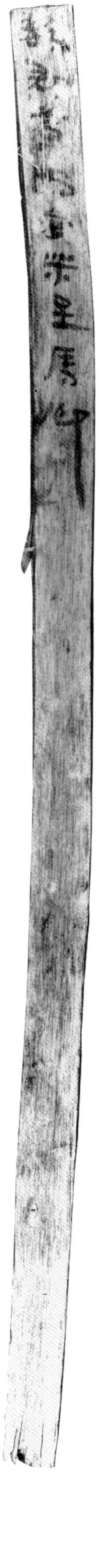

魏郡繁陽安樂里馬卿　86EDHT:8

奏　86EDHT:9

羊頭石
六百　86EDHT:10

青一丈九尺
緹二丈三尺　•凡四丈二尺　86EDHT:11

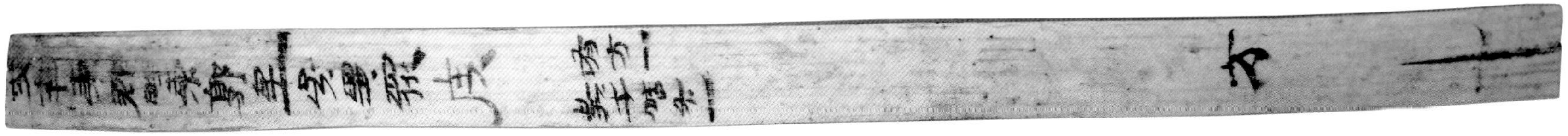

戍卒東郡畔東郭里吳異衆疾　　有方一
　　　　　　　　　　　　　　斬干幡各一　　方　　十　　86EDHT:12

右後部扁索二　　86EDHT:13

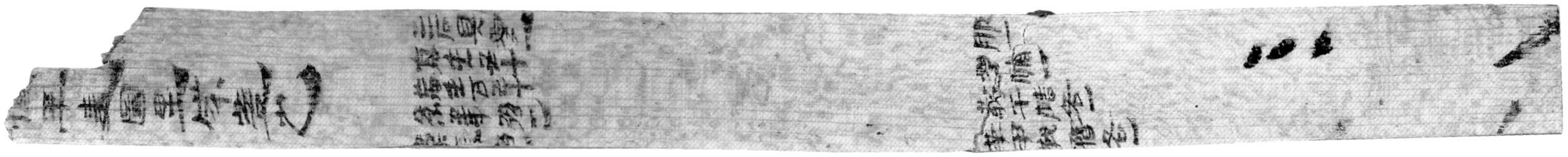

□平麥園里成蓋之　　三石具弩一　　服一
　　　　　　　　　　稾矢五十　　　弩幡一　　　三　ノ
　　　　　　　　　　寅矢百五十　　斬干幡各一
　　　　　　　　　　糸韋弦二　　　革甲鞮瞀各一
　　　　　　　　　　枲長弦一　　　　　　　　　86EDHT:14

□大石廿九石八斗二升•始元七年閏月壬寅朔騂北長奉世受肩水候長孟　　86EDHT:15

令史𨭆得安定里丁延年本始五年二月乙卯除未得地節二年十月盡十二月積三月奉　86EDHT:16

……長守富也高而不危所以長守貴富貴□□□□□　86EDHT:17A

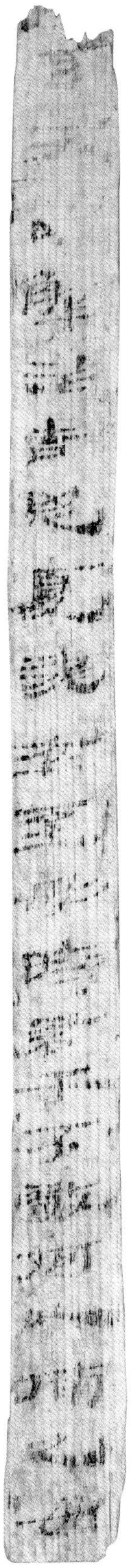

聖王□□解祐吉兇憂或卒至毋時君子不敬何以輔之毋　86EDHT:17B

地節四年三月辛巳朔庚戌肩水
隧□□□定里□功□　86EDHT:18A

地節四年□月辛□□　86EDHT:18B

河陽里不更宣害年卅四　86EDHT:19

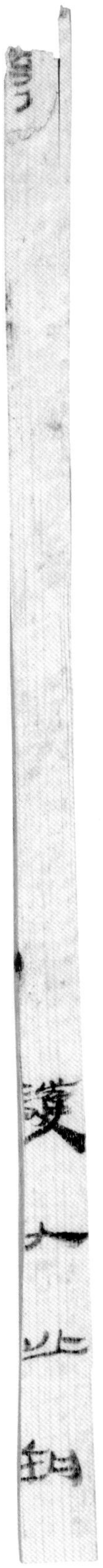

□　護以此知　86EDHT:20

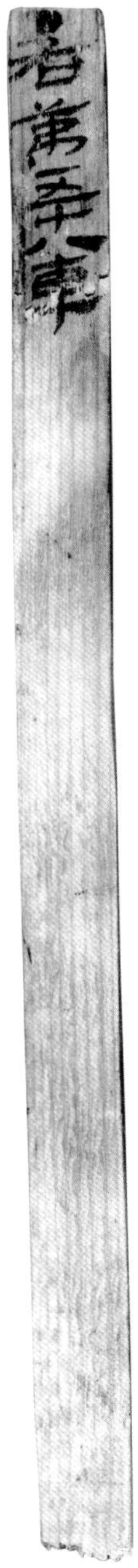

•右第五十八車　86EDHT:21

父幸幸　幸幸幸衞幸（削衣）　86EDHT:22

安世隧（削衣）　86EDHT:23

十八人屬第五丞別田彭祖
□人屬第五丞官佐時
十三人屬三別田充
二人屬第五農官　86EDHT:24

□水候前移　記召倉南隧長疵所關　86EDHT:25

襄澤隧長趙放　史　史　史　埻　86EDHT:27

北檄二封　章曰張掖大守章
詣居延都尉府　86EDHT:26

盡界毋越塞出入迹　86EDHT:29

本始四年十一月庚申除　86EDHT:28

始元七年閏月甲辰居延與金關爲出入六寸符券□百從第一至千左居官
•第二百廿六　86EDHT:30+31

□□年□月丙辰朔戊午張掖肩
以檄書入出界時常與期
□□□何且劾侯農令

86EDHT:32

□肩水候官

86EDHT:34

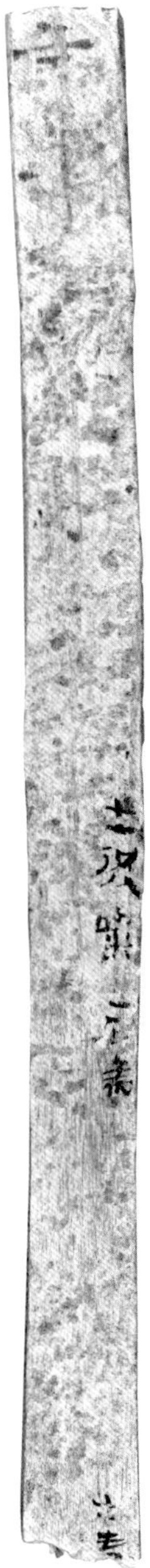

出沉粟一石券　出麥
……

86EDHT:36

卿　馬長卿

86EDHT:37A

肩水候官

86EDHT:33

金關出入敢言之

86EDHT:35

足下謹趣

86EDHT:37B

臨渠卒梁壽
完軍卒丁顧　86EDHT:38

……伏地言
……　86EDHT:39

粟　86EDHT:40

正月庚寅平樂隧長延年穀　86EDHT:41

廿九　86EDHT:42

田卒梁國虞千秋里不更顏歐　86EDHT:43

受候長黑穀小石卅四石六斗三升□　86EDHT:44

出麥一斛九斗三升少　以食通望卒王同四月□　86EDHT:45

□□□□□□□用禁所稟平其倉廩
……　86EDHT:46

□有物故白報須決獄毋留如律　86EDHT:47

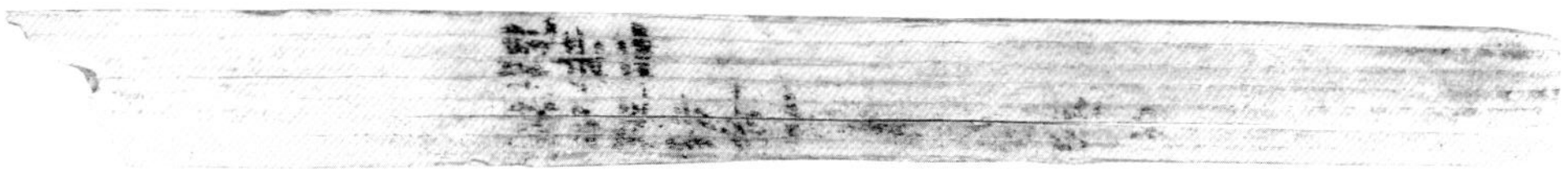

鞮□二
鐵鎧鞮瞀各一丿　□□　86EDHT:48

記告安世隧長博取芳　　86EDHT:49

田卒淮陽郡陽夏徐平里上造陳免年廿四　　86EDHT:50

受五石具弩一　今力四石　　86EDHT:51

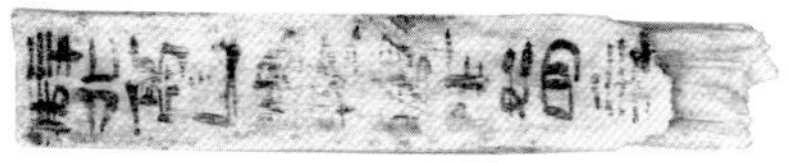

騂北亭長楊毋害本始四年　　86EDHT:52

凡出稾五石四斗　　86EDHT:53

亢父昌陵里梁　　86EDHT:54

■右第三車　　86EDHT:55

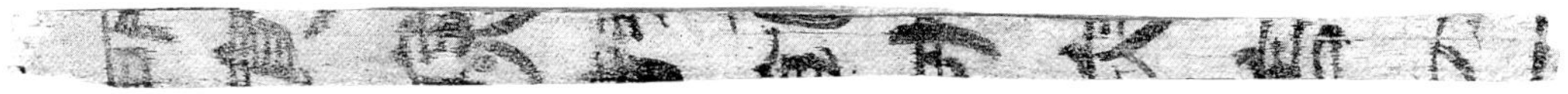

所實□持錢來扶善刀一　　86EDHT:56A

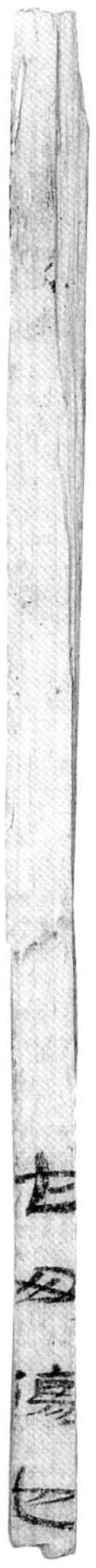

它毋傷也　　86EDHT:56B

地節五年正月癸……　　86EDHT:57

田卒淮陽郡長平北鉅里董　　86EDHT:58

嗇夫破胡　　86EDHT:59

□用錢六百九十……　　86EDHT:60

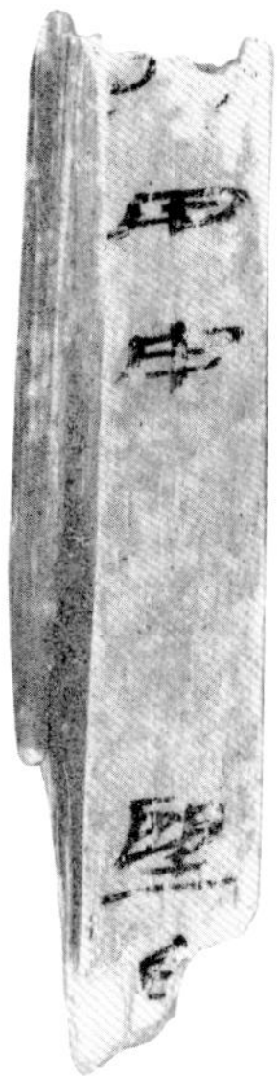

月甲申　望泉　86EDHT:61

六月戊申　86EDHT:62

居延假佐田□　86EDHT:63

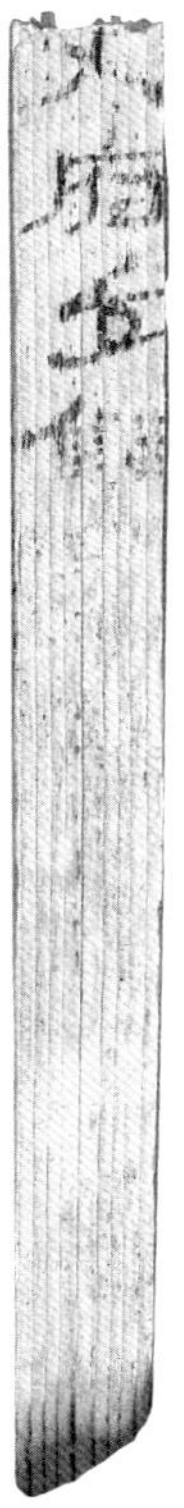

受府交錢……　86EDHT:64

■候行　86EDHT:65

本始四年三月奉用錢六百　86EDHT:66

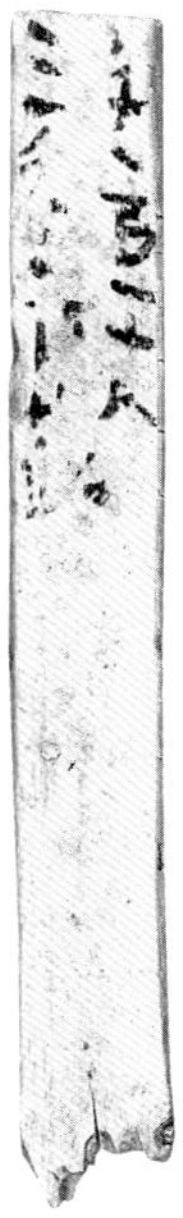

□千一百一十人
三千三百廿錢　86EDHT:67

里董□　86EDHT:68

去　86EDHT:69

以食廣利候長安世正月食　86EDHT:70

六……　86EDHT:71

□令承□　86EDHT:72

望泉隧卒公乘□十二月食　86EDHT:73

長卿王君足下……　86EDHT:74

□職莫□□　86EDHT:75

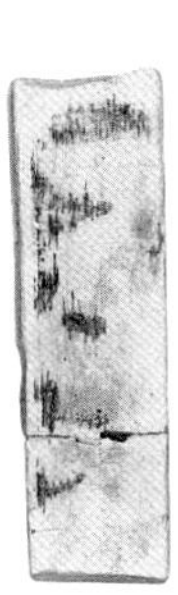

□□　86EDHT:76

□百六十約至□□　86EDHT:77

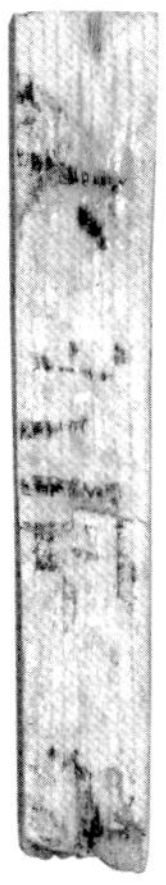

□□□　86EDHT:78

節拜它□　86EDHT:79A

故事替　86EDHT:79B

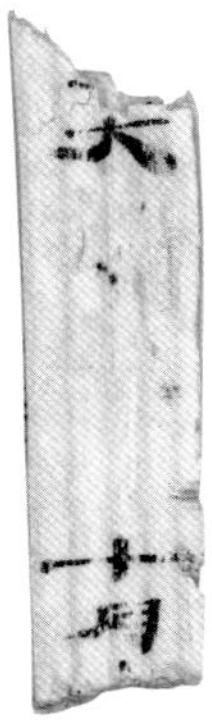

□大　七月□　86EDHT:80A

七月□　86EDHT:80B

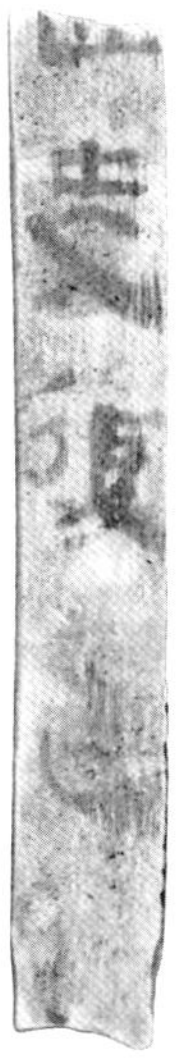

……　86EDHT:81

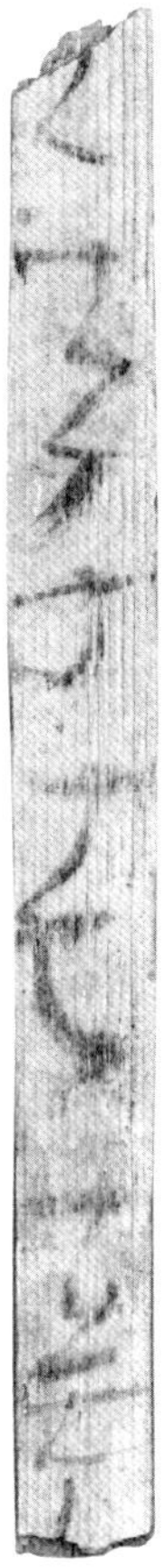

……　86EDHT:82

□與鳳　86EDHT:83

令□　86EDHT:84

□□　86EDHT:85

……十八步　86EDHT:86

□積　86EDHT:87

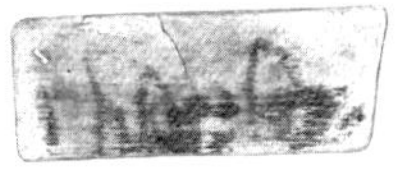

……　86EDHT:88

ㄢ　86EDHT:89

肩　86EDHT:90

□始三年二月尉丞卿行　86EDHT:91A

□□舉　86EDHT:91B

麥四斗食馬……　86EDHT:92

□　□　86EDHT:93

月廿一日
□□□□□　86EDHT:94

……　86EDHT:95

奉自取　86EDHT:96

地 灣 漢 簡　86EDT5H:1—250

地 灣 漢 簡　86EJC:1—25

張掖郡昭武甲卒觻得萬年里公乘溫良年二十五　86EDT5H:4

□田甲卒觻得巻舒里魏長年三十　86EDT5H:3

肩水延隧次行　86EDT5H:2

金關　86EDT5H:1B

金關　86EDT5H:1A

□石前已稟　稟止虜隧長蘇習十一月食　丿　86EDT5H:5

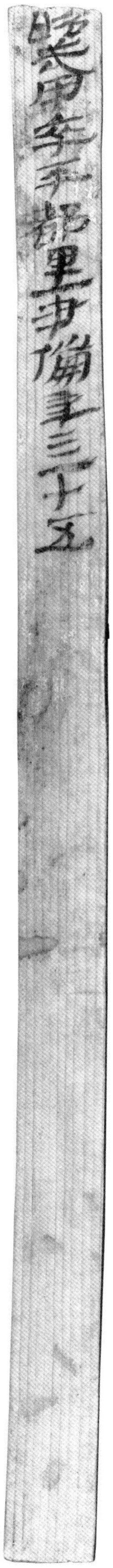

昭武甲卒平都里尹備年三十五　86EDT5H:6

張掖以西武都少遠嚴勑門亭謹苛察毋令橫與黨與過留界中不得有所苛疑須者職物莊□　86EDT5H:7

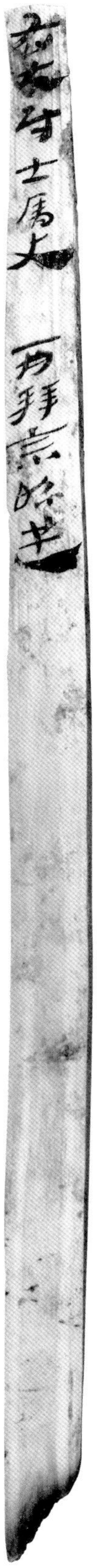

右大尉士馬史　再拜言昭武　86EDT5H:8

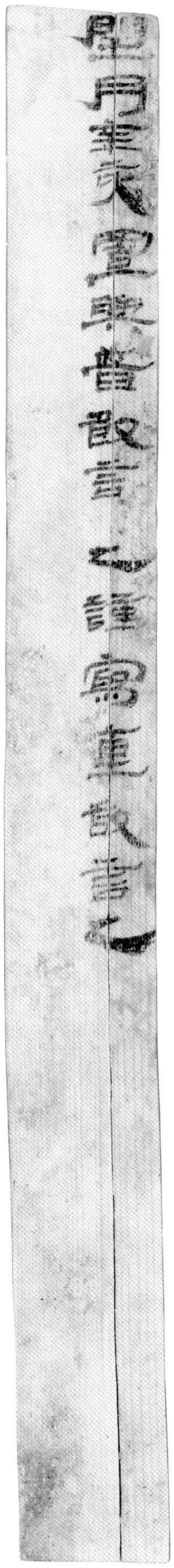

閏月辛亥置輿普敢言之謹寫重敢言之　86EDT5H:9+21

居聑三年正月壬辰肩水候　敢言之府　86EDT5H:10

不宜久空乏如律令敢告卒人……　86EDT5H:11

謝詡　主丁亥　86EDT5H:12

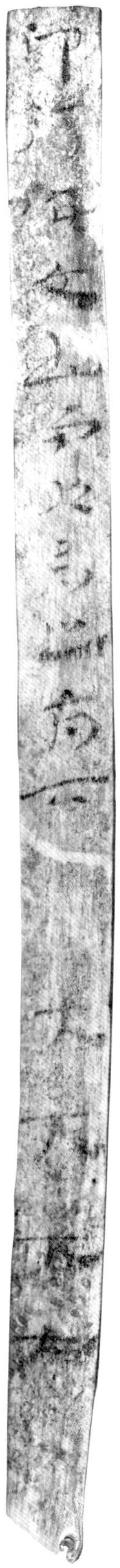

印行候文書事敢言之府下　大大大大……　86EDT5H:13

□□□□□見歸□□□□就□且蹏見歸等即隨龐陽來詣營告且蹏見歸
等曰且蹏自知蒙厚恩及見歸皆有鄉善之意使者方奉以聞且蹏見歸　86EDT5H:14A+99A

廿三　　86EDT5H:99B+14B

觻得始建國三年三月壬子左部外營觻得甲卒稟名籍　　86EDT5H:15

始國三年三月己巳步兵出各　　86EDT5H:16

十二月乙卯張掖肩水都尉參司馬詡行丞事謂肩水寫移書到□□□□　　86EDT5H:17A

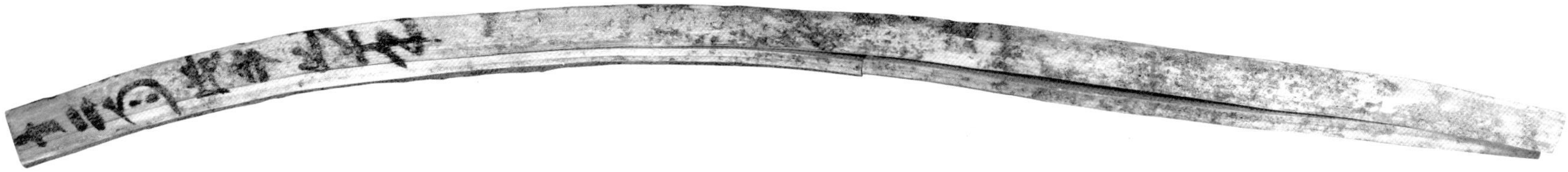

十二月戊午以來　　86EDT5H:17B

死當案叩頭死〃罪〃己部千人戎掌騎迹張放忘黨五百高嘉逐　86EDT5H:18

已收彭蕔索遣吏之城官取屏泥未還〃遣吏　86EDT5H:19

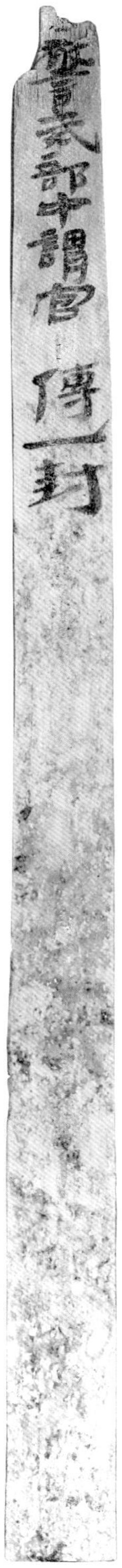

□警戒部中謂官傳一封　86EDT5H:20

觻得騎馬百九十二匹　•昭武騎馬六十五匹　86EDT5H:22

劉詡叩頭白……　86EDT5H:23A

願賜明報叩頭再拜白　86EDT5H:23B

再拜言前日騎士耿鳳馬死　86EDT5H:24

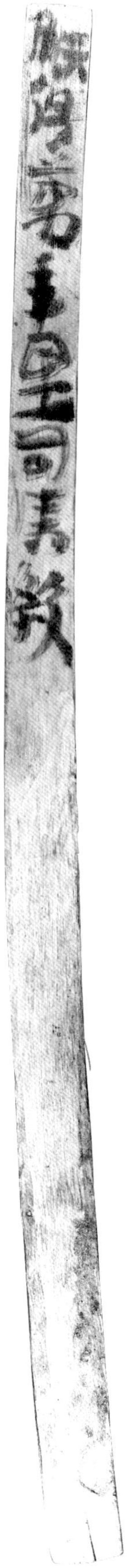

𢘻得萬年里司馬級　86EDT5H:25

泥溺不以時詣營白馬少二匹其一匹今月三日〻下餔時　86EDT5H:26

謹构校見物故吏及遷徙□　86EDT5H:27

即日中到官謹遣臨田隧長級送　86EDT5H:28

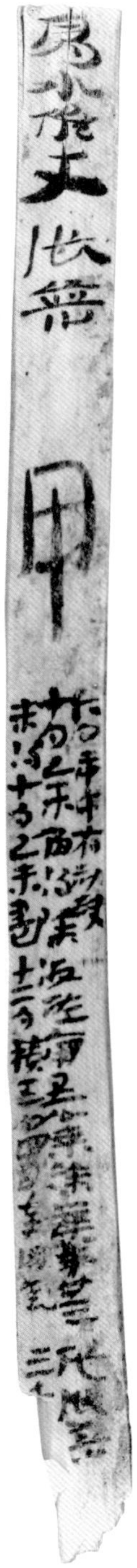

肩水候史張普　甲　六月庚午有劾缺
七月乙未角得除假佐南里公乘徐業年廿三代張普
未得七月乙未盡十二月積五月四日奉用錢三千　86EDT5H:29

肩水言第六隧長郭護自言
伯父死願取急未解遣　86EDT5H:30

趙誼　主乙亥　86EDT5H:31

實具言會十三日如府書律令　86EDT5H:32A

張掖肩水都尉……　86EDT5H:32B

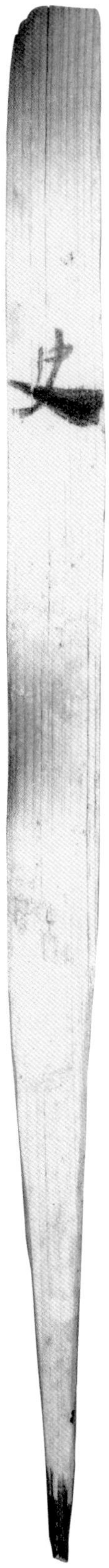

史　86EDT5H:33

中營甲卒五百昭武直廷里宋音　86EDT5H:34

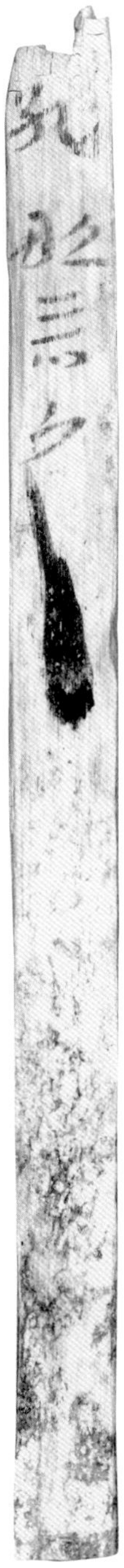

罪敢言之　86EDT5H:35

書曰詔書一封大農丞印居聑三年十一月甲子起三月辛　86EDT5H:36+177

六石具弩十二　有方六盾六　凡甲卒五十三人其六人將肸
槀矢銅鍭千二百　□廿八盾廿八　今見人三十七人　86EDT5H:195+37

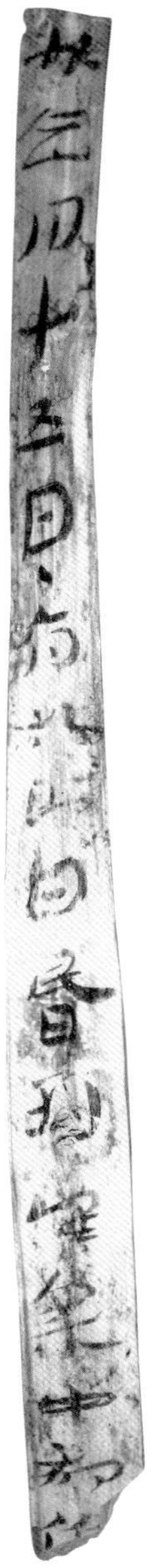

狀會月十五日•府記即日昏到謹案中部候　86EDT5H:38

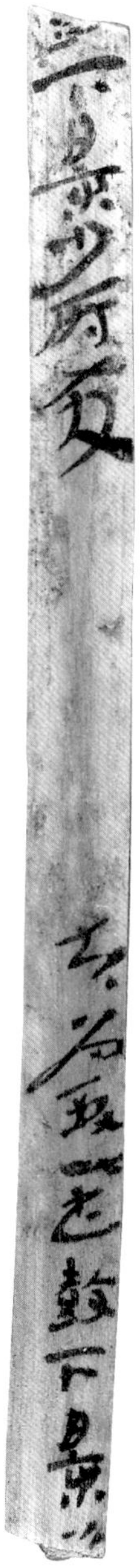

鼓下景少房發　願爲致此書鼓下景少　86EDT5H:39

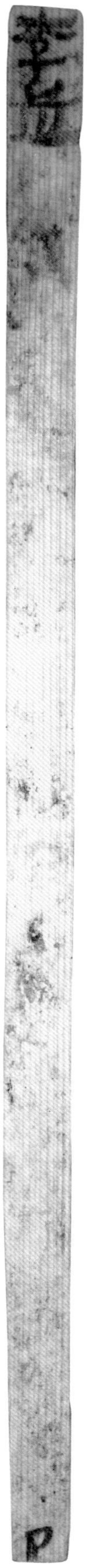

李並　卩　86EDT5H:40

淮布五尺半尺〻十四直七十七
淮布二尺三寸尺十八直卌一
□□□□百五十
□□□□□□付□□□
出三百六十付子舉
……
86EDT5H:145+41

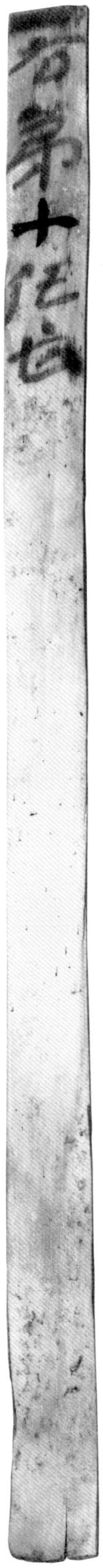

■右第十伍長　86EDT5H:42

始建國二年十月壬寅肩水關嗇夫欽以小官印行候文書事□　86EDT5H:180+43

死罪囚隧長張順自絞爰書　86EDT5H:44

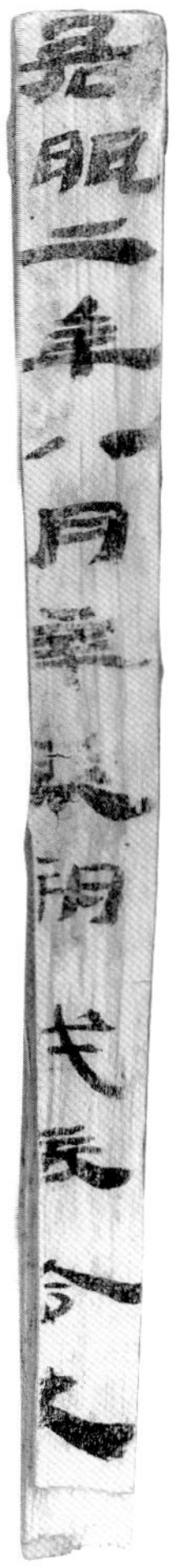

居聑二年八月辛亥朔戊辰令史　86EDT5H:45

右後右前左後左前吏卒皆詣城官稾　86EDT5H:46

什長耿鳳及歆同産弟田卒馬適恭辤皆曰歆素貧□　86EDT5H:47

出　契刀一直五百
大泉一直五十　凡五百五十　給望泉隧長韓萌奉　□　86EDT5H:48

□長伸中起居此人明勑諸部有行者輒苛捕致尉以爲賞□　86EDT5H:49

•肩水騎千人張實量張掖左農右長官辟在　　86EDT5H:50

出麥四石　稟東望隧長荀彭九月十月食　　86EDT5H:111+51

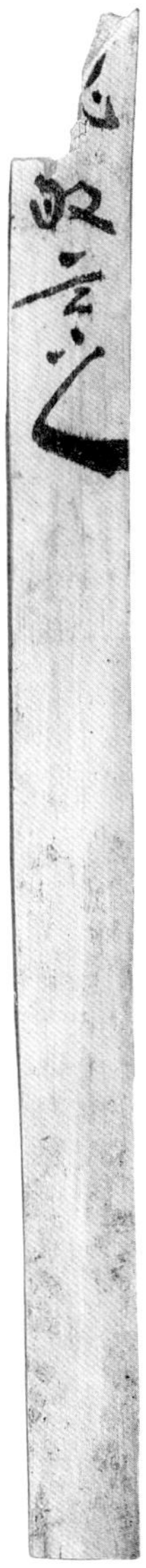

□敢言之　　86EDT5H:52

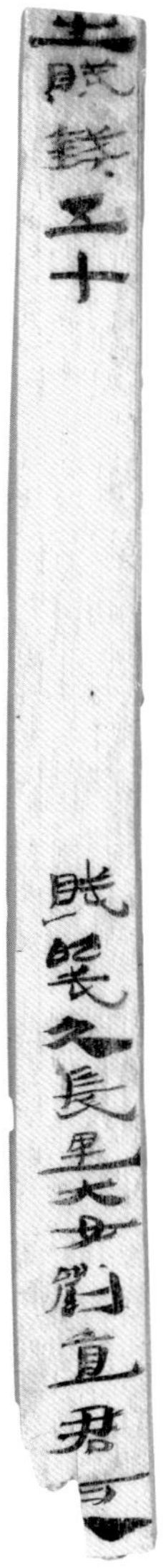

出賦錢五十　賦昭武久長里大女劉直君戶人　　86EDT5H:53

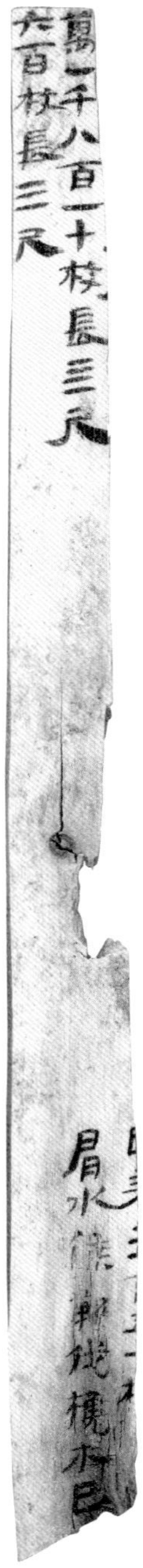

萬一千八百一十枚長三尺
六百枚長三尺
……
肩水候靳伐櫰木已　　86EDT5H:54

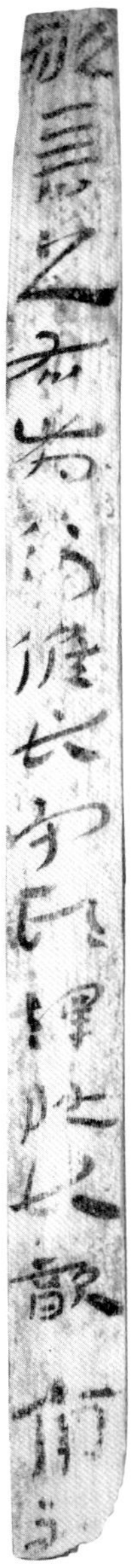

敢言之右前行候長事臨澤隧長歆南部　　86EDT5H:55

肩水窮寇隊長穌得利處里公乘張並年卌八　元始六年正月庚子除　86EDT5H:56

出麥二石　稟壙野隧長閻級六月食　丿　86EDT5H:57+78

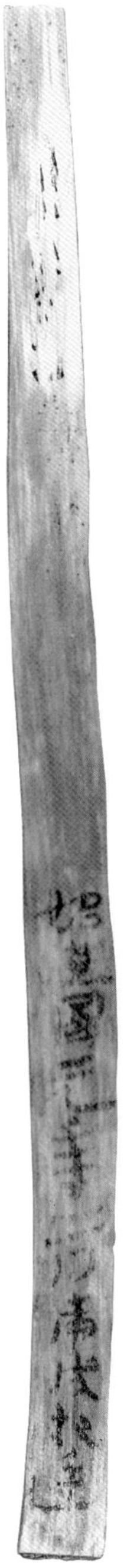

……　始建國元年二月庚戌起廷　86EDT5H:58

中營候令史仲客　中營八十人第四□　86EDT5H:59

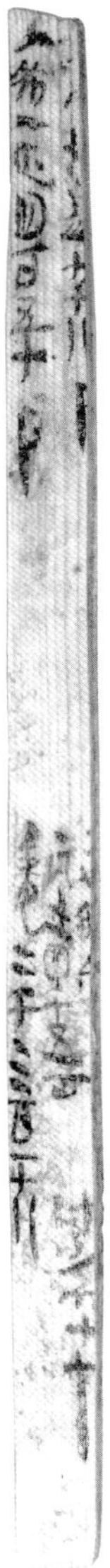

□□□□□九十八丿　□□□□□　付少九十七
入布一匹四百五十卩　•凡出四千五百
今見二千三百一十八　86EDT5H:60

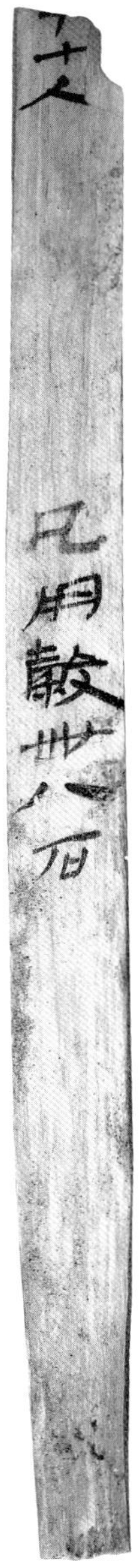

十七人　凡用穀卌八石　86EDT5H:61

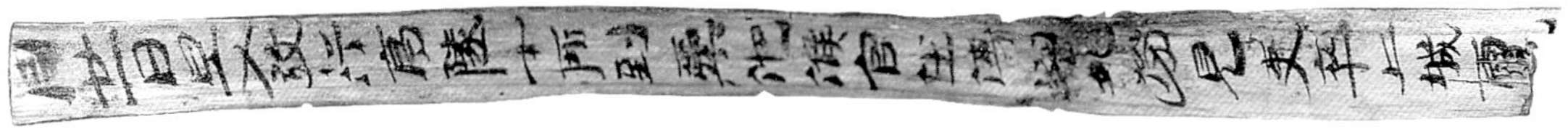

月廿一日旦發行亭隧七所到橐他候官坐傳客外勞見吏卒上城覆　86EDT5H:62

五年十月盡居聑元年七月積十月奉用泉六千　86EDT5H:63

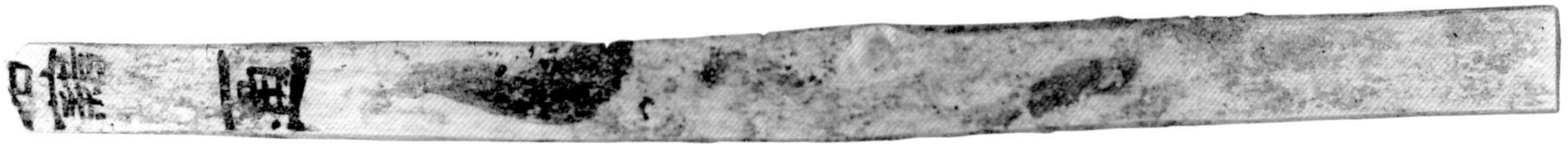

名籍　一通　卩　86EDT5H:64

書收得司御卒粟三百九十斛遣守　86EDT5H:65

……叩頭死罪敢言之　86EDT5H:66

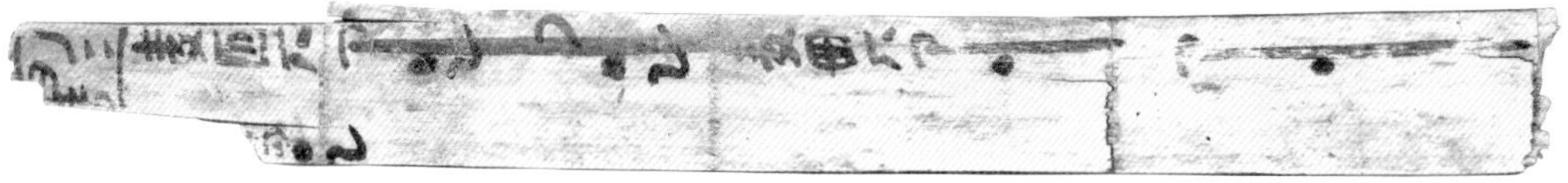

苟彭　麥四石卩•～•～麥四石卩•卩•
□•～（第二個「四」爲二次書）　86EDT5H:67

肩水候史石級　未得居聑二年七月盡十一月□　86EDT5H:68

肩水候長徐褏　未得八月盡九　86EDT5H:69

昭武甲卒皪得安定里寧嘉　86EDT5H:70

出麥二石　稟當利卒孟崇□　86EDT5H:71

□三官掾唐宫持　86EDT5H:72

中營卒昭武益廣里零如　86EDT5H:74

國三年敢言之即日到□□□□□□　86EDT5H:76

今候長迎卒已還　86EDT5H:79A

左部甲卒皪得安樂里績蒼　86EDT5H:80

入麥百廿九石五斗二升大　受粟□　86EDT5H:73

□米三斗糒半斗亡謹部假司馬恭□□　86EDT5H:75

凡用麥五十一石八斗八升　86EDT5H:77

南部候長蘭出塞□　86EDT5H:79B

待後檄記以從事有　86EDT5H:81

始建國元年四月壬寅朔丙　86EDT5H:82

要當死願往自歸奮威軍就死□　86EDT5H:83

屋蘭聽由昆弟皆復故姓王氏上名見五威使者　上壽昆弟宗家皆以復　86EDT5H:191+124+84

•一樂鄉侯地緒言願入□　86EDT5H:85

□敢言之謹移受卒閤錢　86EDT5H:86

舉畢人傳廿五里食〻已發行亭隧十五所到　86EDT5H:87

屋蘭穀給屯吏士卒食□　86EDT5H:88

□十二月四時茭穀簿皆入□　86EDT5H:89

□三日馬三匹死長願　86EDT5H:90

稾萬福隧長宋放十月食　86EDT5H:91

狀並官除年姓各如牒先年□　86EDT5H:92

□遣醫診治敢言　86EDT5H:93

來文書□不可是政宜以赦令除唯　86EDT5H:94

少不徒士百三匹　86EDT5H:95

肩水金關隊長𨵻得步利里公乘張誼年卌一　建平五　86EDT5H:96

田四時穀簿　86EDT5H:97

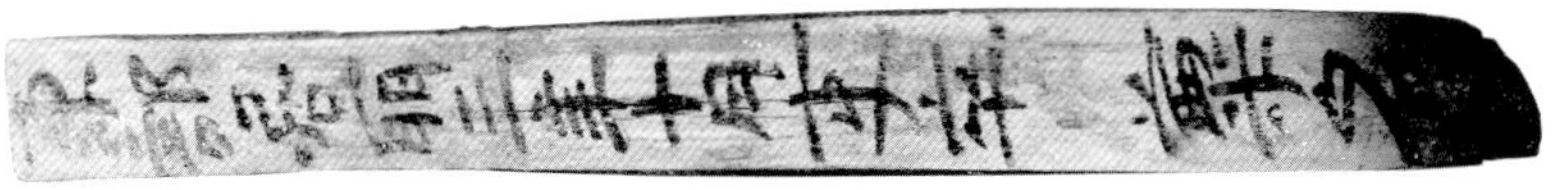

東部居聑三年七月吏卒稟名　86EDT5H:98

三石六斗　86EDT5H:100

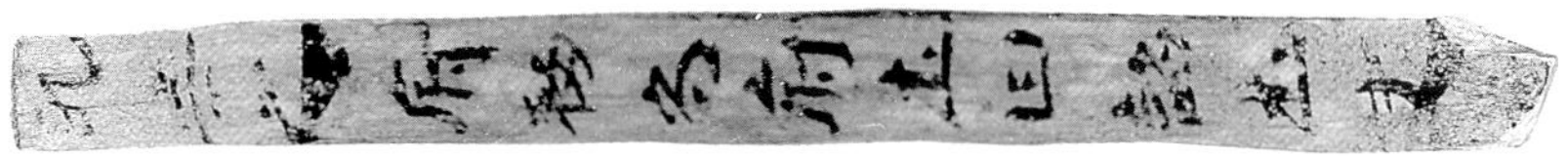

敢言之府移守府書曰詔書吏□　86EDT5H:101

𨵻得唐戎　86EDT5H:102

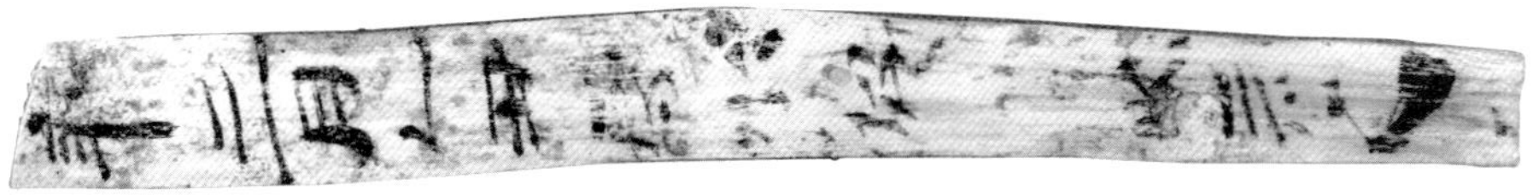

年三月乙丑肩水候　敢言之□　86EDT5H:103

塞以令斥免缺　86EDT5H:104

候遣騂馬亭長張崇曰莫　86EDT5H:105

居聑三年計餘大黄糸承弦四　毋出　86EDT5H:106

郡屬國承用較不同而姦黠吏民　86EDT5H:107

稟西部候史黄放六月食　86EDT5H:108

遣豐詣府敢言之　86EDT5H:109

餔時復見破虜亭南逢界亭長咩　86EDT5H:110

用麥　86EDT5H:112

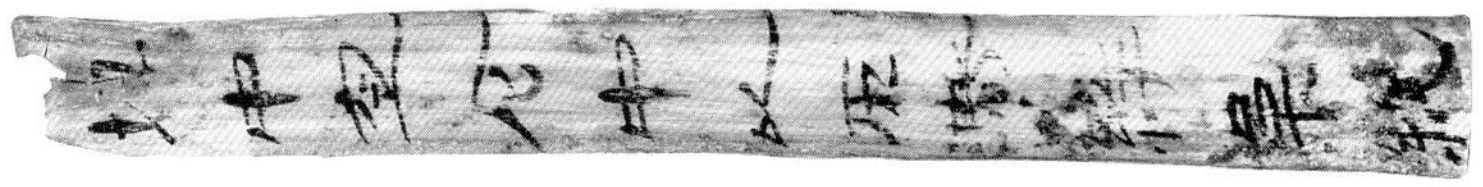

埸中空倉中以所□絳枲繩　86EDT5H:113

死立使牧士成豐□□□　86EDT5H:114

里王放　86EDT5H:115

稟登山隧卒桃永二□　86EDT5H:116

月廿日•謹案昭武四□　86EDT5H:117

□三月二十九日病目種　86EDT5H:118

出粟一石　～　稟　86EDT5H:119

出麥二石　……　86EDT5H:121

出麥二石　稟平樂隧卒鄭並十二月食　86EDT5H:123+127

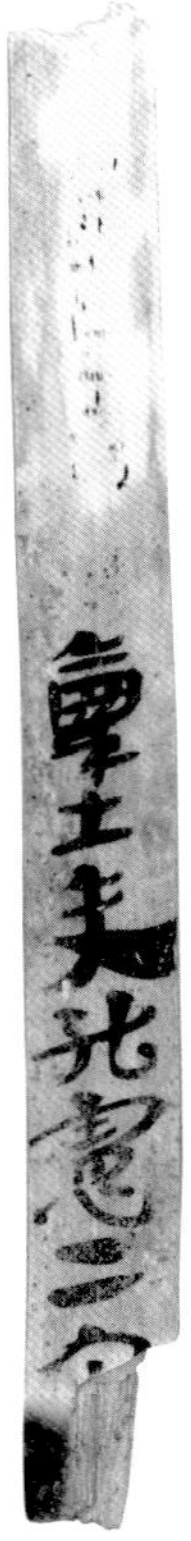

……　稟士吏張憲二月　86EDT5H:125

靳豐乘河上金關隧卒朱業　86EDT5H:128

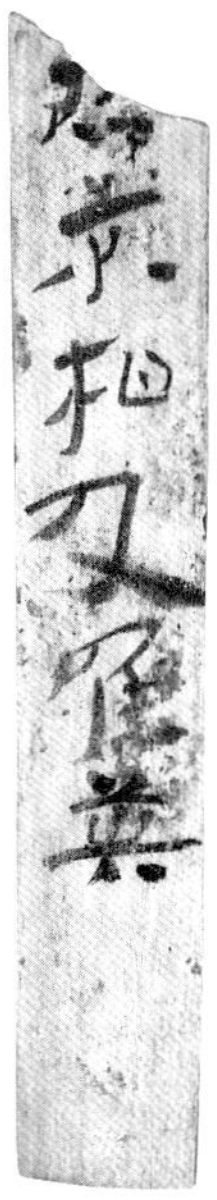

□不相及唯莫　86EDT5H:130

敢言之伏地□　86EDT5H:120

力日夜作治不臨出五月十五日□　86EDT5H:122

部候長豐檄言　86EDT5H:126

□年卌二　元始三年二月丙□　86EDT5H:129

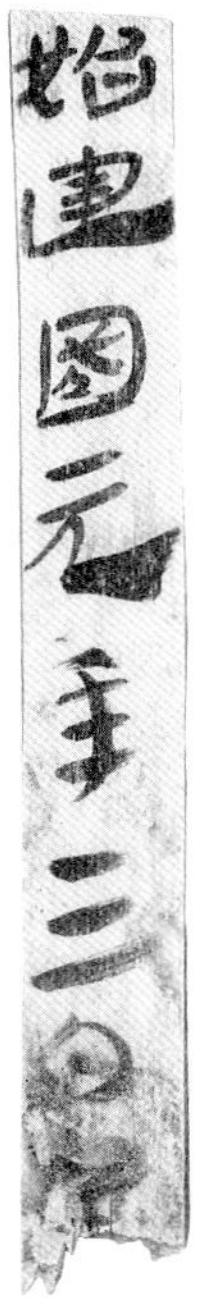

始建國元年三月癸　86EDT5H:131

十二月餘陷堅稾矢五百一十五　86EDT5H:132

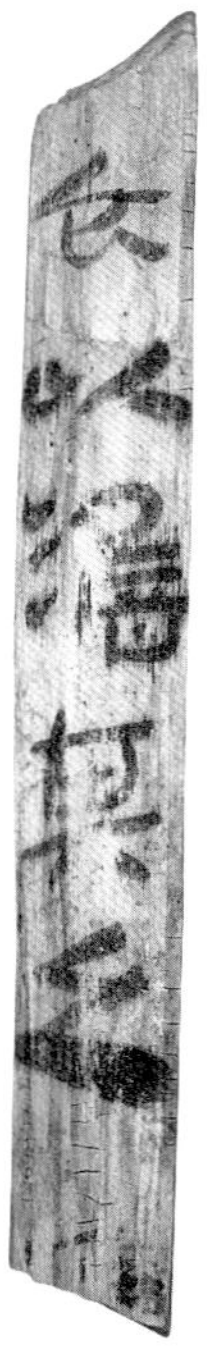
食以澹其乏□　86EDT5H:134

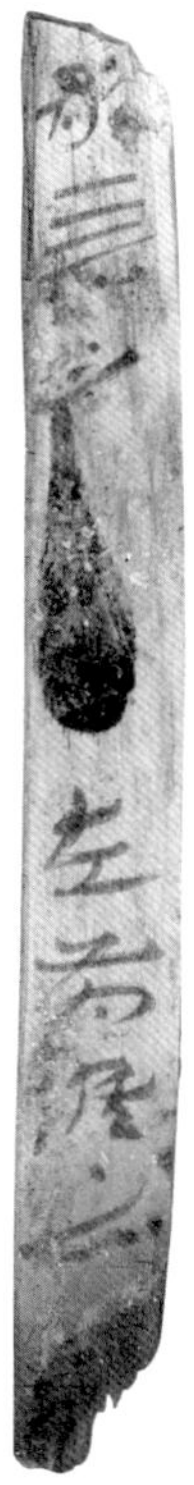
敢言之左前候長　86EDT5H:136

出麥四石　稟　86EDT5H:138

居聑三年五月丁未朔己
吏受奉名籍一編敢言　86EDT5H:141+160

遣吏送叩頭死罪　86EDT5H:133

止虜隧長蘇習　86EDT5H:135

□□□一通　86EDT5H:137

出粟二斛　86EDT5H:139

關佐嘉　86EDT5H:140

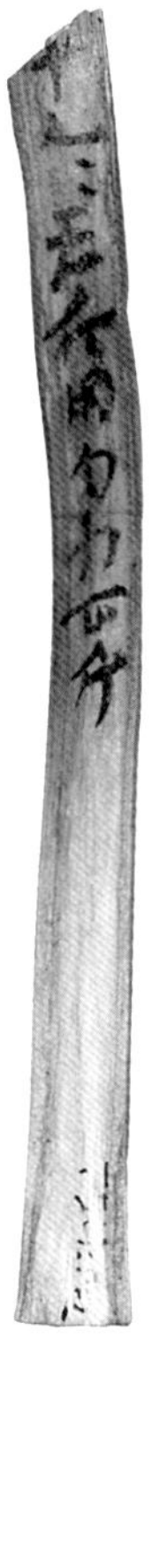
十人〃五斤用肉九百斤　86EDT5H:142A

□今三十八匹　□病凡十匹
□田病十二匹
……　86EDT5H:142B

□會月十七日•謹案守尉

86EDT5H:143

並自放縱或篤車馬

86EDT5H:144

久者皆應略賣人法共部

86EDT5H:146

當稟乚甲卒十三人

86EDT5H:147

卅

未得居攝元年五月盡七月

86EDT5H:148

亭郵部隧簿　一通

86EDT5H:149

騂北騂北亭長王當九月

86EDT5H:150

後候史賞敢言之□

86EDT5H:151

出

契刀一大泉卅

五銖泉千四百

86EDT5H:152

□過五日故官趣遣新官言到

86EDT5H:153

逃亡吏卒纔得　86EDT5H:154

肩水候官十三日入□　86EDT5H:155

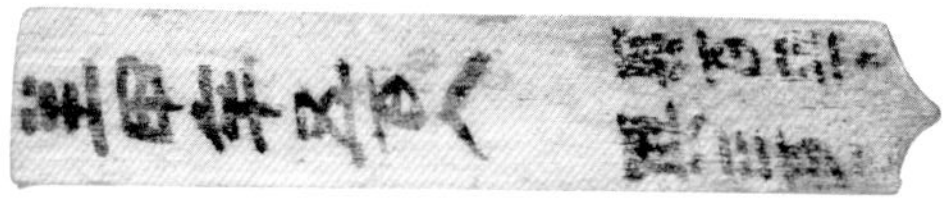

逆甲卒五百人　其百三□
其三百□　86EDT5H:156

氣不能食飲□　86EDT5H:157

始建國三年三月壬戌朔庚寅　86EDT5H:158+239

□沙頭亭長趙　86EDT5H:159

府遣醫診治□　86EDT5H:161

四時書到如律令　86EDT5H:162

□刀簿卅一直□　86EDT5H:163

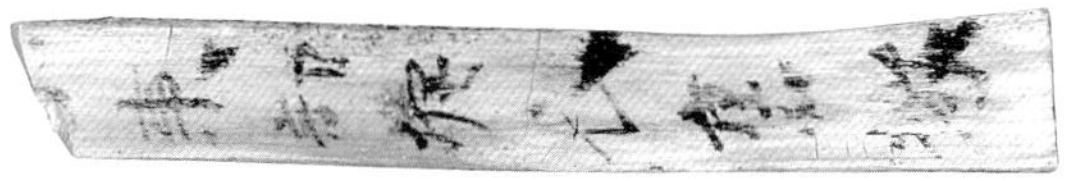

□東部候長褒檄　86EDT5H:164

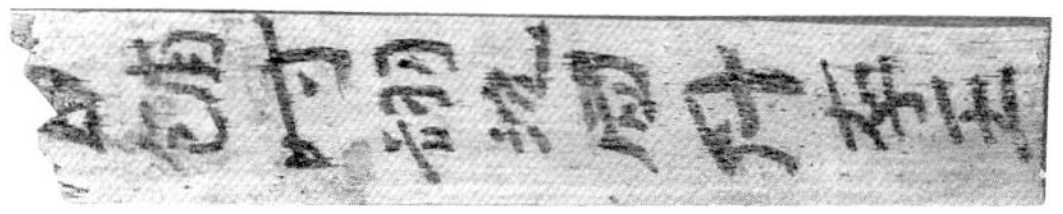

日餔時詡泥同付卒王　86EDT5H:165

□癸卯除年廿二訖九月年廿三　86EDT5H:174

昭武甲卒氏池□□　86EDT5H:175

□肉不到今困乏□　86EDT5H:172

三人□□酒穀二人死三人亡見二百
□見　△氏池甲卒五十人□　86EDT5H:173

候史李恭自言　86EDT5H:170

入東沙中候立遣候史德　86EDT5H:171

將徑謁書　86EDT5H:169A

〃頭〃曰曰詡　86EDT5H:169B

出錢二百卅　付宋馬買槧　86EDT5H:166+167

東部居聑三年八月九月稟名籍　86EDT5H:168

□當用成□　86EDT5H:176A

□□□小□　86EDT5H:176B

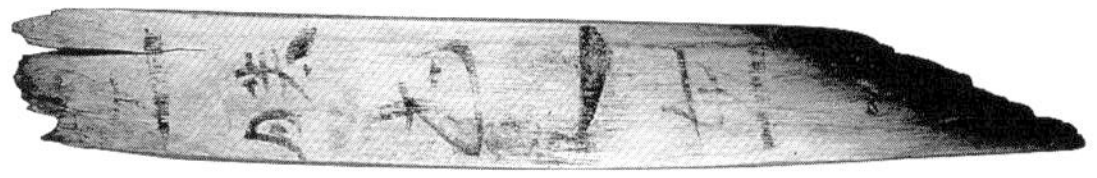

□勝書人在□　86EDT5H:178

吏二百石以上見物故名　86EDT5H:179

免缺　86EDT5H:181

□都倉置發　86EDT5H:182

氐池甲卒孝仁里王汲　86EDT5H:183

□辛丑昏時順□　86EDT5H:184

月甲寅除　86EDT5H:185

候方趣如律令　86EDT5H:186

囚遝相書　86EDT5H:187

□安二千桼百桼十里　庢鱳得縣
□日（削衣）　86EDT5H:188

□當賦　卩　86EDT5H:189

敢言之丿　86EDT5H:190

鱳得將屯堂騎彭　86EDT5H:192

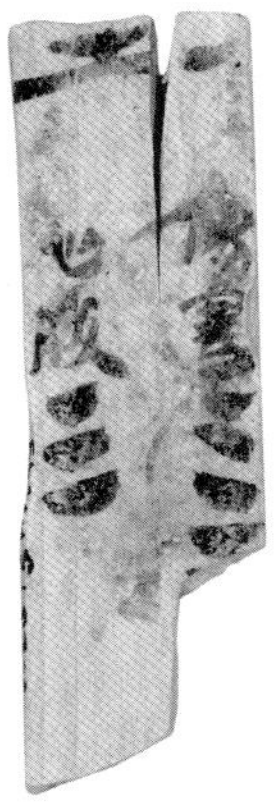

出　傷寒☰
　　心腹☰　86EDT5H:193A

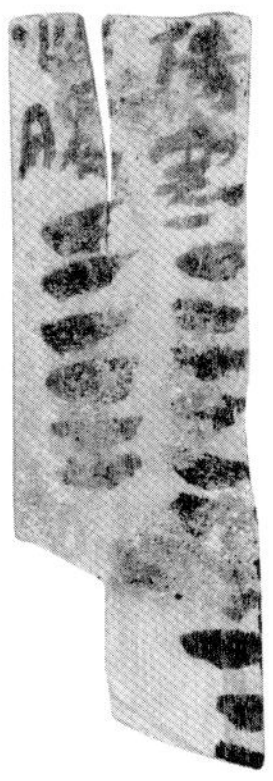

傷寒☰☰☰
心腹☰☰　86EDT5H:193B

自給往時民　86EDT5H:194

晏迎取　86EDT5H:196

南部候長候史之府稾　86EDT5H:197

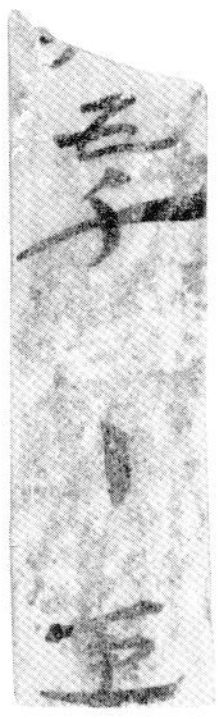

□五千　丿　車　86EDT5H:198

□　賦出百八□　86EDT5H:199A

十二匹　□□
一匹今七十　86EDT5H:199B

月壬寅移十　86EDT5H:200

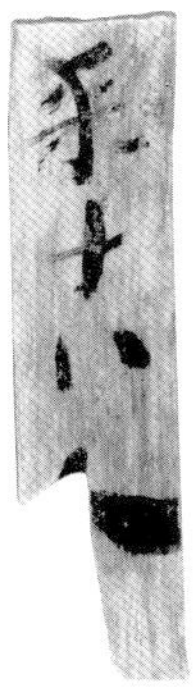

桼十八人　86EDT5H:201

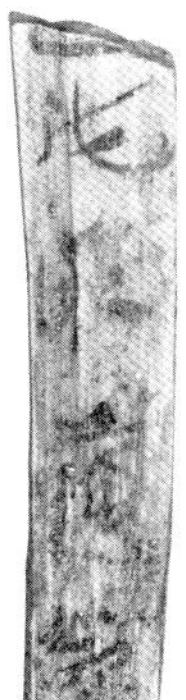

□伐取□□　86EDT5H:202

瘕駃□常可　86EDT5H:203

謂肩水尉史孫□　86EDT5H:204

不敬仰不任□　86EDT5H:205

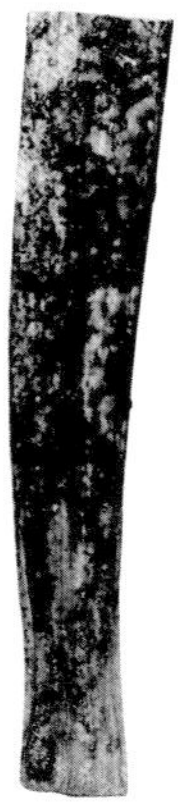
……　86EDT5H:206A

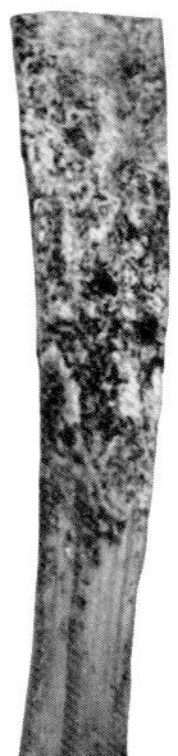
……　86EDT5H:206B

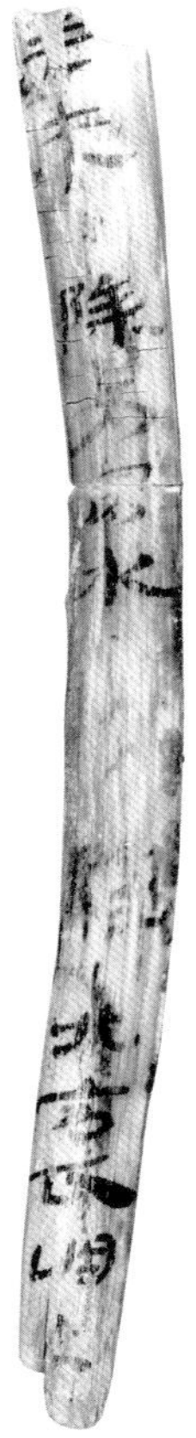
癸未除爲肩水□□騂北亭長調上　86EDT5H:207

遠不可見□□　86EDT5H:208

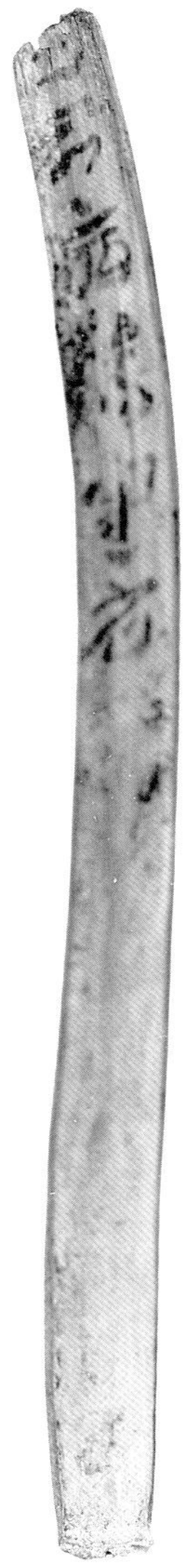
□君病傷□□□　86EDT5H:209

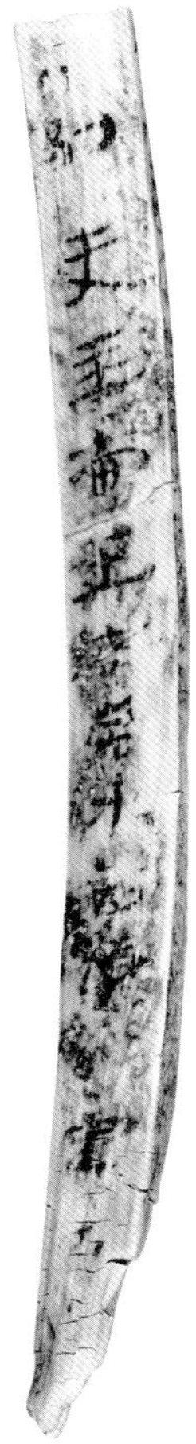
□別吏主當坐□肩水□□□書到　86EDT5H:210

敢言之　86EDT5H:211

□府君到願令史調過　86EDT5H:212

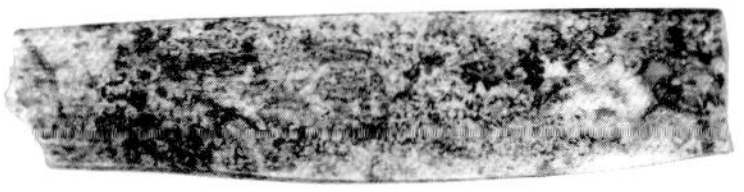

……出麥中　　86EDT5H:213

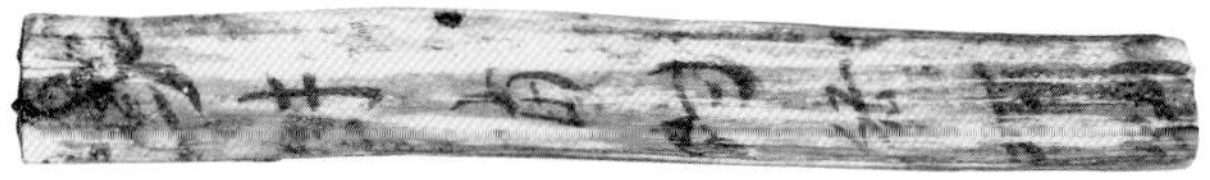

或未當付各有別　　86EDT5H:214

•肩水候史徐業　　86EDT5H:215

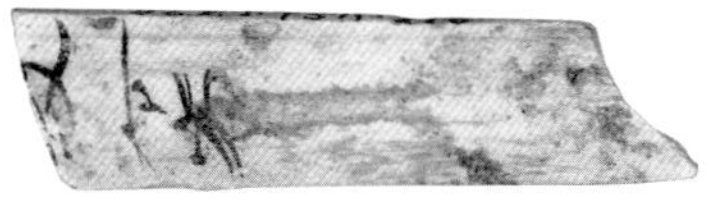

赦令前　　86EDT5H:216

肩水
三月甲午卒□　　86EDT5H:217

□稟乘山　　86EDT5H:218

迫近河□　　86EDT5H:219

□觻得氐池　　86EDT5H:220

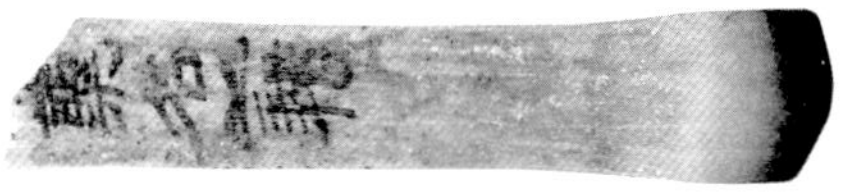

稟名籍　　86EDT5H:221

□王譚居攝三年正月　　86EDT5H:222

稟望泉隧卒彭立九月食　　86EDT5H:223

左部甲卒觻得市陽里　　86EDT5H:224

始建國元年八月□　　86EDT5H:225

所容累足無所立叱□
□邊竟永安天下　　86EDT5H:226

可今乘塞吏卒　　86EDT5H:227

匹　　六十一匹死屯所
酒穀未到　　定見馬百九十六匹　　86EDT5H:228

□大半日一旬內死慶十四日　　86EDT5H:229

日見
人　　今見三百八十一人……　　86EDT5H:230

三月己□　　86EDT5H:231

||||||||||||　　86EDT5H:232

□十六　　86EDT5H:233

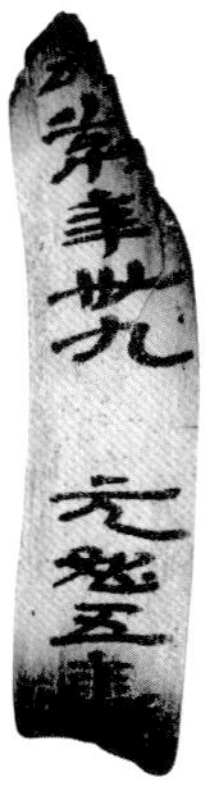

□常年卅九　元始五年　　86EDT5H:234

小官印簿　　86EDT5H:235

出麥二石　　86EDT5H:236

□守融守部司馬　　86EDT5H:237

已定□　　86EDT5H:238

禁姦隧　86EDT5H:240

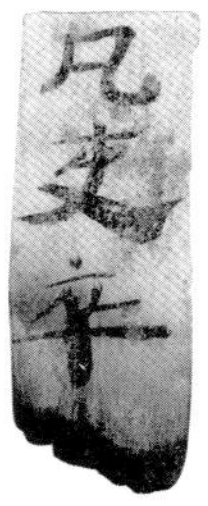

凡吏卒□　86EDT5H:241

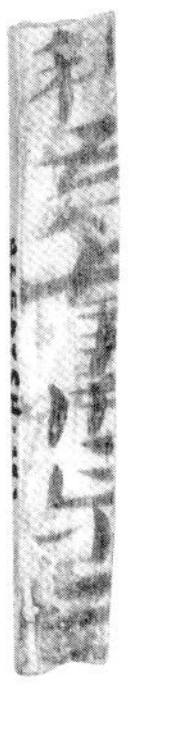

積五月奉用泉三　86EDT5H:242

□□滅亡之禍侈□
□威尤著也功效赫　86EDT5H:243

□房所　86EDT5H:244

□皪得定國里上造李音　86EDT5H:245

丿從君行塞　86EDT5H:246

□□凡二千五百已　86EDT5H:247

受傳馬一匹病　86EDT5H:248

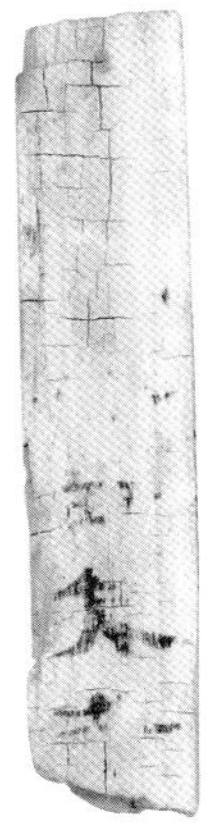

……丑夜出　86EDT5H:249

□積三十餘□　86EDT5H:250

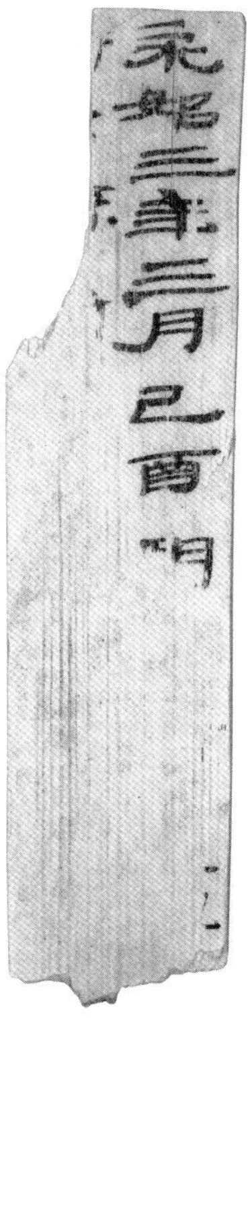

永始三年三月己酉朔……
肩水候官　86EJC:1

未朔壬戌居延令守丞勳移過所河津關
正月己丑南　86EJC:2A

□白出　嗇夫賞□
君門下　86EJC:2B

賢兼行丞事移卅井縣索肩水金
居延昌里毋它□□□□□遣　86EJC:3

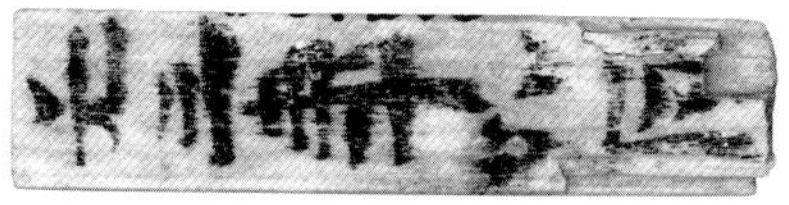

元三年八月　86EJC:4A

元四年八月　86EJC:4B

王卿入泉二十五枚　86EJC:5

•即見虜及　86EJC:6

省漕凡□　86EJC:7

始建國元年　86EJC:8

□得孝義里女子王□　86EJC:9

入塞亭　86EJC:10

年五月　86EJC:11

正月奉　86EJC:12

□□簿部　86EJC:13

□□□□□廿五
□第君□卅　□
尹少卿婢卅　86EJC:14

□□□□□
須發叩　86EJC:15A

掾霸叩頭白　86EJC:15B

卌止蒼　86EJC:16

迹虜所　86EJC:17

此　86EJC:18

度到　86EJC:19

……　86EJC:20

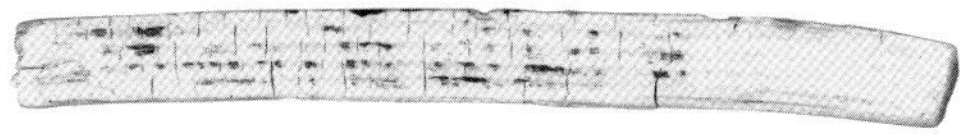
……　86EJC:21

臨里　86EJC:22

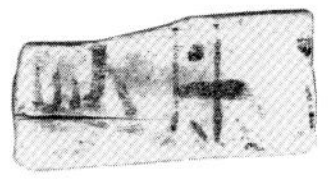
長平□　86EJC:23

•□□□　86EJC:24

戊申　86EJC:25

發掘日記

吳礽驤發掘日記

86年9月23日　星期二　晴　西北風

[地點] 地灣

上午八時半開工，共計民工十人。二人安排生活，三人清理障，六人拆除塢北側的現代房子。下午二時半上班，三人清理障，四人拆房，六時下工。

障内開四個方，首先挖T1，留50cm隔梁，内有解放後修築的小房和小炕，内有夾草雜土。

塢内（第一道塢）北側有一排東西向現代房屋，房内已到原來的戈壁，故決定將土坯向内清理，以節省工時。

下午馬建華、馬更生開車去雙城取架子車二輛，又來一小民工。

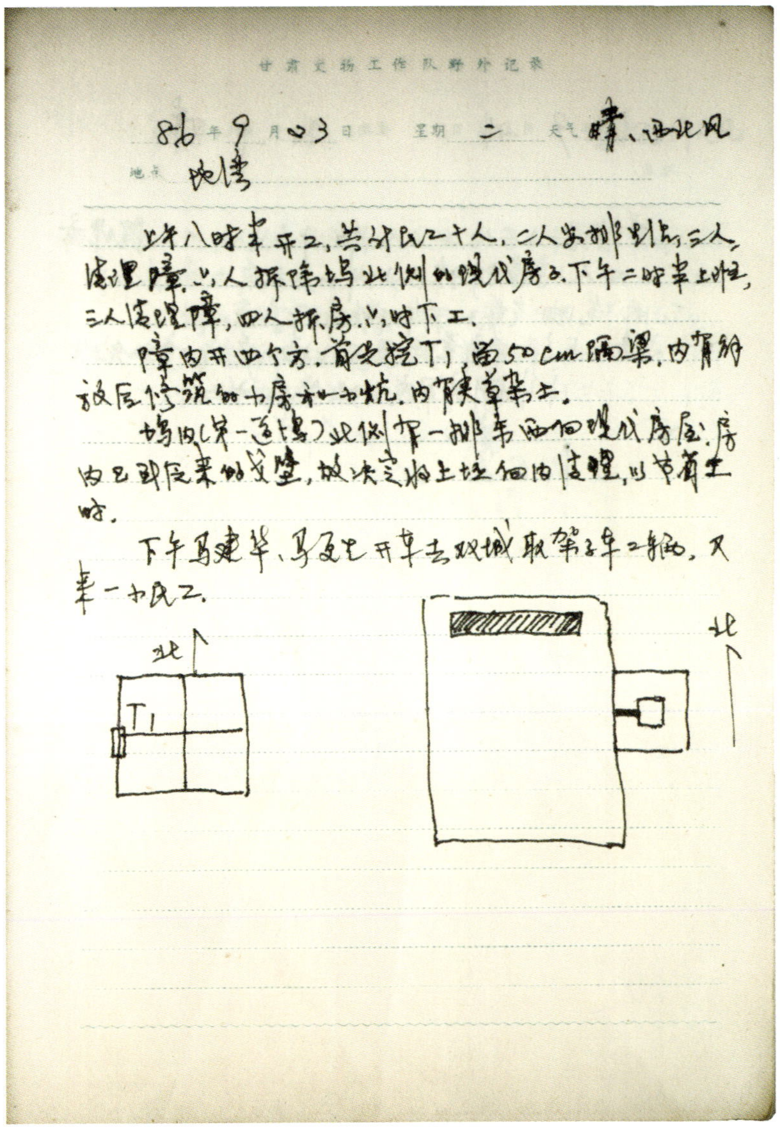
甘肃文物工作队野外记录

86年9月23日 星期二 天气 晴、西北风

地点 地湾

上午八时半开工，共计民工十人，二人安排生活，三人清理障，六人拆除坞北侧的现代房子。下午二时半上班，三人清理障，四人拆房，六时下工。

障内开四个方，首先挖T1，留50cm隔梁，内有解放后修筑的小房和小炕，内填草杂土。

坞内（第一道坞）北侧有一排东西向现代房屋，房内已到原来的戈壁，故决定将土坯向内清理，以节省工时。

下午马建华、马更生开车去双城取架子车二辆，又来一个民工。

吳礽驤地灣發掘日記一（1986年9月23日）

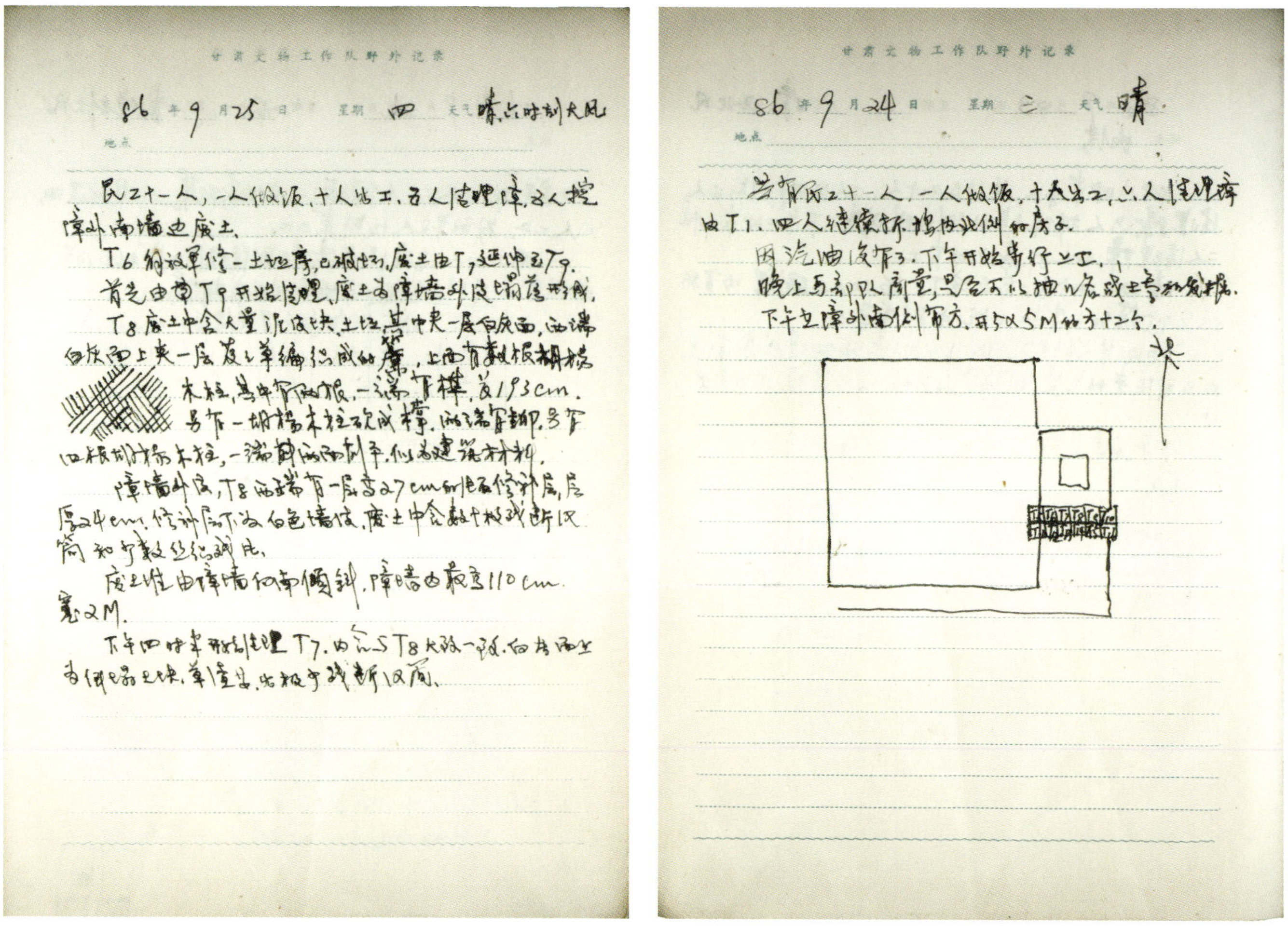

吳礽驤地灣發掘日記二（1986年9月24—25日）

86年9月24日　星期三　晴

共有民工十一人，一人做飯，十人出工：六人清理障內T1，四人繼續拆塢内北側的房子。

因汽油没有了，下午開始步行上工。

晚上與部隊商量，是否可以抽幾名戰士參加發掘。

下午在障外南側佈方，開5×5m的方十二個。

86年9月25日　星期四　晴　六時颳大風

民工十一人，一人做飯，十人出工：五人清理障，五人挖障外南牆邊廢土。

T6解放軍修一土坯房，已破壞，廢土由T7延伸至T9。

首先由T9開始清理，廢土爲障牆外皮塌落形成。

T8廢土中含大量泥皮塊、土坯，其中夾一層白灰面，西端白灰面上夾一層芨芨草編織成的簾，上面有數根胡楊木柱，其中有兩根，一端有榫，長193cm，另有一胡楊木柱砍成樽，兩端有鉚〈卯〉，另有四根胡楊木柱，一端兩面削平，似爲建築材料。

障牆外皮，T8西端有一層高27cm的片石修補層，層厚24cm，修補層下爲白色牆皮，廢土中含數十枚殘斷漢簡和少數絲織殘片。

廢土堆由障牆向南傾斜。障牆内最高110cm，寬2m。

下午四時半開始清理T7，内含與T8大致一致，白灰面上爲倒塌土塊、草渣等，出極少殘斷漢簡。

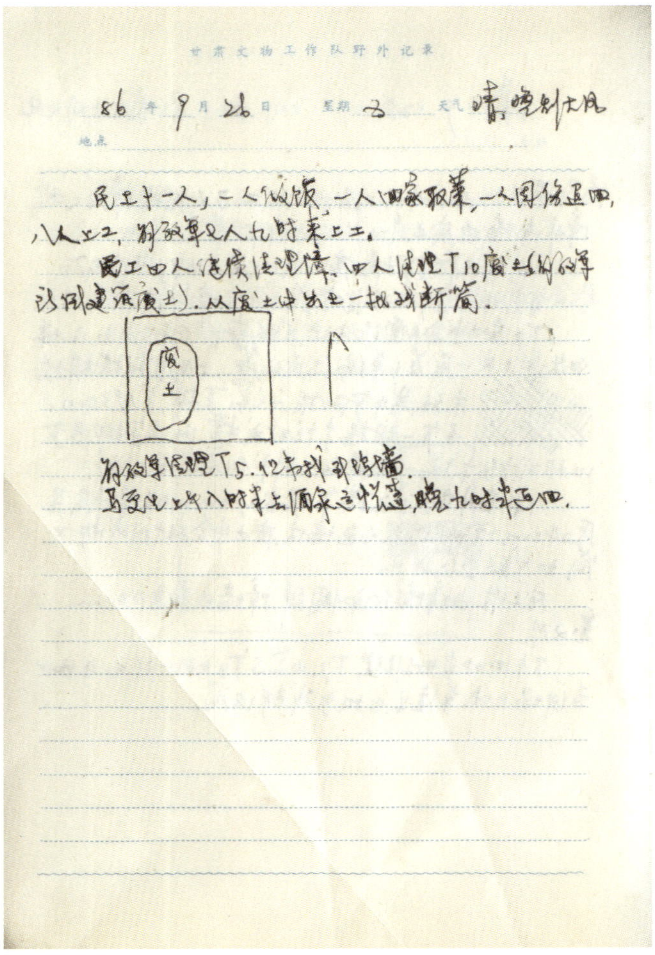

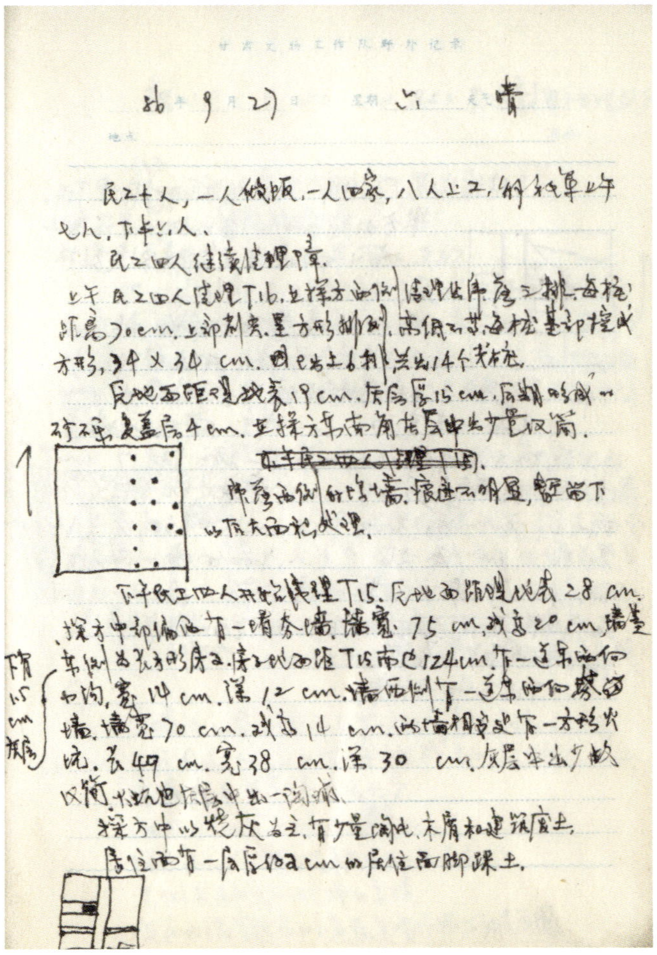

吴礽驤地灣發掘日記三（1986年9月26—27日）

86年9月26日　星期五　晴　晚颳大風

民工十一人：一人做飯，一人回家取菜，一人因傷返回，八人上工。解放軍七人九時來上工。

民工四人繼續清理障，四人清理 T10 廢土（解放軍所倒建築廢土）。從廢土中出土一批殘斷簡。

解放軍清理 T5，但未找到塢牆。

馬更生上午八時半去酒泉運帳篷，晚九時半返回。

86年9月27日　星期六　晴

民工十人：一人做飯，一人回家，八人上工。解放軍上午七人，下午六人。

民工四人繼續清理障。

上午民工四人清理 T16，在探方西側清理出虎落三排，每柱距離 70cm，上部削尖，呈方形排列，高低不等，每樁基部挖成方形，34×34cm，已出土6排，共出14個尖樁。

原地面距現地表 19cm，灰層厚 15cm，後期形成的砂礫覆蓋層 4cm，在探方東南角灰層中出少量漢簡。虎落西側的塢牆，痕迹不明顯，暫留下以後大面積處理。

下午民工四人開始清理 T15，原地面距現地表 28cm。探方中部偏西有一堵夯牆，牆寬 75cm，殘高 20cm，牆基下有 1.5cm 灰層。東側爲長方形房子。房子地面距 T15 南邊 124cm，有一道東西向小溝，寬 14cm，深 12cm。牆西側有一道東西向夯牆，牆寬 70cm，殘高 14cm。兩牆相交處有一方形火坑，長 49cm，寬 38cm，深 30cm。灰層中出少數漢簡，火坑邊灰層中出一陶球。

探方中以燒灰爲主，有少量陶片、木屑和建築廢土。

居住面有一層厚約 2cm 的居住面脚踩土。

86年9月28日　星期日　晴

上午繼續清理 T15。上午10時完成，然後開始清理 T14。探方北部東西向牆以北，以建築廢土爲主，牆以南多燒灰，內含少量

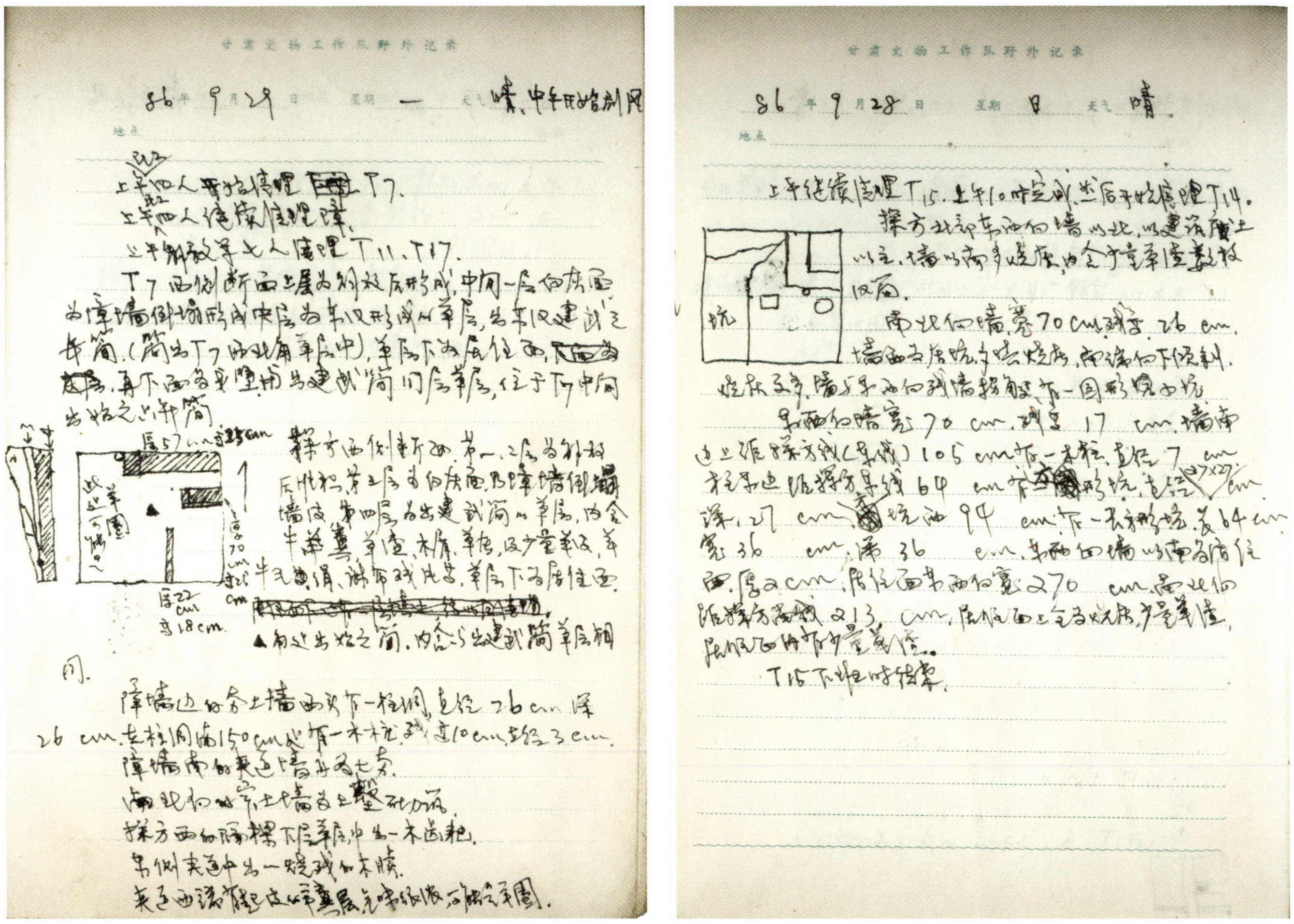

吴礽驤地灣發掘日記四（1986年9月28—29日）

草渣，數枚漢簡。

南北向牆，寬70cm，殘高26cm。牆西爲灰坑，多填燒灰，南端向下傾斜，燒灰更多，牆與東西向殘墻拐角處有一圜〈圓〉形小坑。

東西向牆寬70cm，殘高17cm。牆南邊上距探方綫（東綫）105cm有一木柱，直徑7cm。柱東邊距探方東綫64cm有一方形坑，直徑27×27cm，深27cm。方坑西94cm有一長方形坑，長64cm，寬36cm，深36cm。東西向牆以南爲居住面，厚2cm，居住面東西向寬270cm，南北向距探方南綫213cm，居住面上全爲燒灰，少量草渣，居住面内有少量草渣。

T15下班時結束。

86年9月29日　星期一　晴　中午開始颳風

上午民工四人開始清理T7。

上午民工四人繼續清理障。

上午解放軍七人清理T11、T17。

T7西側斷面上層爲解放後形成，中間一層白灰面爲障牆倒塌形成。夾層爲東漢形成的草層，出東漢建武三年簡（簡出T7西北角草層中）。草層下爲居住面，再下面爲戈壁，與出建武簡同層草層，位於T7中間出始元六年簡。

探方西側斷面，第一、二層爲解放後堆積，第三層爲白灰面，乃障牆倒塌牆皮。第四層爲出建武簡的草層，内含牛羊糞、草渣、木屑、草灰及少量羊皮、羊牛毛、絹、麻布殘片等。草層下爲居住面，[圖中]▲角處出始元簡，内含與出建武簡草層相同。

障牆邊的夯土牆西頭有一柱洞，直徑26cm，深26cm，在柱洞南150cm處有一木樁，殘高10cm，直徑3cm。

障牆南的夾道牆亦爲土夯。

南北向的窄土牆爲土墼砌築。

探方西的隔樑下層草層中出一木齒耙。

東側夾道中出一燒殘的木牘。

夾道西端有起皮的羊糞層，氣味很濃，可能是羊圈。

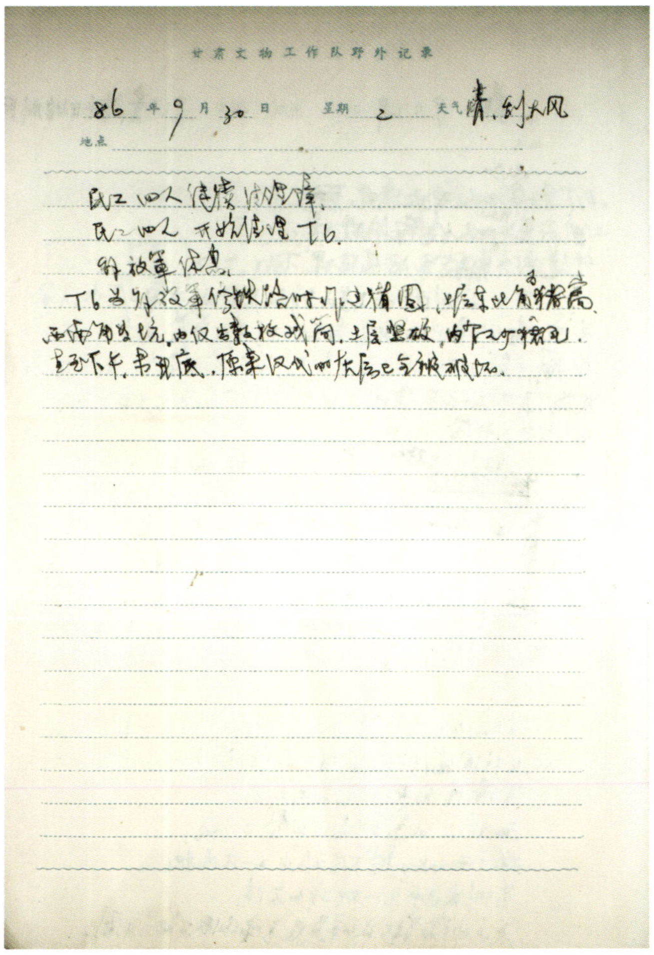
甘肃文物工作队野外记录
86年9月30日 星期二 天气 晴，刮大风
地点
民工四人继续清理障。
民工四人开始清理T6。
解放军休息。
T6为解放军修铁路时作过猪圈，上层东北角为猪窝，西南角为坑，内仅出数枚残简，土层坚硬，内有不少猪毛。直至下午，未到底。原来汉代的灰层已全被破坏。

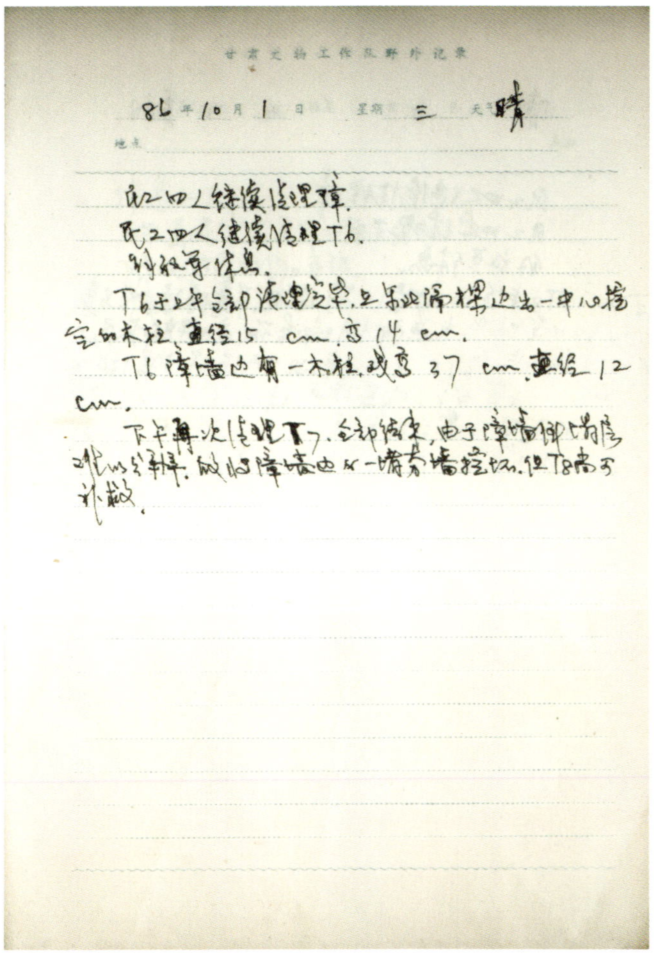
甘肃文物工作队野外记录
86年10月1日 星期三 天气 晴
地点
民工四人继续清理障。
民工四人继续清理T6。
解放军休息。
T6于上午全部清理完毕，在东北隔梁边出一中心挖空的木柱，直径15 cm，高14 cm。
T6障墙边有一木柱，残高37 cm，直径12 cm。
下午再次清理T7，全部结束，由于障墙倒塌层难以分辨，故将障墙边的一堵夯墙挖坏，但T8尚可补救。

吳礽驤地灣發掘日記五（1986年9月30日—10月1日）

86年9月30日　星期二　晴　颳大風

民工四人繼續清理障。
民工四人開始清理T6。
解放軍休息。
T6爲解放軍修鐵路時作過猪圈，上層東北角爲猪窩，西南角爲坑，内僅出數枚殘簡。土層堅硬，内有不少猪毛。直至下午，未到底。原來漢代的灰層已全被破壞。

86年10月1日　星期三　晴

民工四人繼續清理障。
民工四人繼續清理T6。
解放軍休息。
T6於上午全部清理完畢，在東北隔樑邊出一中心挖空的木柱，直徑15cm，高14cm。
T6障牆邊有一木柱，殘高37cm，直徑12cm。
下午再次清理T7，全部結束。由於障牆倒塌層難以分辨，故將障牆邊的一堵夯牆挖壞，但T8尚可補救。

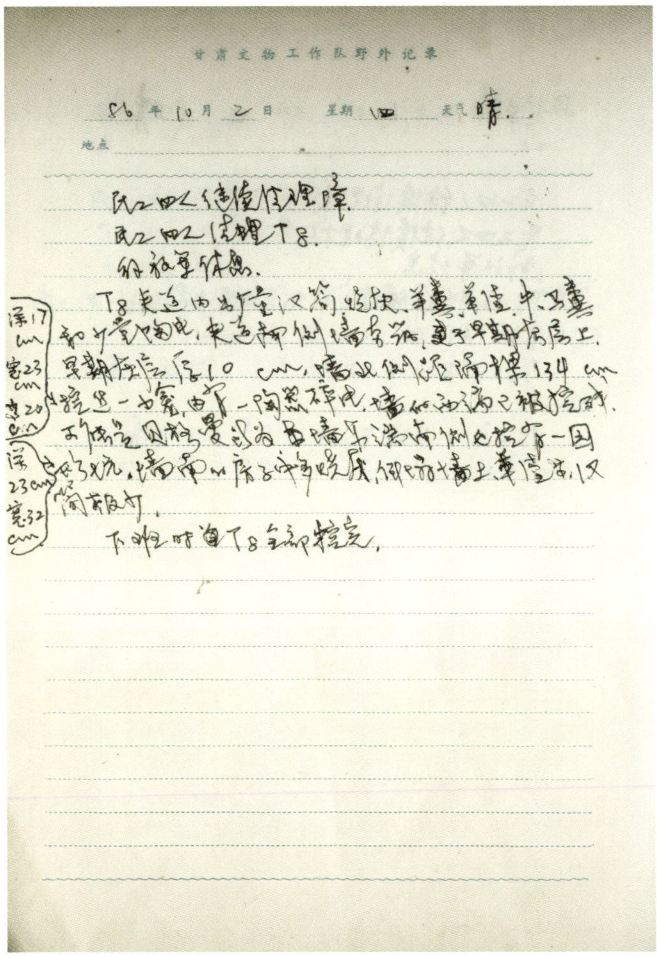

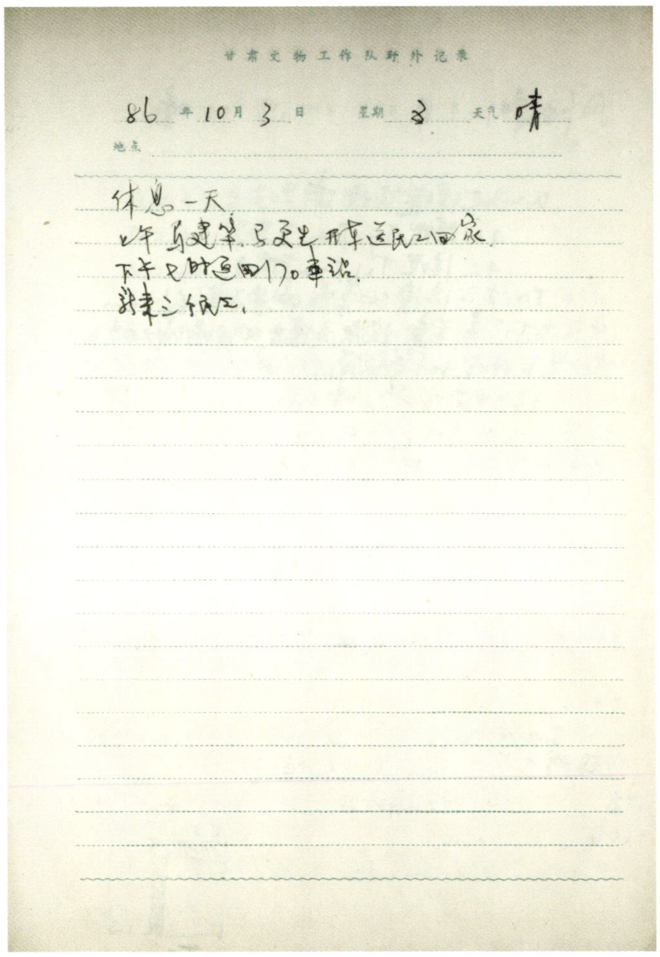

吳礽驤地灣發掘日記六（1986年10月2—3日）

86年10月2日　星期四　晴

民工四人繼續清理障。

民工四人清理T8。

解放軍休息。

T8夾道内出少量漢簡、燒灰、羊糞、草渣、牛馬糞和少量陶片。夾道南側牆夯築，建於早期灰層上。早期灰層厚10cm，牆北側距隔樑134cm，深17cm，寬23cm，高20cm，挖出一小龕，内有一陶器碎片。牆的西端已被挖殘，可能是貝格曼所爲。牆東端南側也挖有一園〈圓〉形坑，深23cm，寬32cm。牆南的房子中多燒灰、倒塌牆土、草渣等，漢簡極少。

下班時T8全部挖完。

86年10月3日　星期五　晴

休息一天。

上午馬建華、馬更生開車送民工回家。

下午七時返回170車站。

新來三個民工。

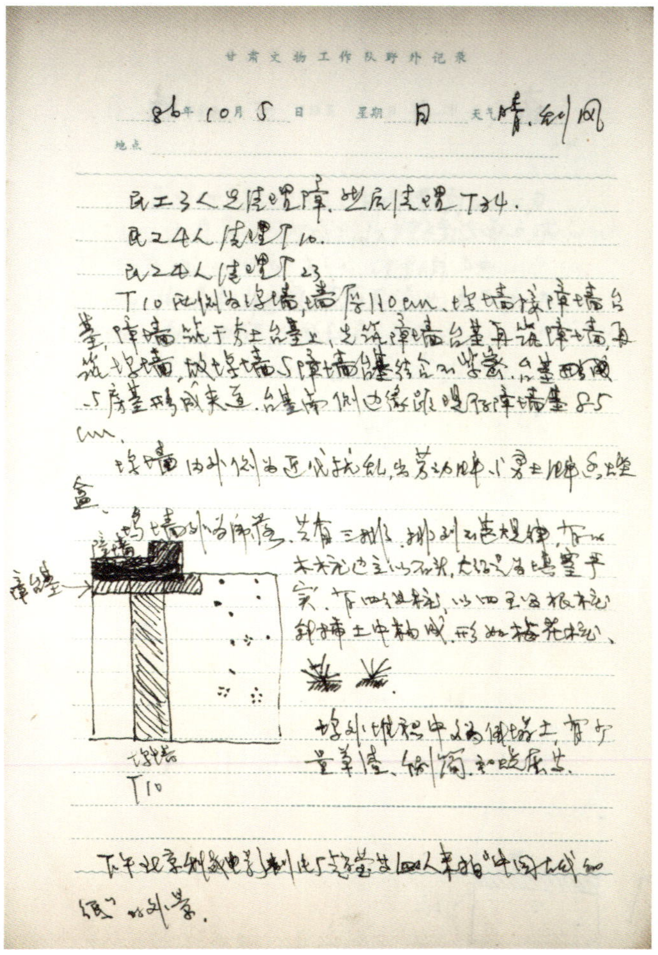

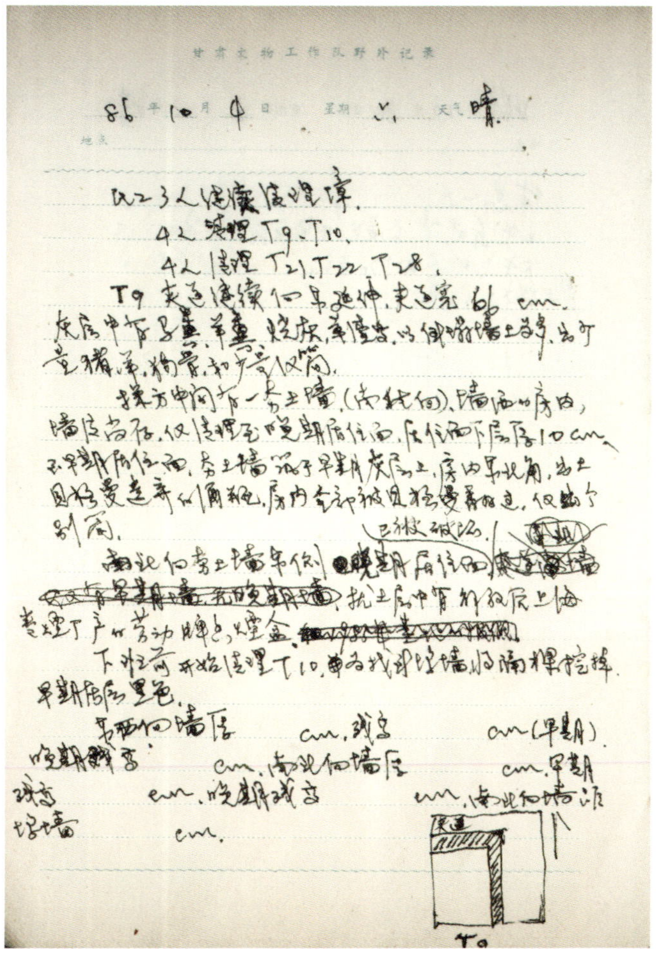

吳礽驤地灣發掘日記七（1986年10月4—5日）

86年10月4日　星期六　晴

民工3人繼續清理障。

4人清理T9、T10。

4人清理T21、T22、T28。

T9夾道繼續向東延伸，夾道寬66cm，灰層中有馬糞、羊糞、燒灰、草渣等，以倒塌牆土爲多，出少量猪、羊、狗骨和少量漢簡。

探方中間有一夯土牆（南北向），牆西的房內，牆皮尚存，僅清理至晚期居住面。居住面下層厚10cm，至早期居住面。夯土牆築於早期灰層上，房內東北角出土貝格曼遺棄的酒瓶，房內全部被貝格曼翻過，僅出個別簡。

南北向夯土牆東側，晚期居住面已被破壞。擾土層中有解放後上海捲煙廠産的勞動牌香煙盒。

下班前開始清理T10，爲找到塢牆，將隔樑挖掉，早期灰層黑色。

86年10月5日　星期日　晴　颳風

民工3人先清理障，然後清理T34。

民工4人清理T10。

民工4人清理T23。

T10西側爲塢牆，牆厚110cm，塢牆接障牆臺基，障牆築於夯土臺基上，先築障牆臺基再築障牆，再築塢牆，故塢牆與障牆臺基結合不緊密，臺基與房基形成夾道，臺基南側邊緣距現存障牆基85cm。

塢牆內外側爲近代擾亂，出勞動牌與勇士牌香煙盒。

塢牆外爲虎落，共有三排，排列不甚規律。有的木樁邊立以石頭，大約是爲填塞嚴實。有四組樁，以四至五根樁斜插土中構成，形如梅花樁。

塢外堆積中多爲倒塌土，有少量草渣、個別簡和燒灰等。

下午北京科教電影製片廠趙瑩等四人來拍「中國古代的紙」的外景。

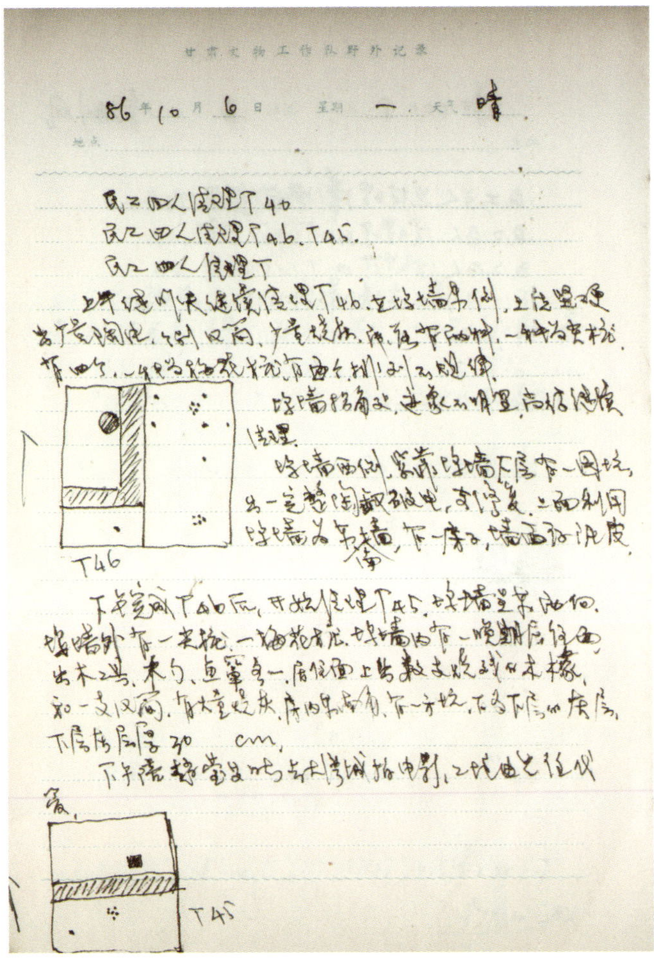

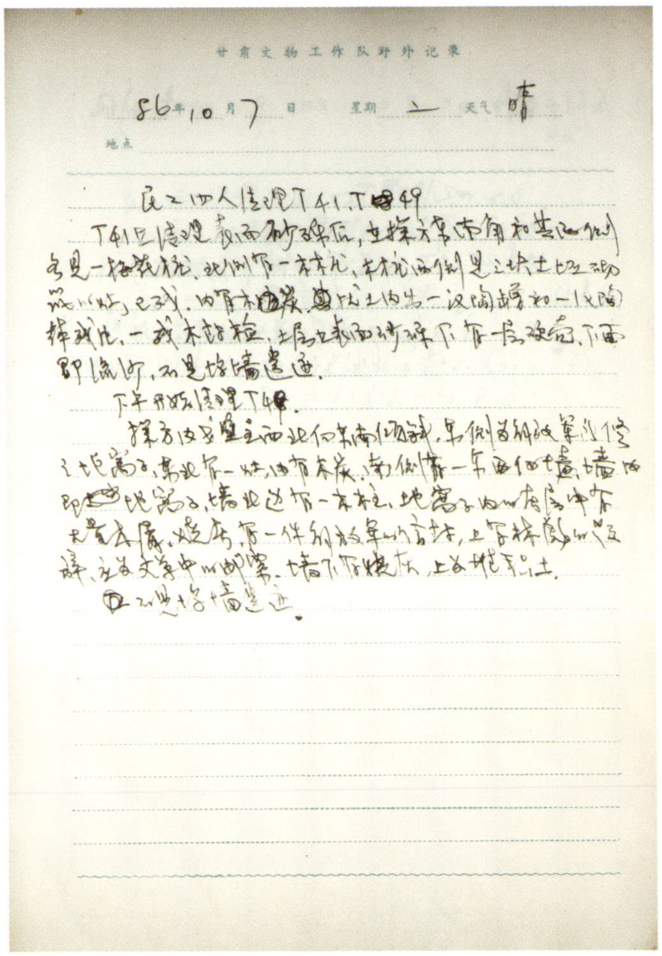

吴礽驤地灣發掘日記八（1986年10月6—7日）

86年10月6日　星期一　晴

民工四人清理T40。

民工四人清理T46、T45。

民工四人清理T[缺]。

上午繼昨天繼續清理T46，在塢牆東側。土質堅硬，出少量陶片、個别漢簡、少量燒灰。虎落有兩種：一種爲尖樁，有四個；一種爲梅花樁，有五個，排列不規律。

塢牆拐角處，迹象不明顯，尚待繼續清理。

塢牆西側，緊靠塢牆下層有一圜〈圓〉坑，出一完整陶缸破片，等修復。上面利用塢牆爲東南牆，有一房子，牆面存泥皮。

下午完成T46後，開始清理T45。塢牆呈東西向，塢牆外有一尖樁，一梅花樁。塢牆内有一晚期居住面，出木工具、木勺、魚罩各一，居住面上出數支燒殘的木椽和一支漢簡，有大量燒灰。房内東南角，有一方坑，下爲下層的灰層，下層灰層厚30 cm。

下午陪趙瑩等同志去大灣城拍電影，工地由老任代管。

86年10月7日　星期二　晴

民工四人清理T41、T49。

T41在清理表面砂礫後，在探方東南角和其西側各見一梅花樁，北側有一木樁，木樁西側是三塊土坯砌築的竈，已殘，内有木炭。擾土内出一漢陶罐和一漢陶鉢殘片，一殘木封檢。土層上表面砂礫下有一層硬殼，下面即流沙，不是塢牆遺迹。

下午開始清理T49。

探方内戈壁呈西北向東南傾斜，東側爲解放軍新修之地窩子。東北有一竈，内有木炭。南側有一東西向牆，牆内即地窩子，牆北邊有一木柱，地窩子内的灰層中有大量木屑、燒灰。有一件解放軍的信封，上有林彪的題辭，應爲「文革」中的郵票。牆下有燒灰，上爲堆積土。不是塢牆遺迹。

86年10月8日　星期三　晴　颳風

民工四人清理T50。

上午完成T49後，開始清理T48。

地表砂礫下，即浮沙南側有一層板結砂礫，不見遺物。

T48地表砂礫下，探方北側即爲戈壁。在靠近解放軍地窩子牆的北側東端燒灰中，出漢簡4枚。地窩子牆南側全爲流沙，不見遺物。

86年10月9日　星期四　晴　下午颳風

民工四人清理T24。

民工三人清理T12、18，一人繪圖。

民工三人清理T44、43。

民工二人清理障東，下午清理障北。

T24清理出第一道塢牆的南北走向牆基，出漢簡一枚。

開始繪圖，上午T7，下午T8。

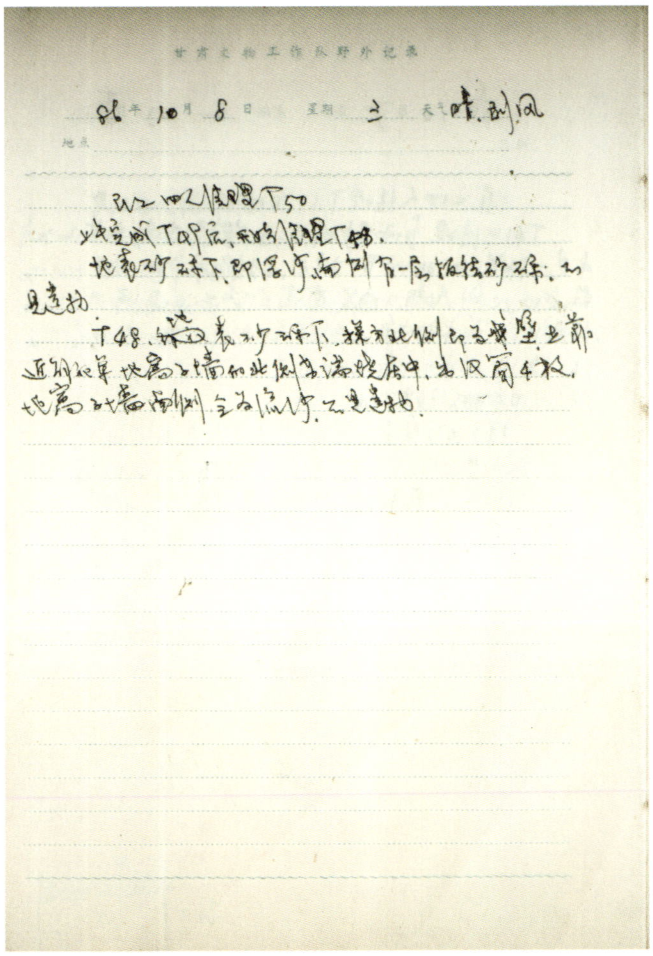
甘肃文物工作队野外记录

86年10月8日 星期 三 天气 晴，刮风

地点

民工四人清理T50

上午完成T49后，开始清理T48.

地表砂砾下，即浮沙南侧有一层板结砂砾，不见遗物.

T48，地表砂砾下，探方北侧即为戈壁.在靠近解放军地窝子墙的北侧东端烧灰中，出汉简4枚.

地窝子墙南侧全为流沙，不见遗物.

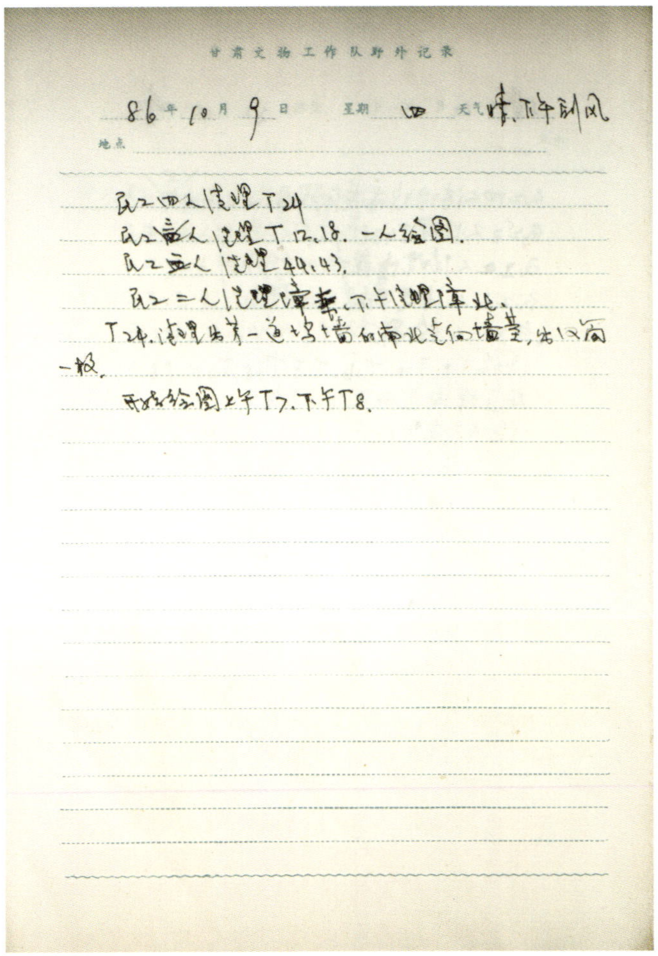
甘肃文物工作队野外记录

86年10月9日 星期 四 天气 晴，下午刮风

地点

民工四人清理T24

民工三人清理T12.18. 一人绘图.

民工三人清理44.43.

民工二人清理障东，下午清理障北.

T24.清理出第一道坞墙的南北走向墙基，出汉简一枚.

开始绘图上午T7.下午T8.

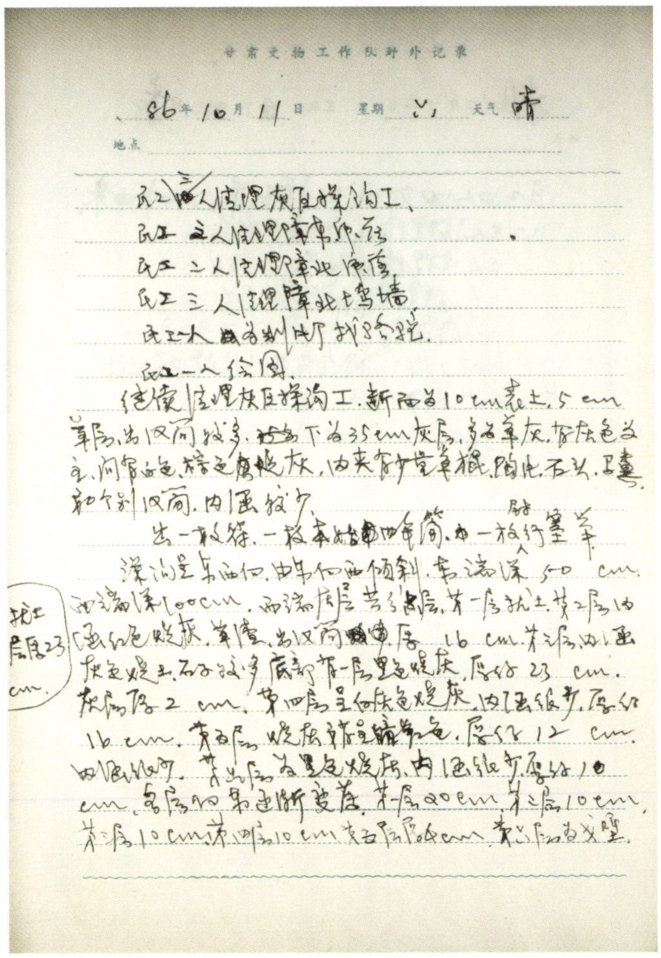
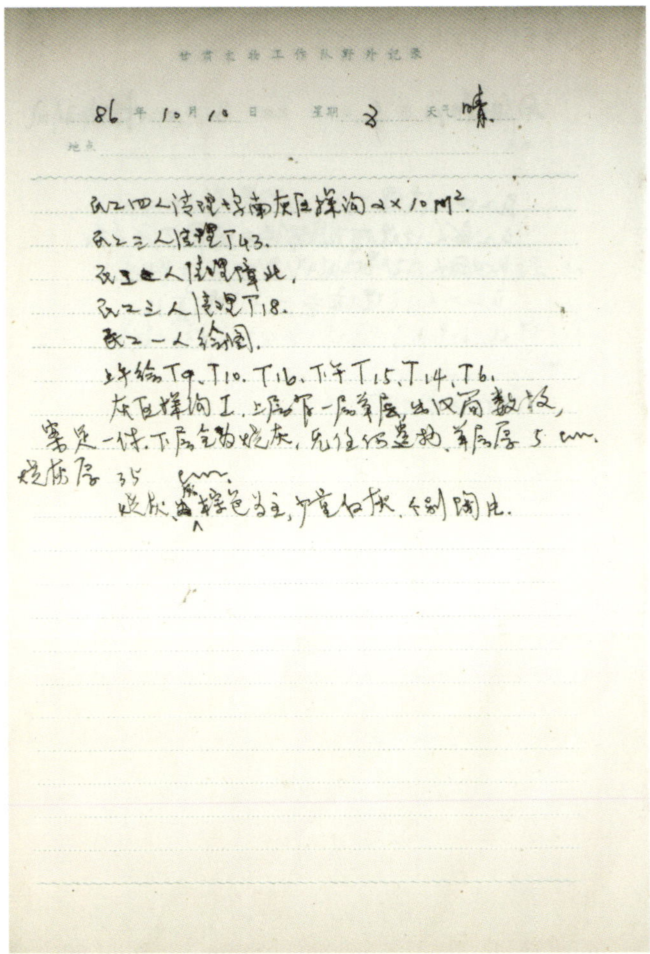

吴礽驤地灣發掘日記十（1986年10月10—11日）

86年10月10日　星期五　晴

民工四人清理塢南灰區探溝2×10㎡。
民工三人整理T43。
民工二人清理障北。
民工三人清理T18。
民工一人繪圖。
上午繪T9、T10、T16，下午T15、T14、T6。
灰區探溝Ⅰ，上層有一層草層，出漢簡數枚、案足一件。下層全爲燒灰，無任何遺物，草層厚5cm，燒灰厚35cm。燒灰以棕色爲主，少量白灰，個别陶片。

86年10月11日　星期六　晴

民工三人清理灰區探溝Ⅰ。
民工三人清理障東虎落。
民工二人清理障北虎落。
民工三人清理障北塢牆。
民工一人爲製片廠找駱駝。
民工一人繪圖。
繼續清理灰區探溝Ⅰ，斷面爲10cm表土，5cm草層，出漢簡較多。下爲35cm灰層，多爲草灰，有〈以〉灰色爲主，間有白色、棕色燒灰，内夾有少量草棍、陶片、石頭、馬糞和個别漢簡，内涵較少。
出一枚符，一枚本始四年簡，一枚尉行塞舉。
深〈探〉溝呈東西向，由東向西傾斜。東端深50cm，西端深100cm。西端灰層共分六層，第一層擾土，擾土層厚23cm。第二層内涵紅色燒灰、草渣，出漢簡，厚16cm。第三層内涵灰色燒土，石子較多，底部有一層黑色燒灰，厚約23cm，灰層厚2cm。第四層呈白灰色燒灰，内涵很少，厚約16cm。第五層燒灰稍呈暗紅色，厚約12cm，内涵很少。第六層爲黑色燒灰，内涵很少，厚約10cm。各層向東逐漸變薄，第一層20cm，第二層10cm，第三層10cm，第四層10cm，第五層厚4cm，第六層爲戈壁。

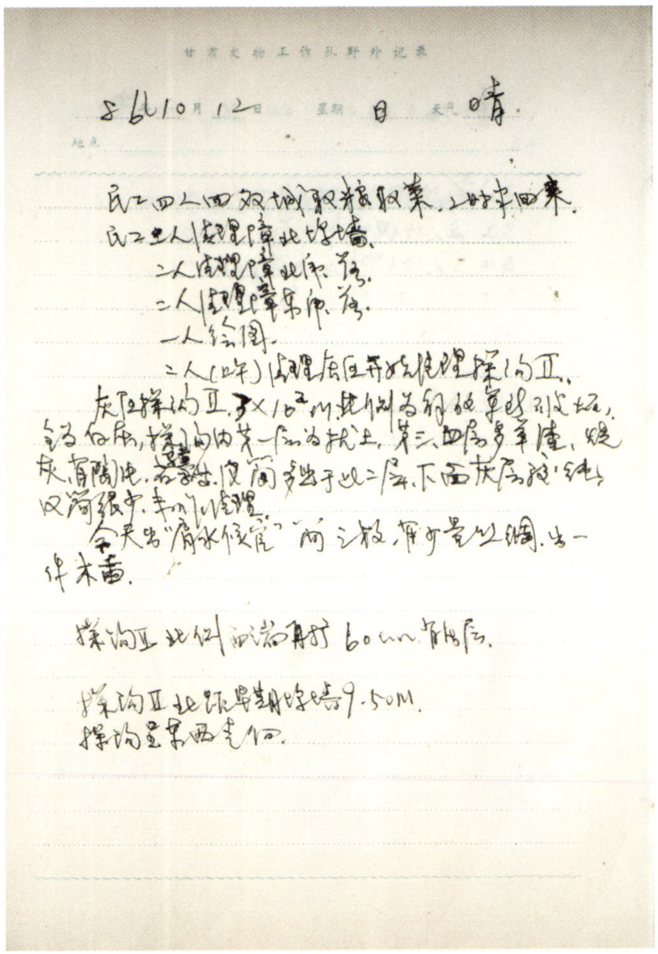
甘肅文物工作隊野外記錄

86年10月12日　星期 日　天氣 晴

地点

民工四人回雙城取糧取菜，二時半回來。

民工二人清理障北塢牆。

二人清理障北虎落。

二人清理障東虎落。

一人繪圖。

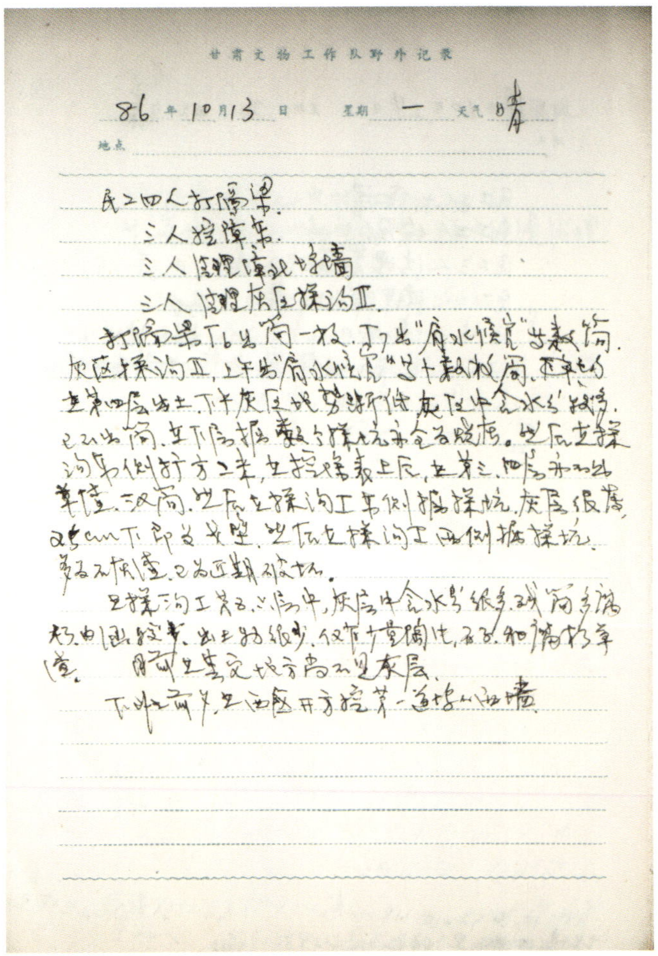
甘肅文物工作隊野外記錄

86年10月13日　星期 一　天氣 晴

地点

民工四人打隔梁。

三人挖障東。

三人清理障北塢牆

三人清理灰區探溝Ⅱ

吳礽驤地灣發掘日記十一（1986年10月12—13日）

86年10月12日　星期日　晴

民工四人回雙城取糧取菜，二時半回來。

民工二人清理障北塢牆。

二人清理障北虎落。

二人清理障東虎落。

一人繪圖。

二人（上午）清理灰區，開始清理探溝Ⅱ。

灰區探溝Ⅱ 3×10^2 米，北側爲解放軍所破壞，全爲白灰。探溝內第一層爲擾土。第三、四層多草渣、燒灰，有陶片、石子、馬糞等，漢簡多出於此二層。下面灰層較純，漢簡很少。未作清理。

今天出「肩水候官」簡三枚，有少量絲綢，出一件木臿。

探溝Ⅱ北側西端再擴60cm，有灰層。

探溝Ⅱ北距早期塢牆9.50m。

探溝呈東西走向。

86年10月13日　星期一　晴

民工四人打隔梁。

三人挖障東。

三人清理障北塢牆。

三人清理灰區探溝Ⅱ。

打隔梁T6出簡一枚，T7出「肩水候官」等數簡。灰區探溝Ⅱ，上午出「肩水候官」等十數枚簡，均在第四層出土。下午灰區地勢漸低，灰區中含水分較多，已不出簡。在下層掘數個探坑，亦全爲燒灰。然後在探溝東側擴方二米，在挖除表土後，在第三、四層亦不出草渣、漢簡。然後在探溝Ⅰ東側掘探坑，灰層很薄，25cm下即爲戈壁。然後在探溝Ⅰ西側掘探坑，多爲石灰渣，已爲近期破壞。

在探溝Ⅰ第五、六層中，灰層中含水分很多，殘簡多腐朽，內涵較少，出土物很少，僅有少量陶片、石子和腐朽草渣。目前在其它地方尚不見灰層。

下班前夕，在西區開方挖第一道塢的西牆。

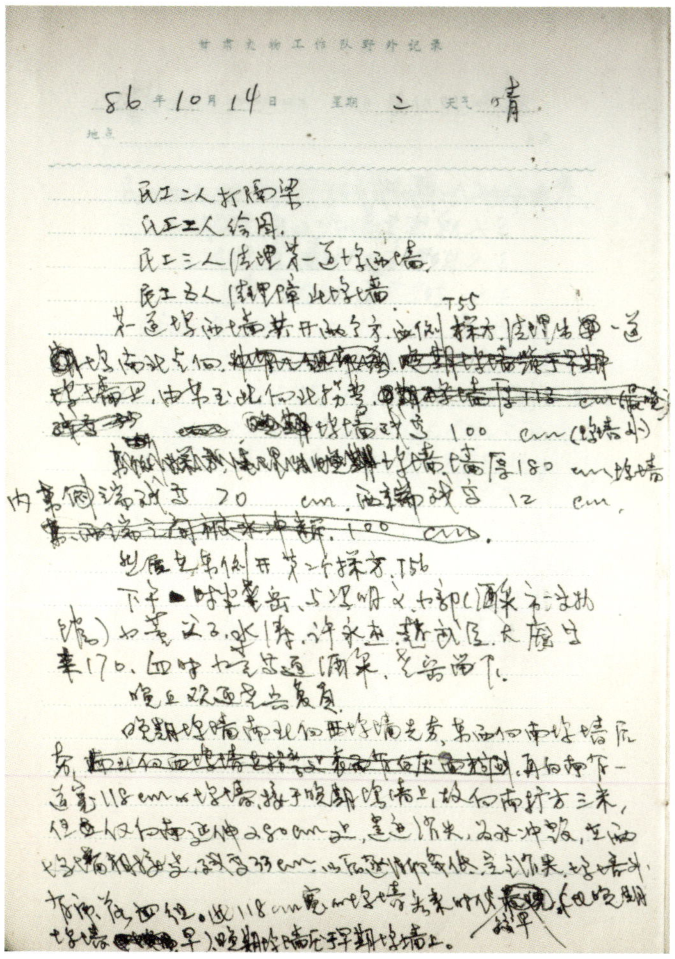

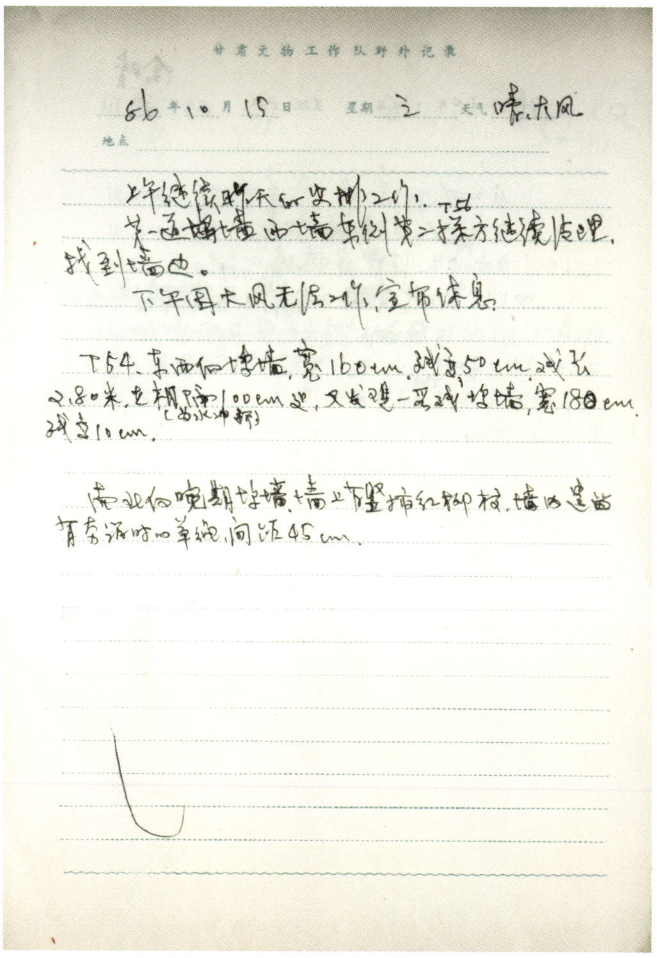

吳礽驤地灣發掘日記十二（1986年10月14—15日）

86年10月14日　星期二　晴

民工二人打隔梁。

民工二人繪圖。

民工三人清理第一道塢西牆。

民工五人清理障北塢牆。

第一道塢西牆共開兩個方。西側T55探方清理出一道塢，南北走向，由東至此向北拐彎。塢牆殘高100cm（塢牆外），塢牆牆厚180cm，塢牆内東端殘高70cm，西端殘高12cm。

然後在東側開第二個探方T56。

下午一時半，老岳與馮明義、小郭（酒泉市博物館）、小董父子、水濤、許永傑、趙武臣、大龐等來170，四時小董等返酒泉，老岳留下。

晚上歡迎〈送〉老兵復員。

晚期塢牆，南北向西塢牆先夯，東西向南塢牆後夯，再向南有一道寬118cm的塢牆，接於晚期塢牆上，故向南擴方三米，但僅向南延伸280cm處，遺迹消失，爲水沖毀。在西塢牆相接處，殘高33cm，以後逐漸降低，完全消失。塢牆外有虎落四組。此118cm寬的塢牆看來時代較早（比晚期塢牆早），晚期塢牆壓於早期塢牆上。

86年10月15日　星期三　晴　大風

上午繼續昨天的安排工作，T56。

第一道塢牆西牆東側第二探方繼續清理，找到牆邊。

下午因大風無法工作，宣佈休息。

T54，東西向塢牆，寬160cm，殘高50cm，殘長2.80米，在相隔100cm處（爲水沖斷）又發現一段殘塢牆，寬180cm，殘高10cm。

南北向晚期塢牆，牆上有豎插紅柳枝，牆内遺留有夯築時的草繩，間距45cm。

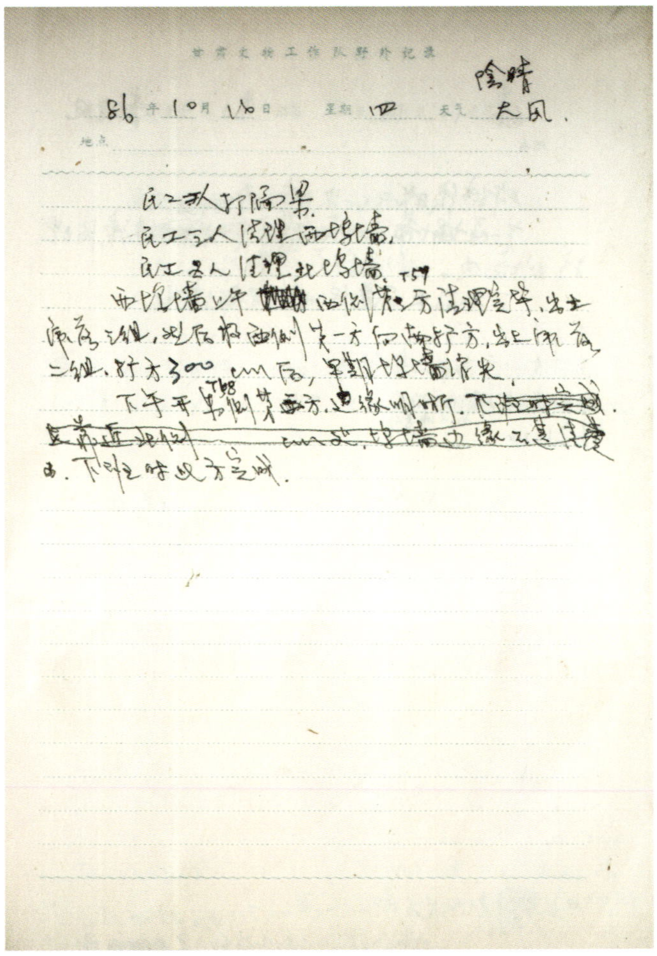
甘肅文物工作隊野外記錄

86年10月16日　星期四　天气 陰晴 大风

地点

民工二人打隔梁。

民工三人清理西坞墙。

民工五人清理北坞墙。

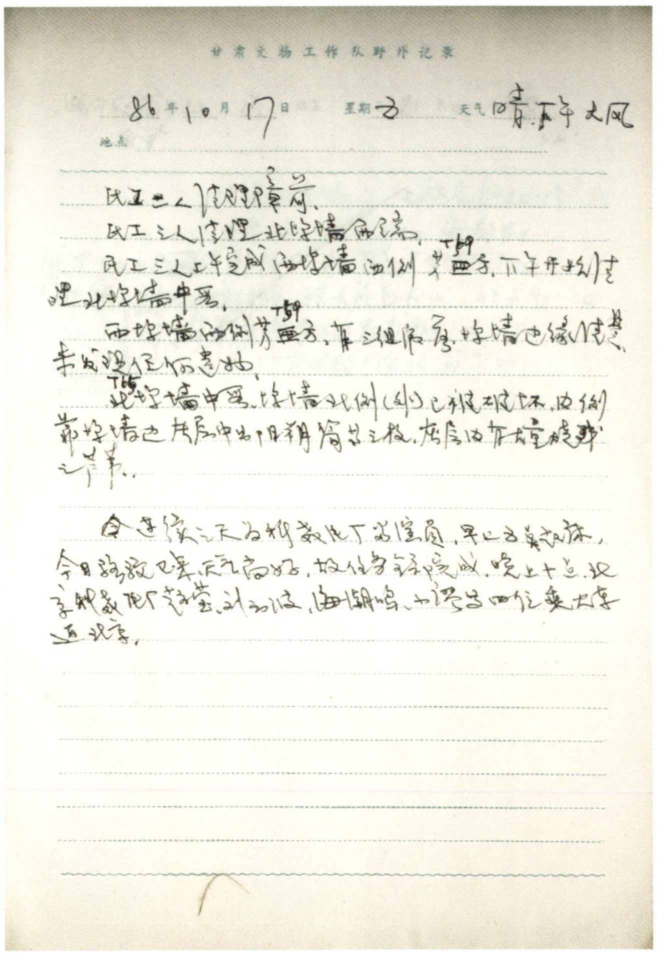
甘肅文物工作隊野外記錄

86年10月17日　星期五　天气 晴 下午大风

地点

民工二人清理障前。

民工三人清理北坞墙西端。

吳礽驤地灣發掘日記十三（1986年10月16—17日）

86年10月16日　星期四　陰晴　大風

民工二人打隔梁。

民工三人清理西塢牆。

民工五人清理北塢牆。

西塢牆上午西側第二方（T57）清理完畢，出土虎落三組。然後將西側第一方向南擴方，出土虎落二組。擴方300cm後，早期塢牆消失。

下午開東側第三方（T58），邊緣明晰。下班時此方完成。

86年10月17日　星期五　晴　下午大風

民工二人清理障前。

民工三人清理北塢牆西端。

民工三人上午完成西塢牆西側第四方（T59），下午開始清理北塢牆中段。

西塢牆西側第四方（T59）有三組虎落，塢牆邊緣清楚，未發現任何遺物。

T65，此塢牆中段，塢牆北側（外）已被破壞，内側靠塢牆邊灰層中出陽朔簡等三枚，灰層内有大量燒殘之蘆葦。

連續三天爲科教片廠當演員，早上五點起床，今日駱駝已來，天氣尚好，故任務全部完成。晚上十點，北京科教片廠趙瑩、劉雲波、海潮鳴、小廖等四位乘火車返北京。

86年10月18日　星期六　陰　上午下雨，有風

上午因雨停工。

上〈下〉午繼續工作。

北塢牆中段（T65）塢牆内出一塊木板，兩件燒殘木柱，一件鐵製小鏟，「肩水候官」等簡數枚。

灰層中繼續清理出大量燒殘蘆葦，有牆土、燒灰，下面見底，距殘塢牆高66cm。塢牆外被解放軍破壞的塢牆基上，有解放軍倒的垃圾，内有殘斷簡甚多。

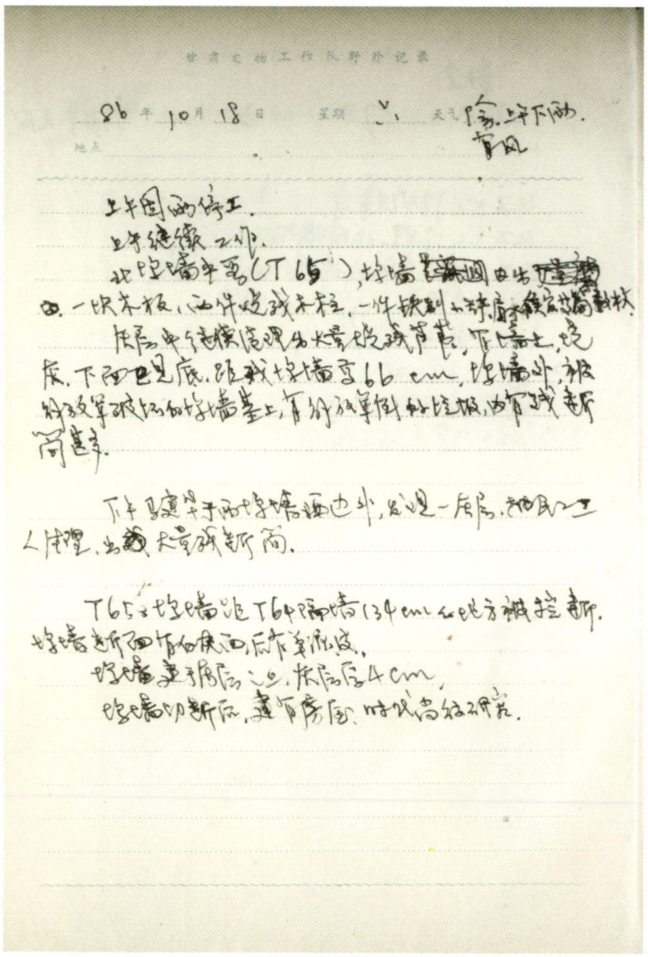

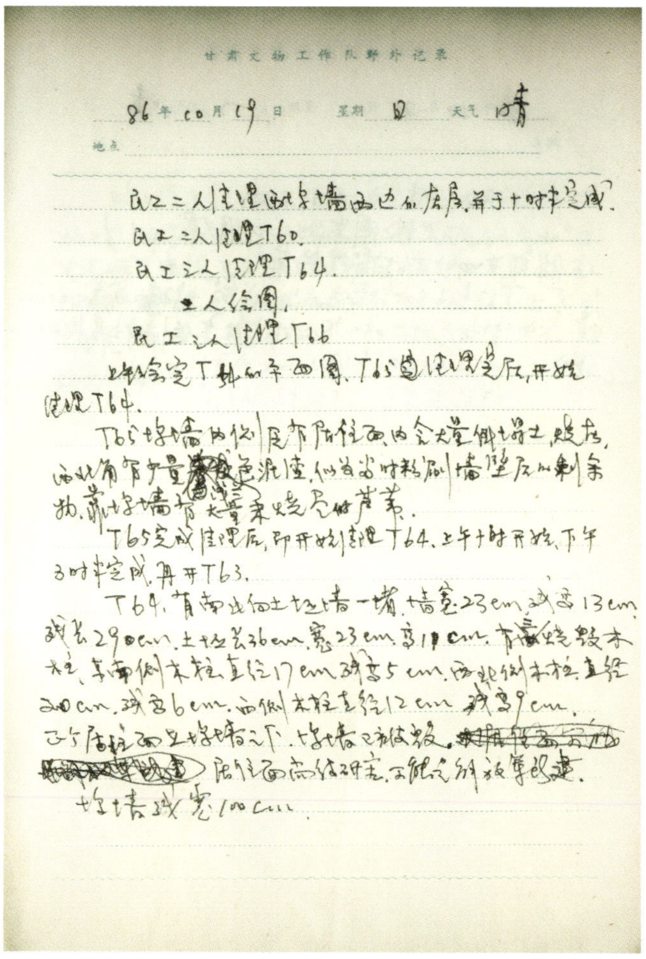

吴礽驤地灣發掘日記十四（1986年10月18—19日）

下午，馬建華於西塢牆西邊外發現一灰層，抽民工二人清理，出大量殘斷簡。

T65塢牆距T64隔牆134cm的地方被挖斷，塢牆斷面有白灰面，後有草泥皮。

塢牆建於灰層之上，灰層厚4cm。

塢牆切斷後，建有房屋，時代尚待研究。

86年10月19日　星期日　晴

民工二人清理西塢牆西邊的灰層，並於十時半完成。

民工二人清理T60。

民工三人清理T64。

二人繪圖。

民工三人清理T66。

上午繪完T54的平面圖，T65清理完後，開始清理T64。

T65塢牆内側原有居住面，内含大量倒塌土、燒灰，西北角有少量淺藍色泥渣，似爲當時粉刷牆壁後的剩餘物，靠塢牆有大量未燒盡的蘆葦。

T65完成清理後，即開始清理T64。上午十時開始，下午五時半完成，再開T63。

T64有南北向土坯牆一堵，牆寬23cm，殘高13cm，殘長29cm。土坯長36cm，寬23cm，高11cm。有三燒毁木柱，東南側木柱直徑17cm，殘高5cm。西北側木柱直徑20cm，殘高6cm。西側木柱直徑12cm，殘高9cm。正〈整〉個居住面在塢牆之下，塢牆已被毁。居住面尚待研究，可能是解放軍新建。

塢牆殘寬100cm。

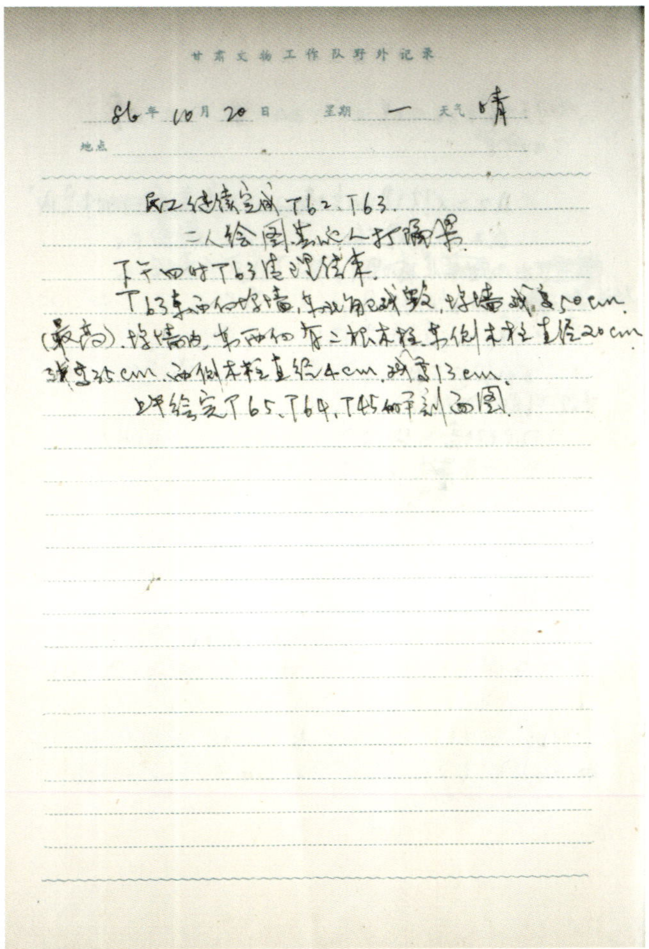
甘肃文物工作队野外记录

86年10月20日　星期一　天气 晴

地点

民工继续完成T62、T63.

二人绘图其他人打隔梁.

下午四时T63清理结束.

T63东西向坞墙,东北角已残毁,坞墙残高50cm(最高).坞墙内,东西向有二根木柱,东侧木柱直径20cm,残高35cm.西侧木柱直径4cm,残高13cm.

上午绘完T65、T64、T45的平剖面图.

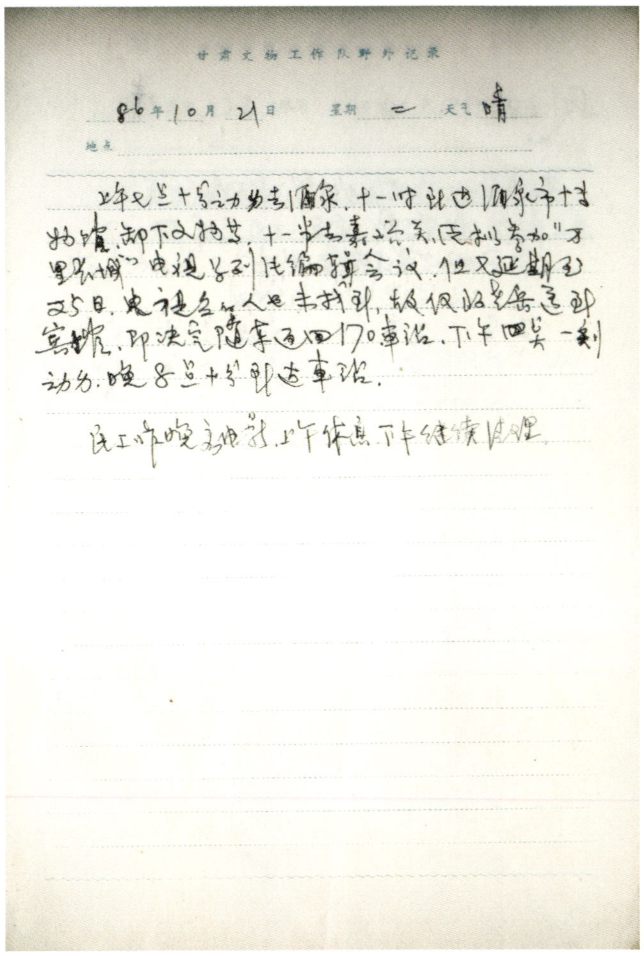
甘肃文物工作队野外记录

86年10月21日　星期二　天气 晴

地点

上午七点十分动身去酒泉,十一时到达酒泉市博物馆,卸下文物.十一半去嘉峪关,原拟参加"万里长城"电视系列片编辑会议,但又延期至25日.电视台的人也未找到,故仅将老岳送到宾馆,即决定随车返回170车站,下午四点一刻动身,晚8点十分到达车站.

民工昨晚看电影,上午休息,下午继续清理.

吳礽驤地灣發掘日記十五（1986年10月20—21日）

86年10月20日　星期一　晴

民工繼續完成T62、T63。

二人繪圖，其他人打隔梁。

下午四時T63清理結束。

T63東西向塢牆，東北角已殘毁，塢牆殘高50cm（最高）。塢牆内，東西向有二根木柱：東側木柱直徑20cm，殘高35cm；西側木柱直徑4cm，殘高13cm。

上午繪完T65、T64、T45的平剖面圖。

86年10月21日　星期二　晴

上午七點十分動身去酒泉，十一時到達酒泉市博物館，卸下文物等。十一（點）半去嘉峪關，原擬參加「萬里長城」電視系列片編輯會議，但又延期至25日。電視臺的人也未找到，故僅將老岳送到賓館，即決定隨車返回170車站。下午四點一刻動身，晚8點十分到達車站。

民工昨晚看電影，上午休息，下午繼續清理。

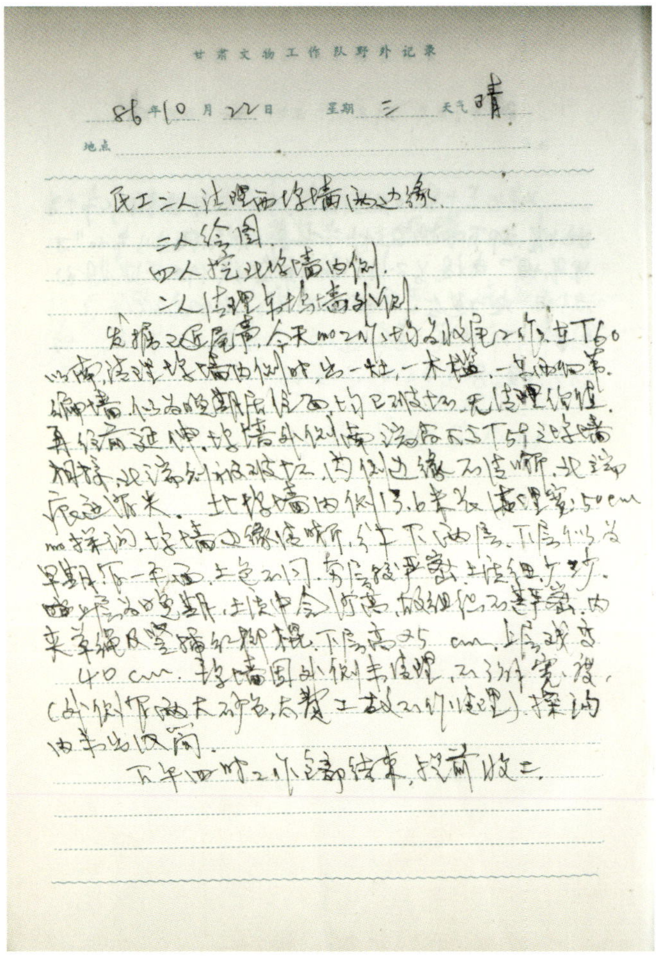
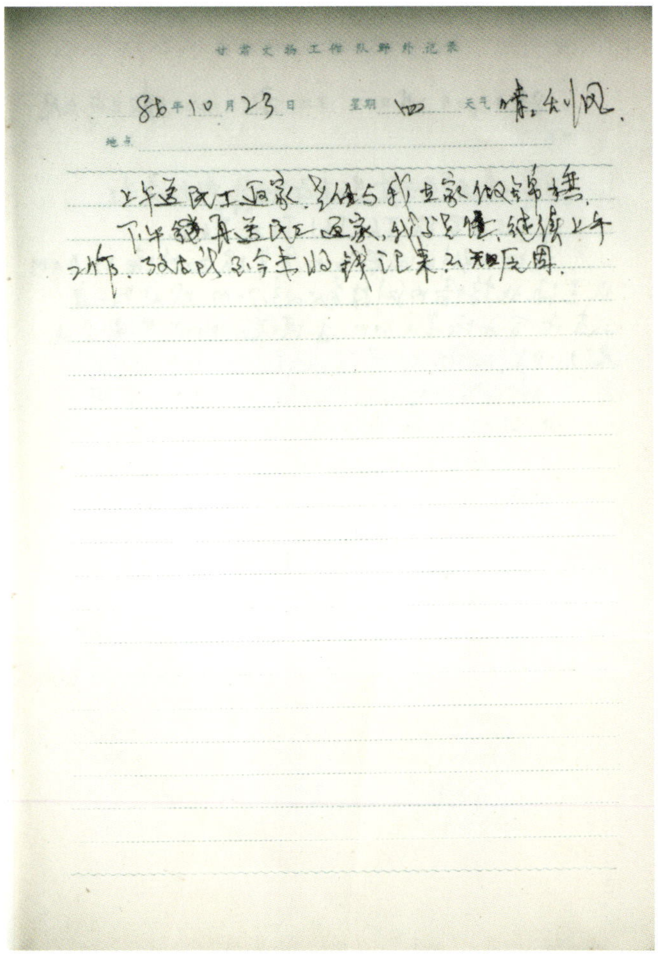
吴礽驤地灣發掘日記十六（1986年10月22—23日）

86年10月22日　星期三　晴

民工二人清理西塢牆兩邊緣。

二人繪圖。

四人挖北塢牆内側。

二人清理東塢牆外側。

發掘已近尾聲，今天的工作均爲收尾工作。在T60以南，清理塢牆内側時，出一竈，一木檻，一東西向葦編牆，似爲晚期居住面，均已破壞，無清理價值。再往前延伸，塢牆外側南端尚可與T59之塢牆相接，北端則被破壞。内側邊緣不清晰，北端痕迹消失。北塢牆内側13.6米長。清理寬50cm的探溝。塢牆邊緣清晰，分上下兩層。下層似爲早期，有一平面，土色不同，夯層較嚴密，土質細、少沙。上層爲晚期，土質中含沙高，故組織不甚嚴密，内夾草繩及豎插紅柳棍。下層高25cm，上層殘高40cm。塢牆因外側未清理，不瞭解寬度（外側有兩大砂包，太費工，故不作清理），探溝内未出漢簡。

下午四時工作全部結束，提前收工。

86年10月23日　星期四　晴　颳風

上午送民工返家。老任與我在家做錦旗。

下午再送民工返家，我與老任繼續上午工作。考古所至今未將錢匯來，不知原因。

86年10月24日　星期五　晴　上午大風

上午協助老任繪遺址平面圖。

下午與小馬繪T60、T61、T62、T63。

遺址西側出漢簡的地方，東距西塢牆 30.40m，此點距北塢牆內側拐角處23.70m，此處爲一建築遺迹，有西牆長2.30m，南牆長2.40m，東牆與北牆不明顯。西牆、南牆有泥皮。南牆東端有一木樁，樁內有一東西向木板，可能爲門檻。西牆殘高 28cm，南牆殘高 18cm。

晚期西塢牆中間有10.20m被近代破壞。

晚期塢牆北牆接東牆和南牆接東牆，南牆接西牆，西牆接北牆。

早期塢牆，先築障牆臺基，再築障牆。東塢牆接障牆，東塢牆與南塢牆的關係不清。西南角已被水沖毀，關係不清。西塢牆、北塢牆、東塢牆壓於晚期塢牆下。

地灣發掘工作全部結束。

86年10月25日　星期六

上午離地灣所在170車站，下午返抵嘉峪關。

地灣發掘面積：

探方　塢牆四周探方52個（5×5）計1409m^2

障内探方4個（6.5×6.5）計169m^2

障外東北探方2個（東20+北16）×5，計180m^2

塢牆西部北段探方1個（20×5）計100m^2

共計1858m^2

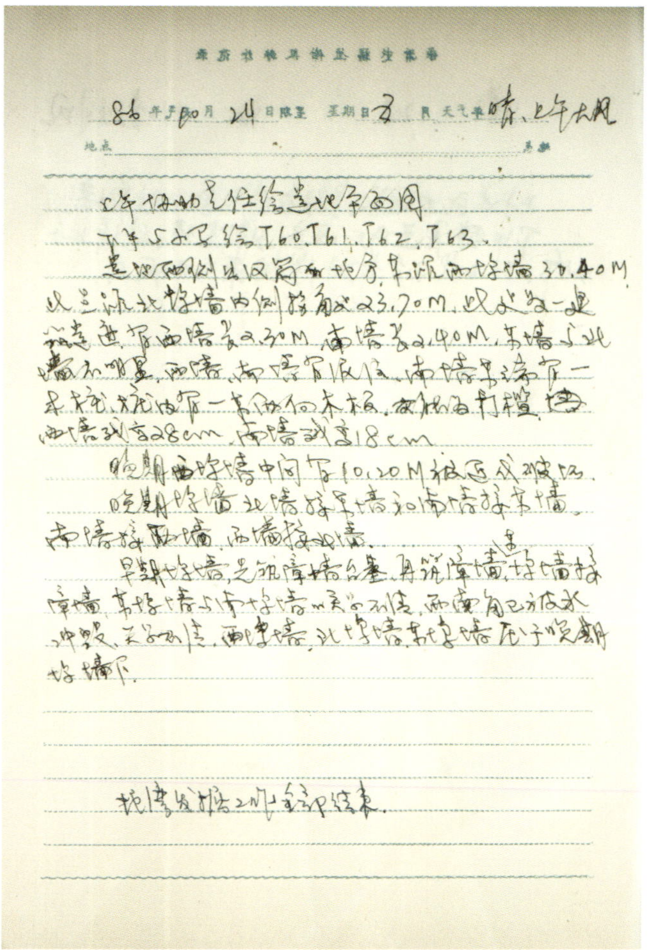

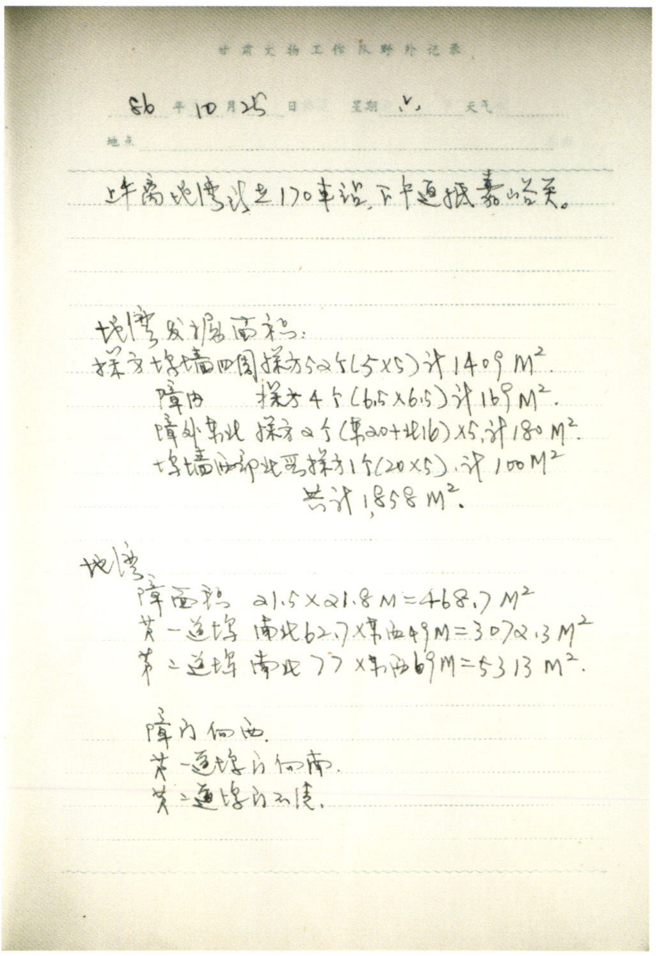

吴礽驤地灣發掘日記十七（1986年10月24—25日）

地灣

障面積：21.5×21.8＝468.7m²

第一道烏　南北62.7×東西49m＝3072.3m²

第二道塢　南北77×東西69m＝5313m²

障門向西

第一道塢門向南

第二道塢門不清

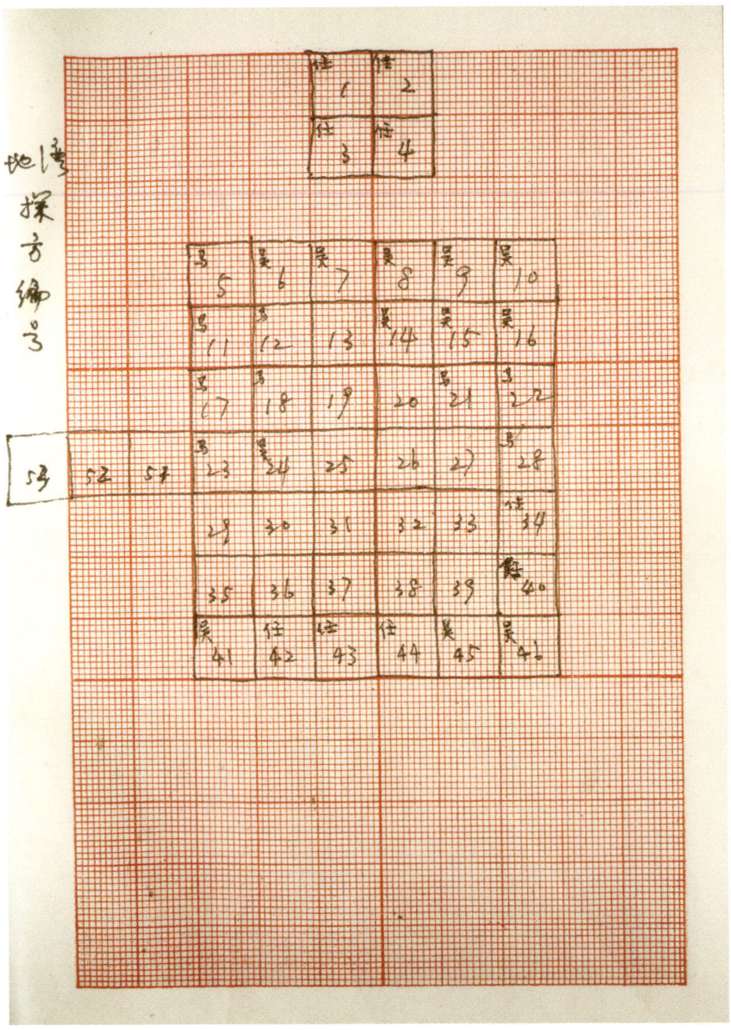

吳礽驤地灣發掘日記十八

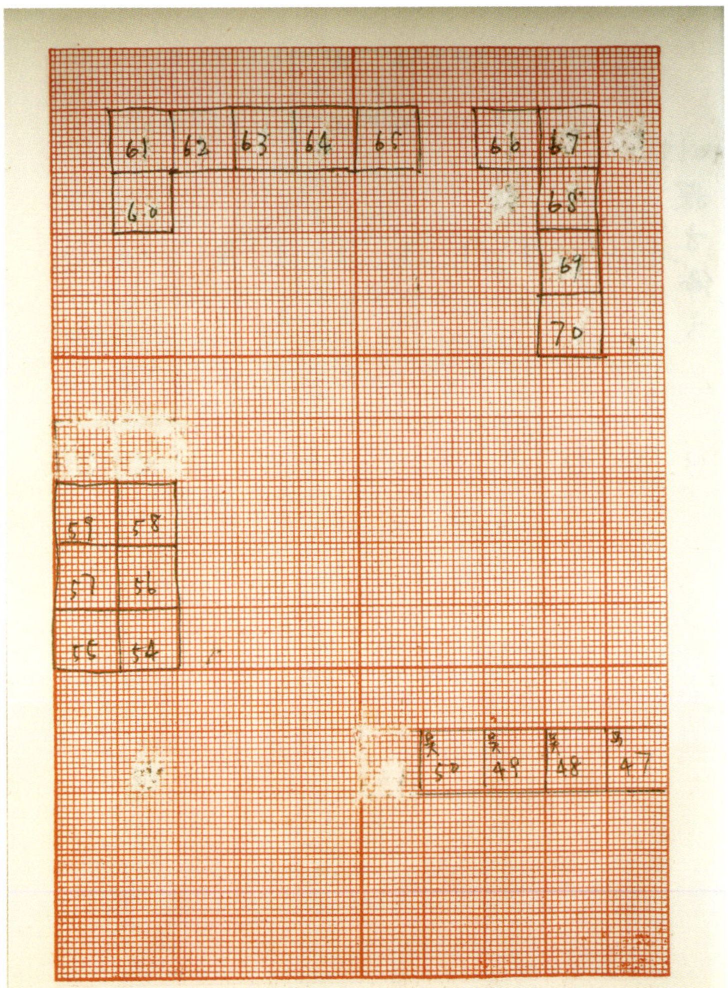

吳礽驤地灣發掘日記十九

任步雲發掘日記

1986年9月23日 晴

［地點］金塔縣漢代障城—— 地灣遺址

地灣發掘工作今天開始，工人10人，其中二人留住地搞食宿設備工作：清理住室，掘井取水。其餘八人參加發掘工作：五人拆除近代房牆，三人在障内清理。

障内開探方4個，先開T1，表層（自然堆積層）下爲近代房屋建築，内涵解放以來的煙盒、連環畫及電影烤〈拷〉背〈貝〉等雜物。沿探方西邊，自表面起爲近時修的火炕，東西寬1.9m，南北長3m，原一土坯，厚9cm，長37cm，寬18cm，是爲炕基。其下爲一層堅實的路土層，厚1.7cm。障内現堆積厚層北部高，呈傾斜狀低〈抵〉南壁，並與障門口呈斜坡。

探方北壁露屋牆，泥皮大部脱落，土坯露於牆面。

地面南部有園〈圓〉徑圜底（坑）一個，近中部有園〈圓〉徑平底坑一個，兩坑内均積滿灰土，無遺物。

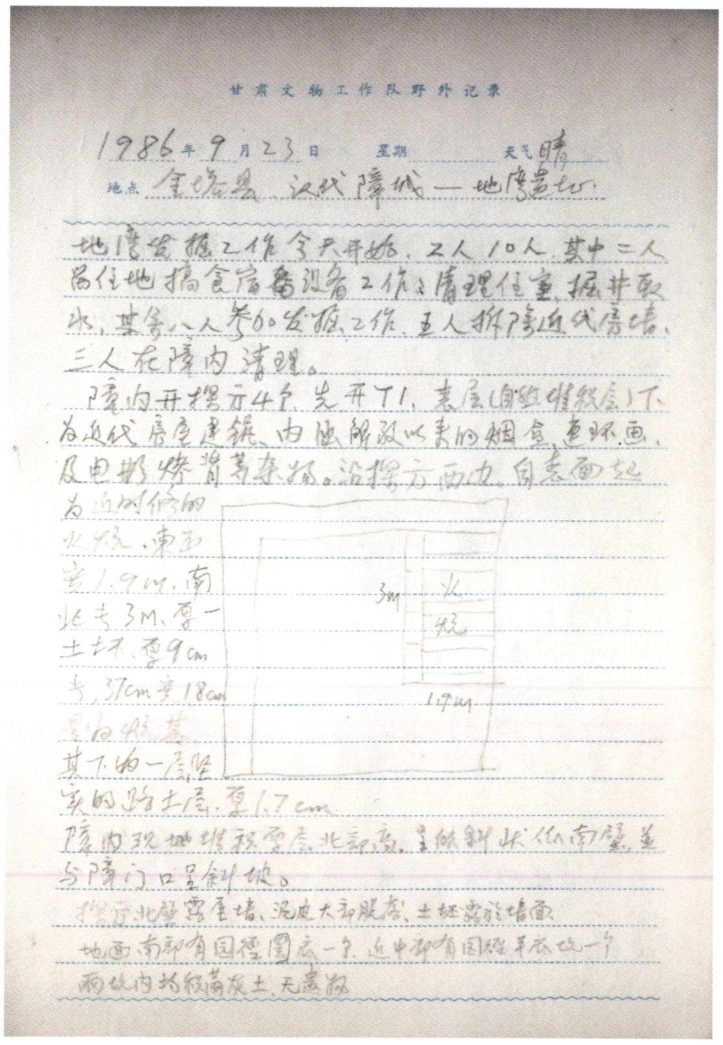
甘肃文物工作队野外记录

1986年9月23日 星期 天气晴

地点 金塔县 汉代障城—地湾遗址

地湾发掘工作今天开始，工人10人，其中二人留住地搞食宿设备工作：清理住室，掘井取水，其余八人参加发掘工作，五人拆除近代房墙，三人在障内清理。

障内开探方4个，先开T1，表层（自然堆积层）下为近代房屋建筑，内涵解放以来的烟盒、连环画、及电影烤背等杂物。沿探方西边，自表面起为近时修的火炕，东西宽1.9M，南北长3M，原一土坯，厚9cm，长37cm，宽18cm，是为炕基。其下为一层坚实的路土层，厚1.7cm

障内现堆积层高北部高，呈倾斜状低向南壁，并与障门口呈斜坡。

探方北壁露屋墙，泥皮大部脱落，土坯露於墙面。

地面南部有园径圆底一个，近中部有园径平底坑一个

两坑内均积满灰土，无遗物

任步雲地灣發掘日記一（1986年9月23日）

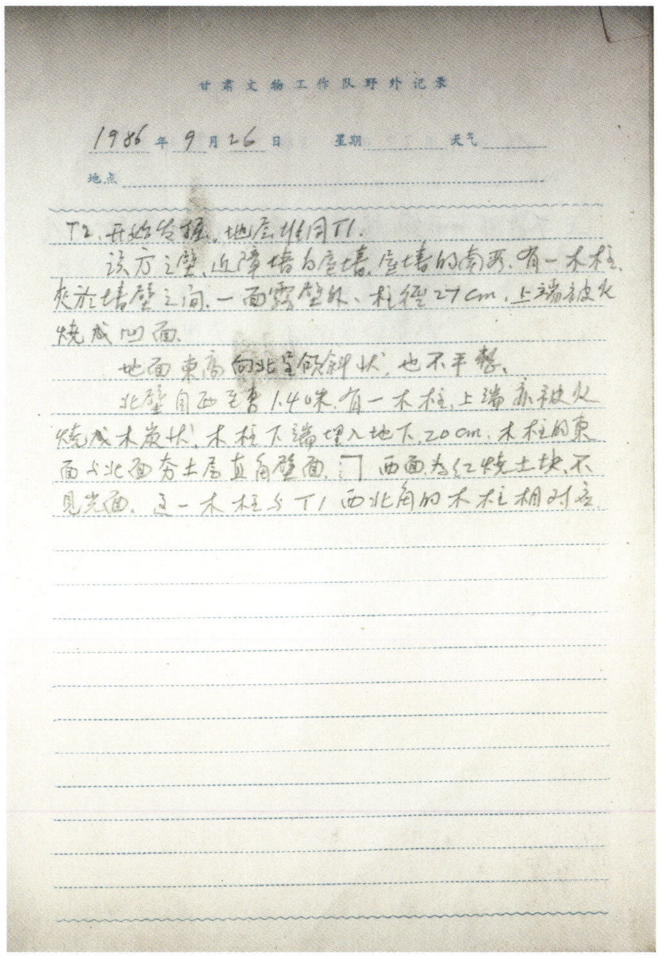
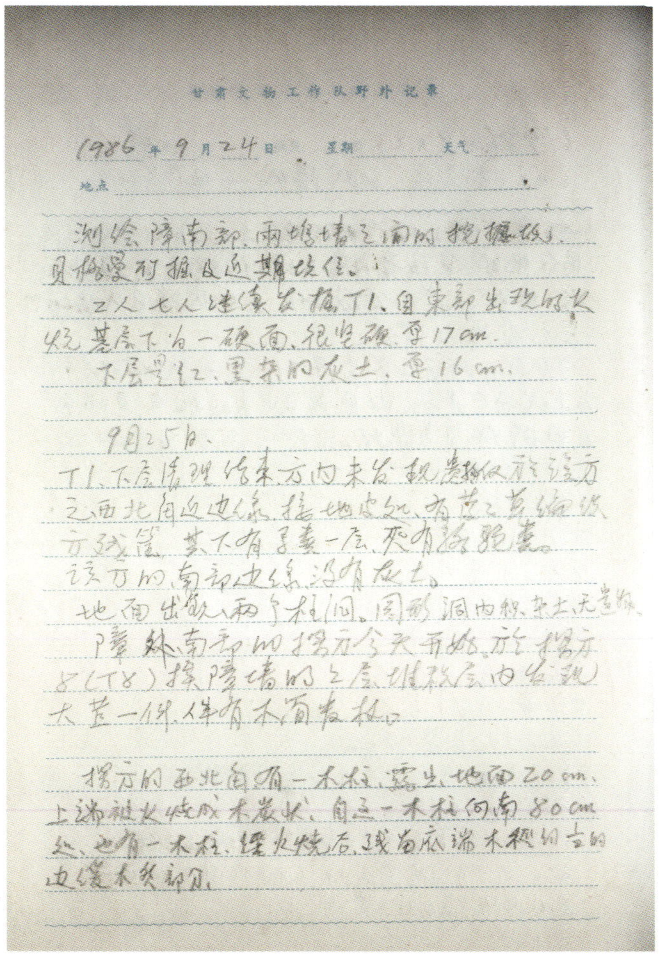

任步雲地灣發掘日記二（1986年9月24—26日）

1986年9月24日

測繪障南部，兩塢牆之間的挖掘坑，貝格曼所掘及近期坑位。

工人七人繼續發掘T1，自東部出現的火炕，基層下爲一硬面，很堅硬，厚17cm。

下層是紅、黑雜的灰土，厚16cm。

9月25日

T1下層清理結束。方内未發現遺物。僅於該方之西北角近邊緣、接地皮處有芨芨草編織方殘筐。其下有馬糞一層，夾有駱駝糞。

該方的南部邊緣没有灰土。

地面出現兩個柱洞。園〈圓〉形洞内積雜土，無遺物。

障外南部的探方今天開始。於探方8（T8）挨障牆的上層堆積層内發現大苣一件，伴有木簡數枚。

探方的西北角有一木柱，露出地面20cm，上端被火燒成木炭狀。自這一木柱向南80cm處，也有一木柱，經火燒後，殘留底端木徑約1/2的邊緣未然〈燃〉部分。

1986年9月26日

T2開始發掘，底層堆同T1。

該方之壁，近障牆爲屋牆。屋牆的南段，有一木柱，夾於牆壁之間，一面露壁外，柱徑27cm，上端被火燒成凹面。

地面東高向北呈傾斜狀，也不平整。

北壁自西至東1.40米，有一木柱，上端亦被火燒成木炭狀。木柱下端埋入地下20cm，木柱的東面與北面夯土層直角壁面，西面爲紅燒土塊，不見光面。這一木柱與T1西北角的木柱相對應。

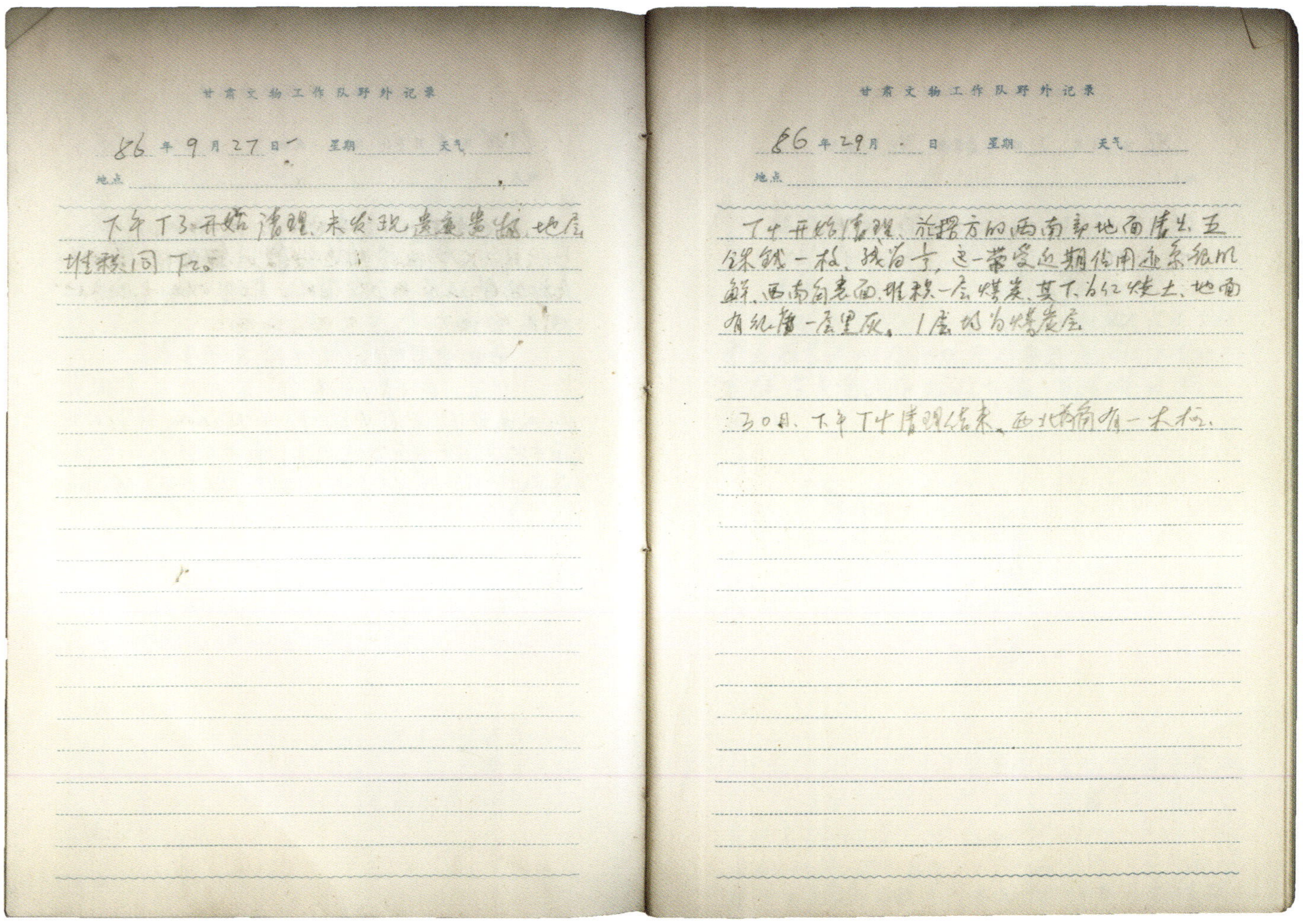

任步雲地灣發掘日記三（1986年9月27、29—30日）

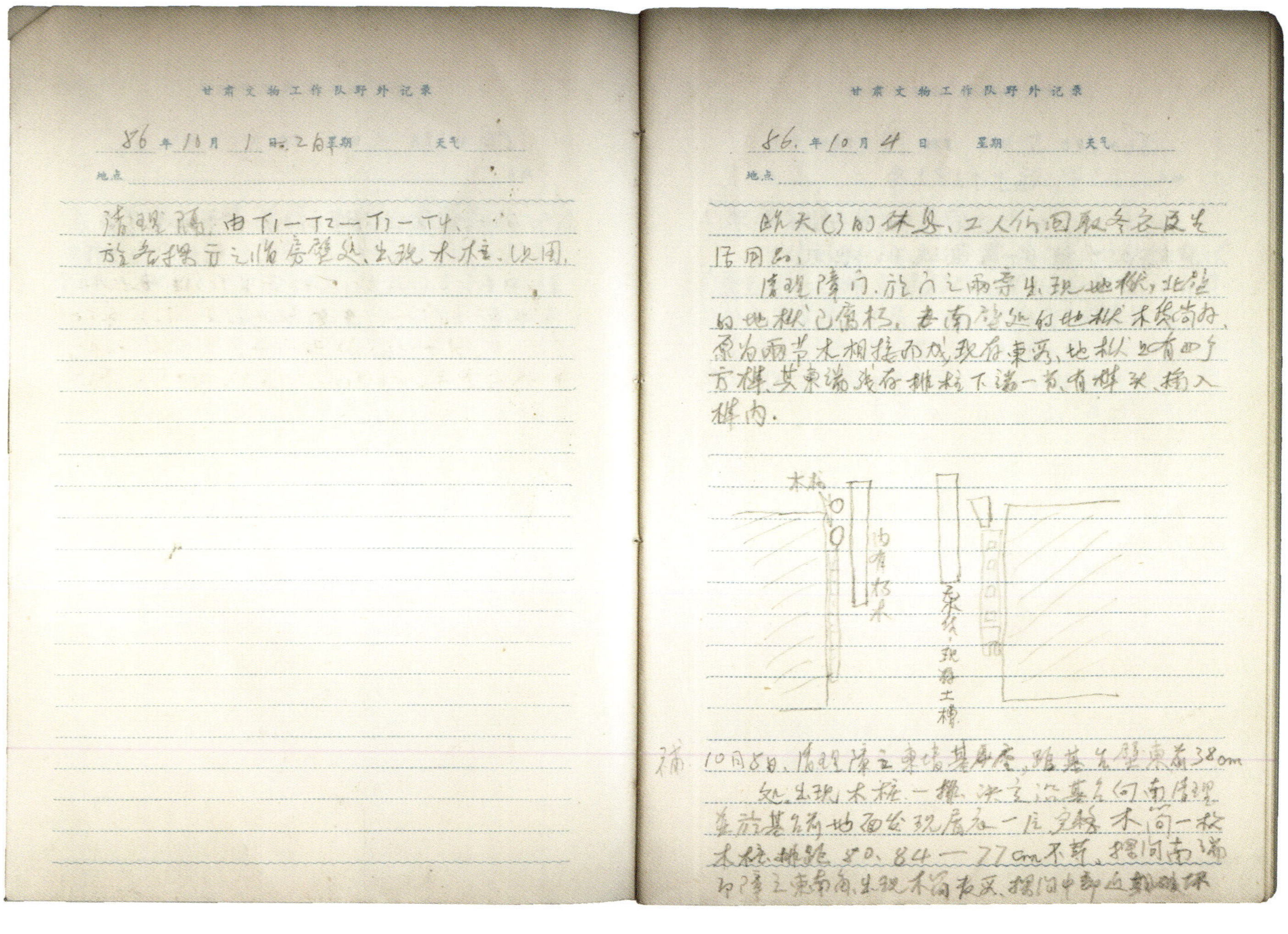

任步雲地灣發掘日記四（1986年10月1—2、4、8日）

86年9月27日

下午T3開始清理，未發現遺迹遺物，地層堆積同T2。

86年〔9〕月29日

T4開始清理。於探方的西南部地面清出五銖錢一枚，殘留1/3。這一帶受近期佔用迹象很明鮮〈顯〉，西南角表面堆積一層煤炭，其下爲紅燒土，地面有很薄一層黑灰。一層均爲煤炭層。

30日

下午T4清理結束，西北角有一木柱。

86年10月1–2日

清理隔（梁），由T1—T2—T3—T4。

於各探方之臨房壁處，出現木柱，見圖。

86年10月4日

昨天（3日）休息，工人們回取冬衣及生活用品。

清理障門，於門之兩旁出現地栿，北壁的地栿已腐朽，南壁處的地栿木質尚好。原爲兩節木相接而成，現存東段。地栿上有四個方榫，其東端殘存排柱下端一節，有榫頭插入榫內。

補10月8日

清理障之東牆基座，距基臺壁東前38cm處，出現木樁一排，決定沿基臺向南清理。並於基臺前地面發現屑〈削〉衣一層，完整木簡一枚。木樁排距80、84—77cm不等。探溝南端即障之東南角，出現木簡數段。探溝中部近期破壞。

86年10月5日

T34，位於T28之南。

地表以下即爲文化層，土質疏鬆，灰土呈棕色，有些虎落出現在地表。

方之西南角出現木簡，距地10cm，並有網墜等，均在塢牆內側。其中木簡出現在塢牆上的兩石塊間。塢牆外側有一小坑，內埋狗骨一架。

北隔梁塢外部分有木簡，有字者三段，其中一枚完整，上書「肩水金關」四大字。

86年10月6日

T40，位於T34之南。

塢牆外側，近西端有一小坑（1），坑內出現木簡數枚，伴有驢蹄趾一件。這一小坑之東，臨尖木樁亦有一小坑（2），內涵削衣及綢殘片。塢牆之西，未發現物，僅於牆之偏西（3）有一小坑，內埋殘破陶盆片。

下午清理T44。

吴和科影去大灣。

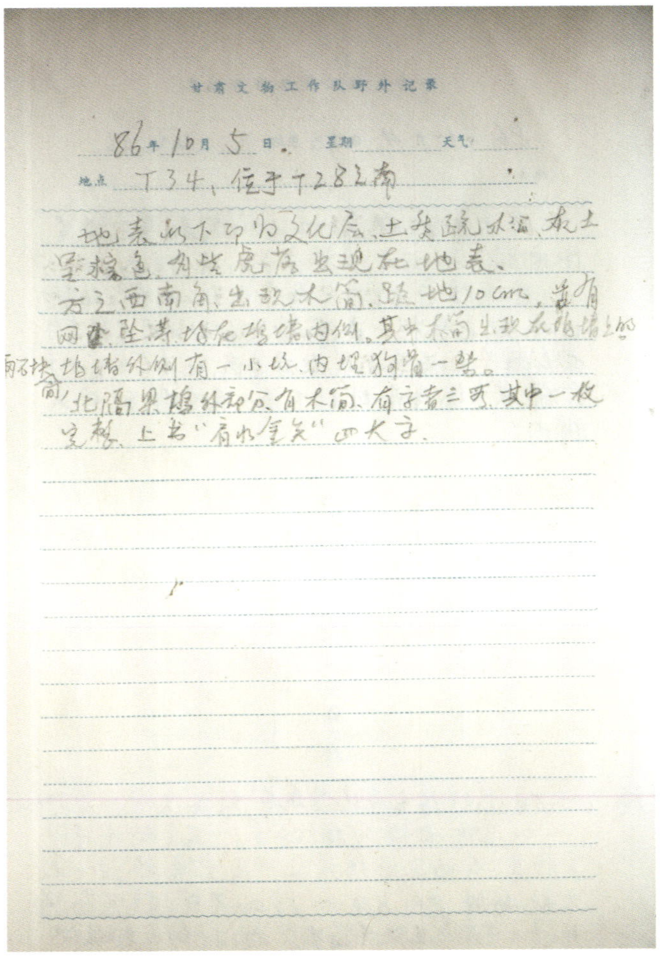

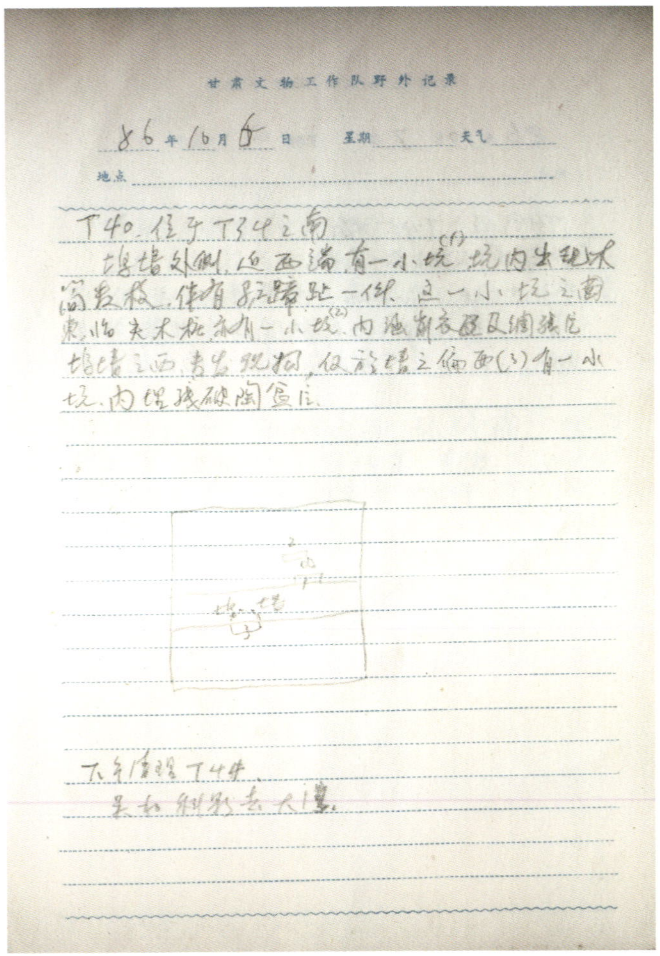

任步雲地灣發掘日記五（1986年10月5—6日）

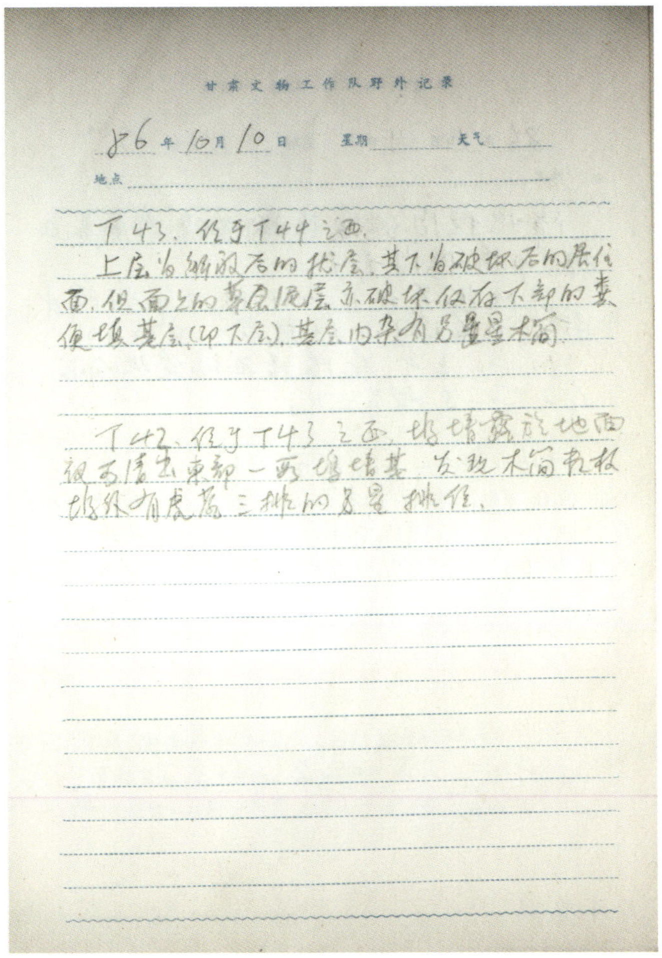
甘肃文物工作队野外记录
86年10月10日 星期 天气
地点
T43、位于T44之西。
上层为解放后的扰层，其下为破坏后的居住面，但面上的草泥层亦破坏，仅存下部的粪便填基层（即下层），基层内杂有另星木简。
T42、位于T43之西，坞墙露于地面，仅可清出东部一段坞墙基，发现木简数枚，坞外有虎落三排的另星排位。

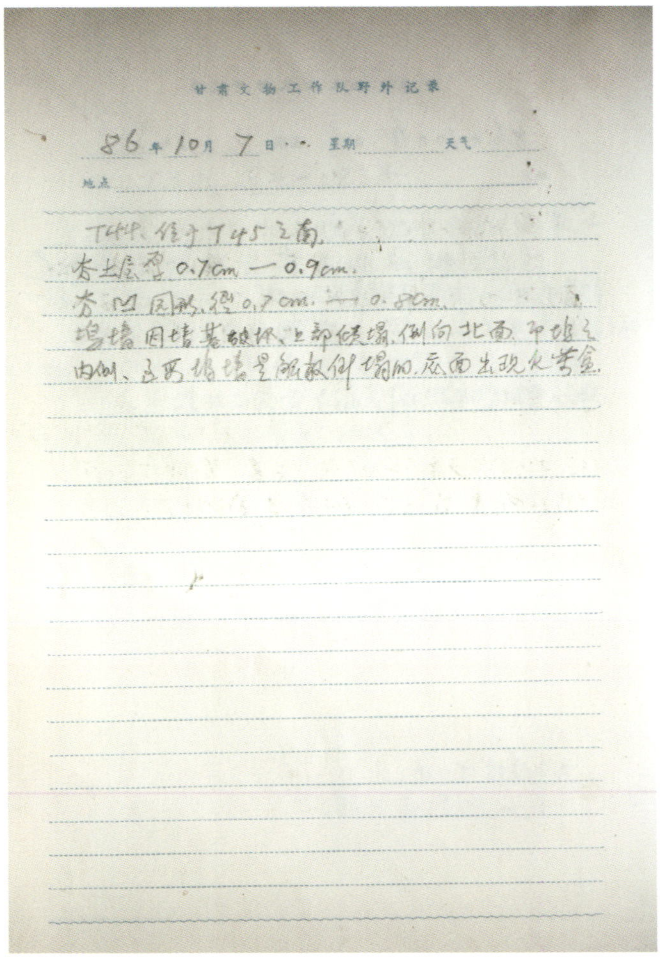
甘肃文物工作队野外记录
86年10月7日 星期 天气
地点
T44、位于T45之南。
夯土层厚0.7cm—0.9cm。
夯凹园形，径0.7cm—0.8cm。
坞墙因墙基破坏，上部倾塌，倒向北面，即坞之内侧，是解放后倒塌的，底面出现火柴盒。

任步雲地灣發掘日記六（1986年10月7、10日）

86年10月7日

T44，位於T45之南。

夯土層厚0.7cm — 0.9cm。

夯凹園〈圓〉形，徑0.7cm — 0.8cm。

塢牆因牆基破壞，上部傾塌，倒向北面，即塢之内側。這段塢牆是解放（後）倒塌的，底面出現火柴盒。

86年10月10日

T43，位於T44之西。

上層爲解放後的擾層，其下爲破壞後的居住面，但面上的草泥層亦破壞，僅存下部的糞便填基層（即下層），基層内雜有另〈零〉星木簡。

T42，位於T43之西，塢牆露於地面，僅可清出東部一段塢牆基，發現木簡數枚，塢外有虎落三排的另〈零〉星排位。

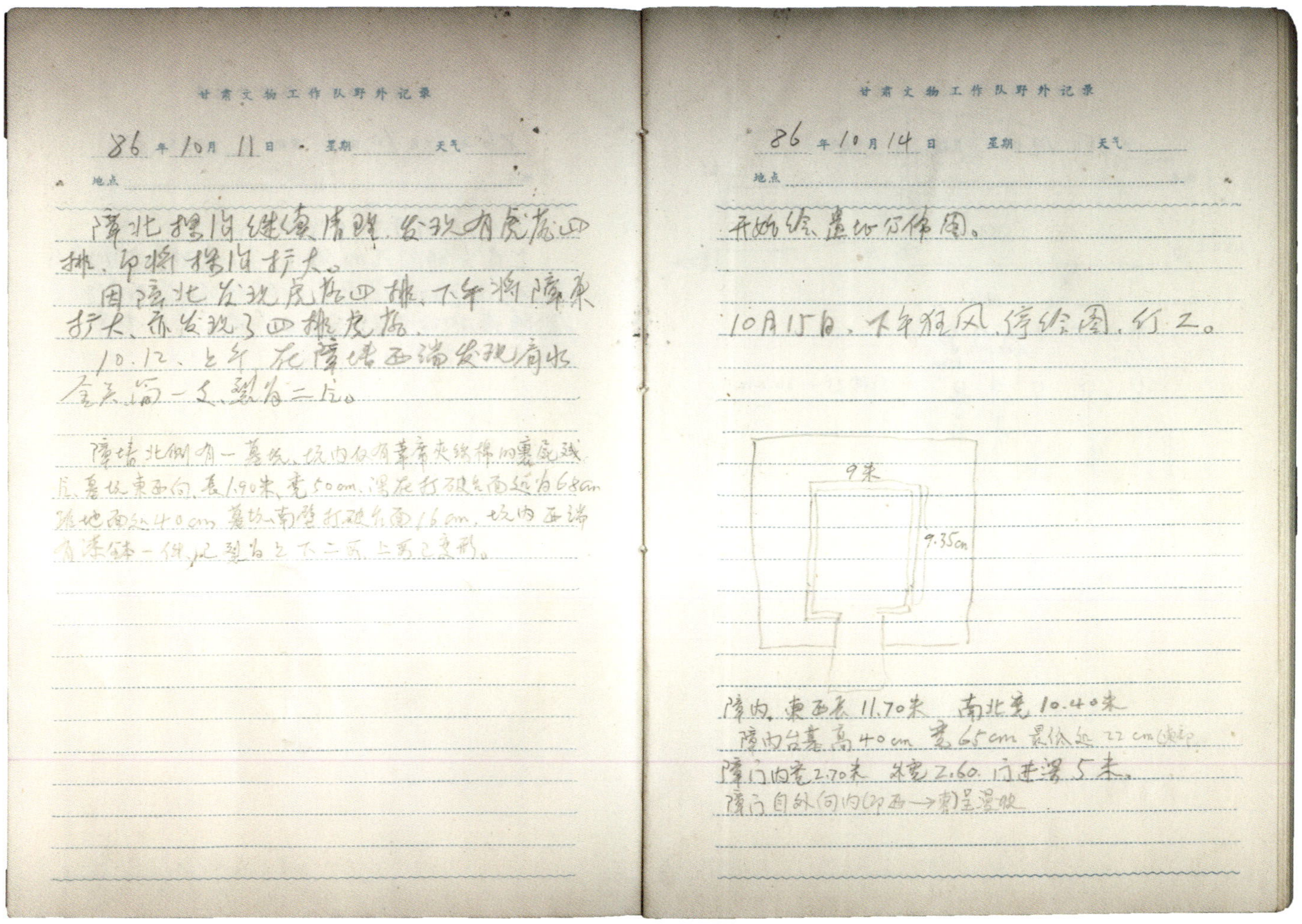

任步雲地灣發掘日記七（1986年10月11—12、14—15日）

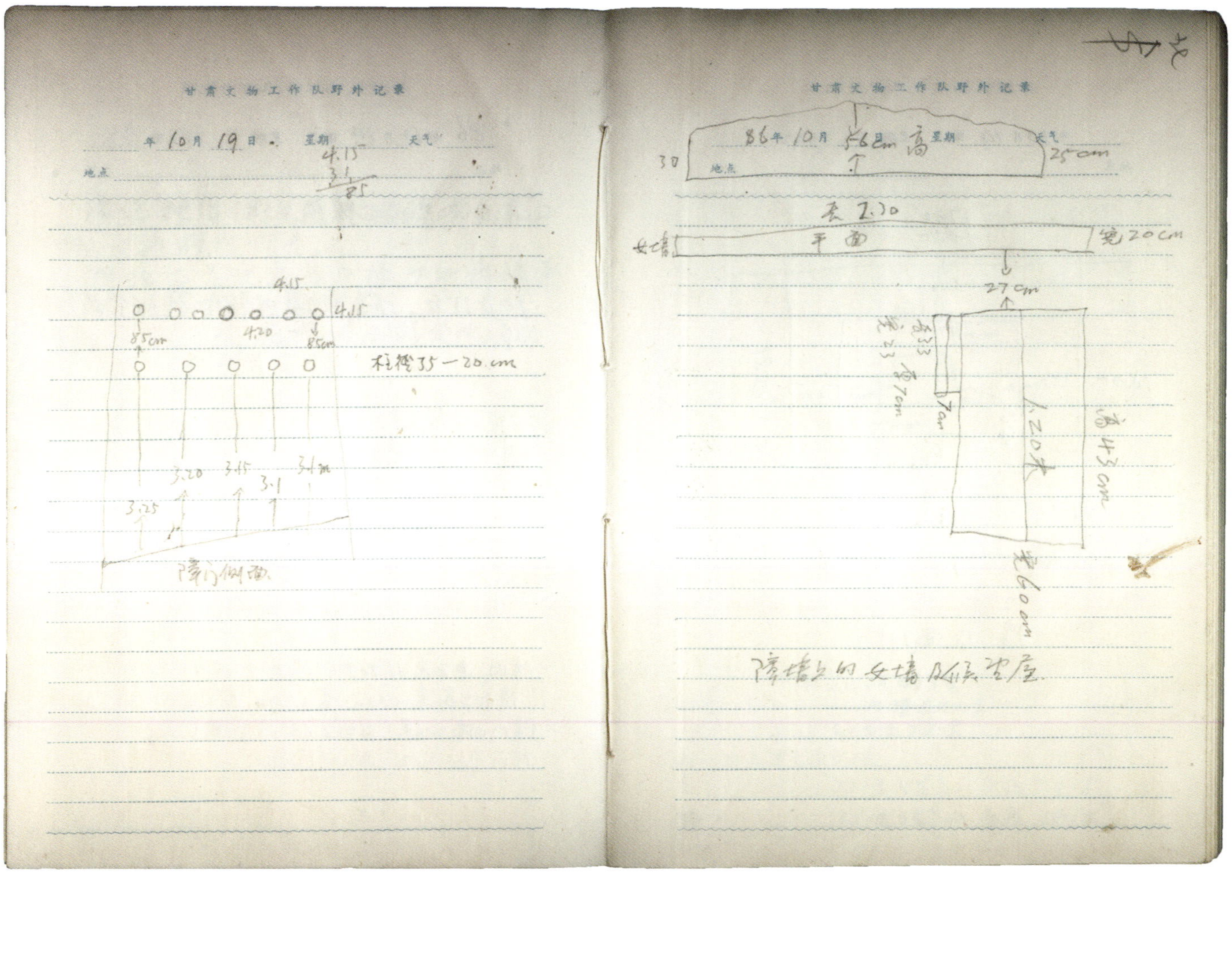

任步雲地灣發掘日記八（1986年10月19日）

86年10月11日

障北探溝繼續清理，發現有虎落四排，即將探溝擴大。

因障北發現虎落四排，下午將障東擴大，亦發現了四排虎落。

10月12日

上午在障牆西端發現「肩水金關」簡一支，裂爲二片。

障牆北側有一墓坑，坑内僅有葦席夾絲綿的裹屍殘片。墓坑東西向，長1.90米，寬50cm，深在打破臺面處爲68cm，距地面處40cm，墓坑南壁打破臺面16cm，坑内西端有漆鉢一件，已裂爲上下二段，上段已變形。

86年10月14日

開始繪遺址分佈圖。

10月15日

下午狂風，停繪圖，停工。

[圖注]

障内東西長11.70米，南北寬10.40米。

障内臺基高40cm，寬65cm，最低處22cm（東部）。

障門内寬2.70米，外寬2.60，門進深5米。

障門自外向内（即西—東）呈漫坡。

86年10月19日

[圖注]

障牆上的女牆及候望屋

86年10月19日

障頂面圖

障門

西牆門内頂面至上殘口3米

西牆門内頂面至門頂横木4.10米

西牆門内頂面至地面7.70米

南牆頂面至臺基7.7米

東牆頂面至臺基7.20米，臺基高22，通高7.42米

北牆頂面至臺基7.10米，臺基高40，通高7.50米

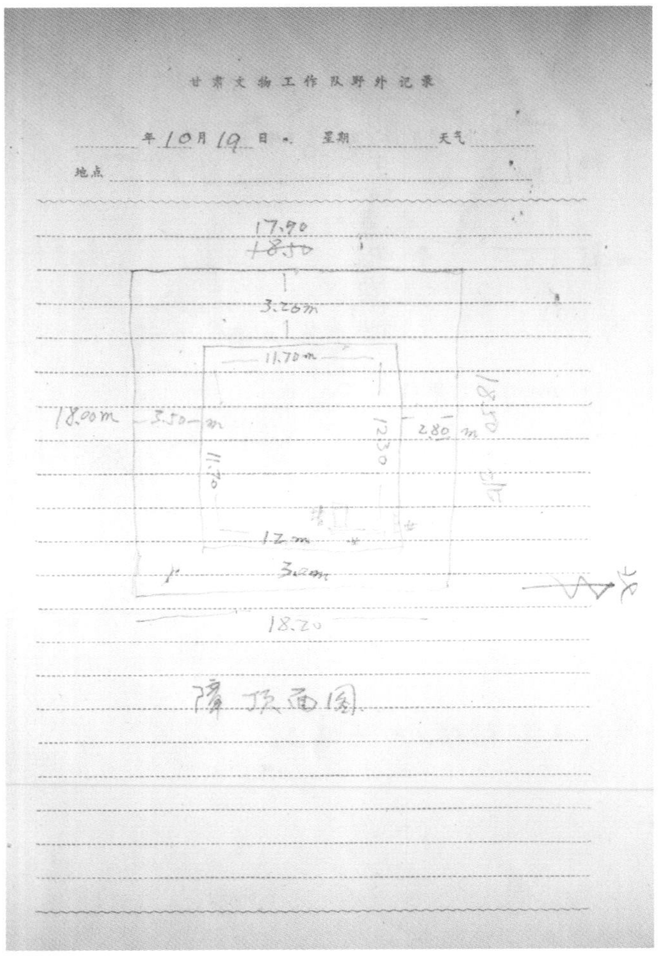

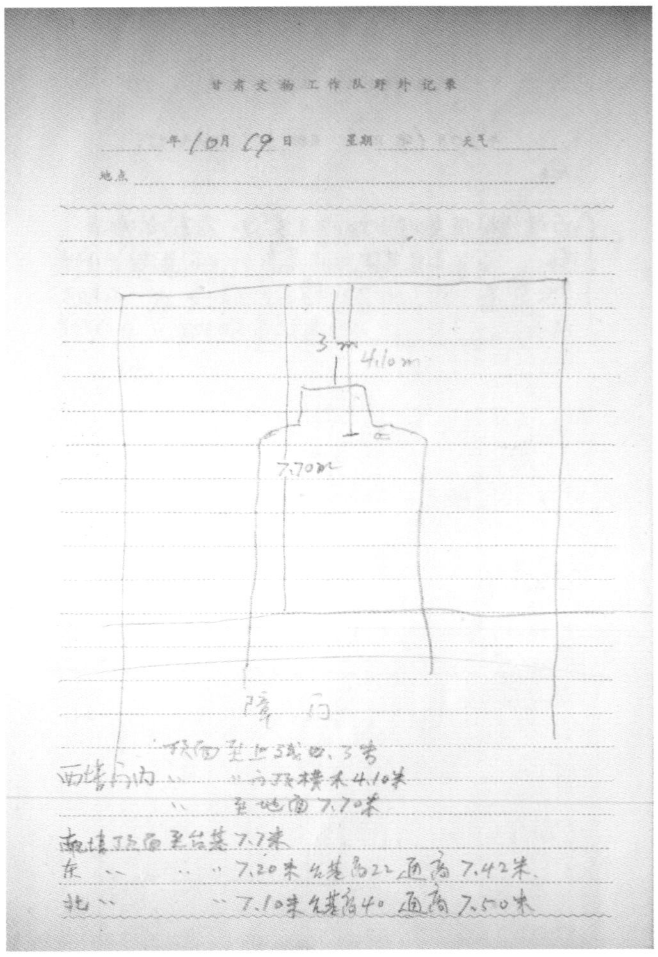

任步雲地灣發掘日記九（1986年10月19日）

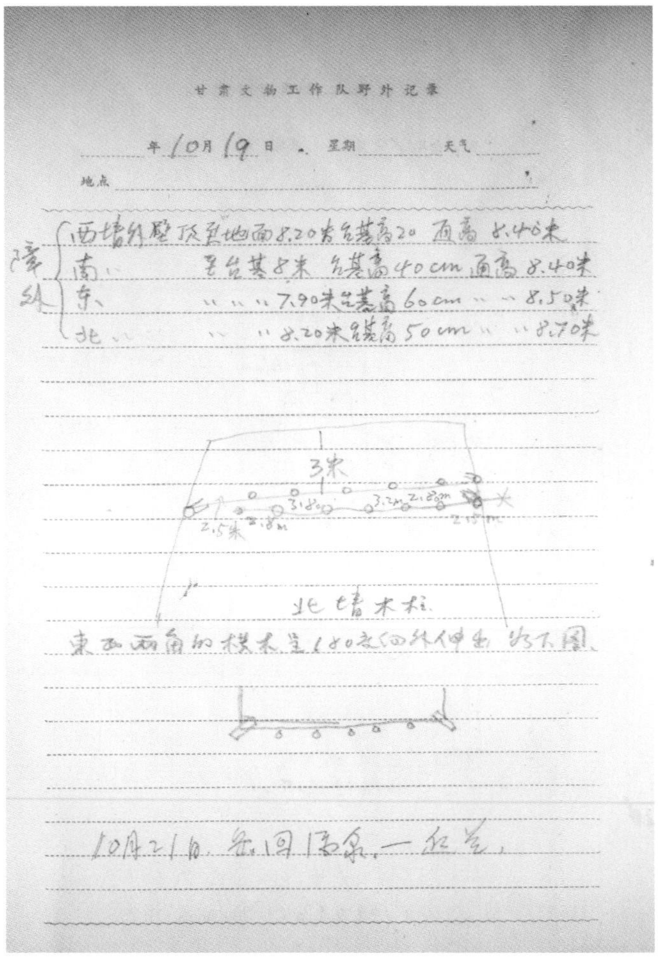
甘肅文物工作隊野外記錄
年10月19日

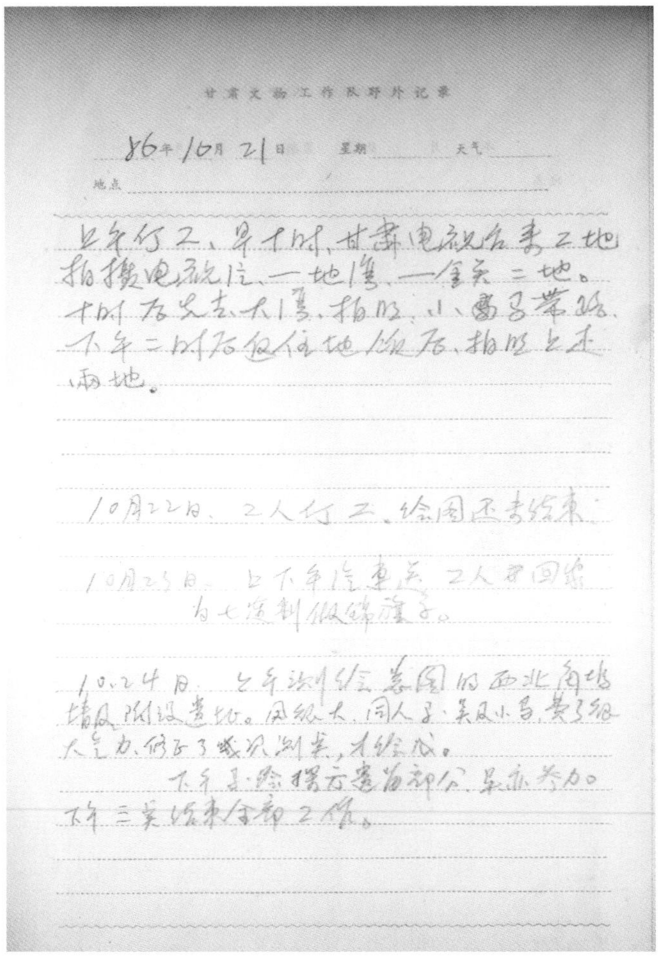
甘肅文物工作隊野外記錄
86年10月21日

任步雲地灣發掘日記十（1986年10月19—24日）

86年10月19日

障外西牆外壁頂至地面8.20米，臺基高20，通高8.40米
障外南牆外壁頂至臺基8米，臺基高40cm，通高8.40米
障外東牆外壁頂至臺基7.90米，臺基高60cm，通高8.50米
障外北牆外壁頂至臺基8.20米，臺基高50cm，通高8.70米

東西兩角的橫木呈180度向外伸出，如下圖。

86年10月21日

岳回酒泉，——返蘭。

1986年10月21日

上午停工，早十時，甘肅電視臺來工地拍攝電視片，— 地灣 — 金關二地。十時後先去大灣拍照，小馬帶路。下午二時後返住地，飯後拍照上述兩地。

10月22日

工人停工，繪圖還未結束。

10月23日

上下午汽車送工人回家，爲七連製做錦旗字。

10月24日

上午測繪總圖的西北角塢牆及附設遺址。風很大，同人馬、吳及小馬，費了很大力氣，修正了幾次測點才繪成。
下午馬繪探方遺留部分，吳亦參加，下午三點結束全部工作。

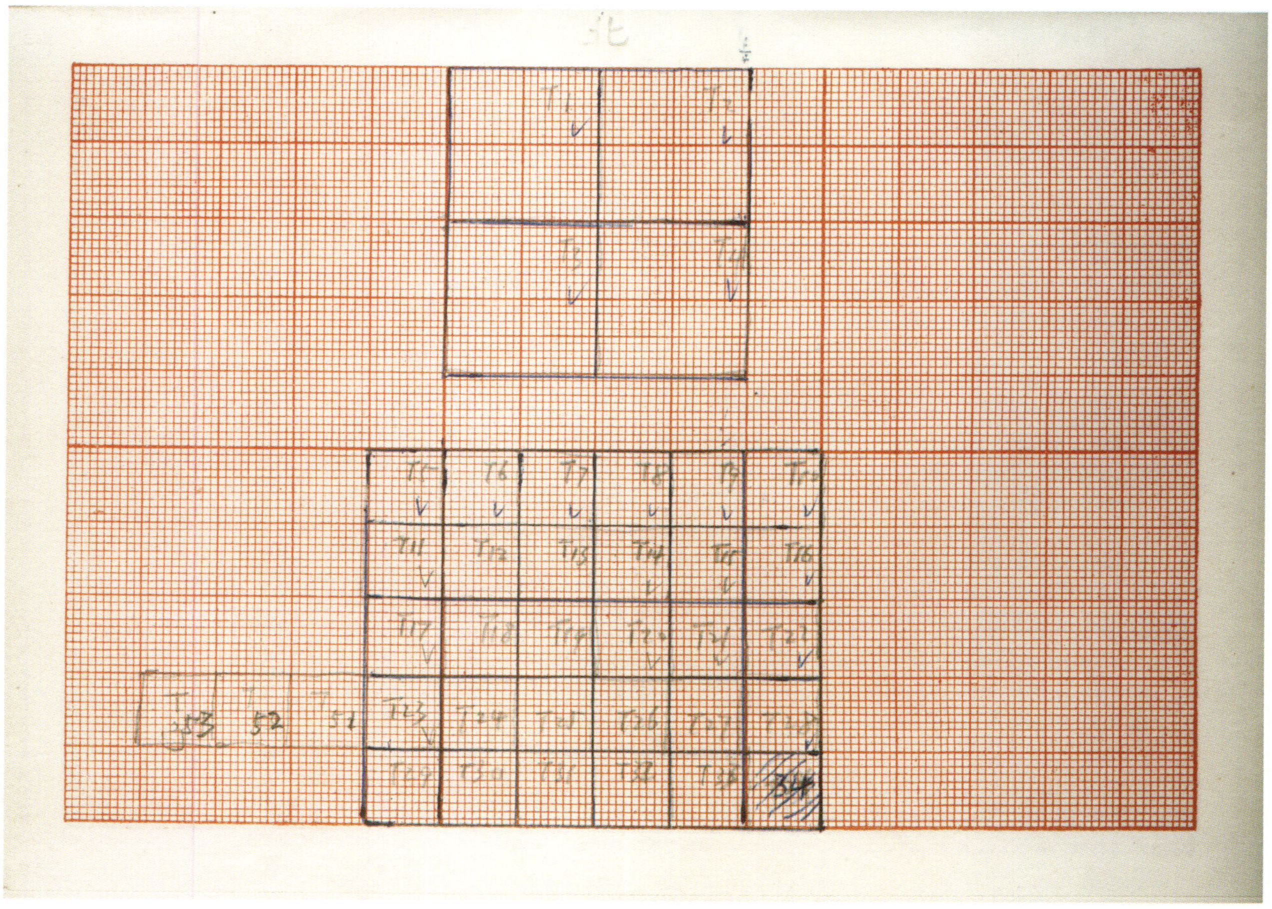

任步雲地灣發掘日記十一

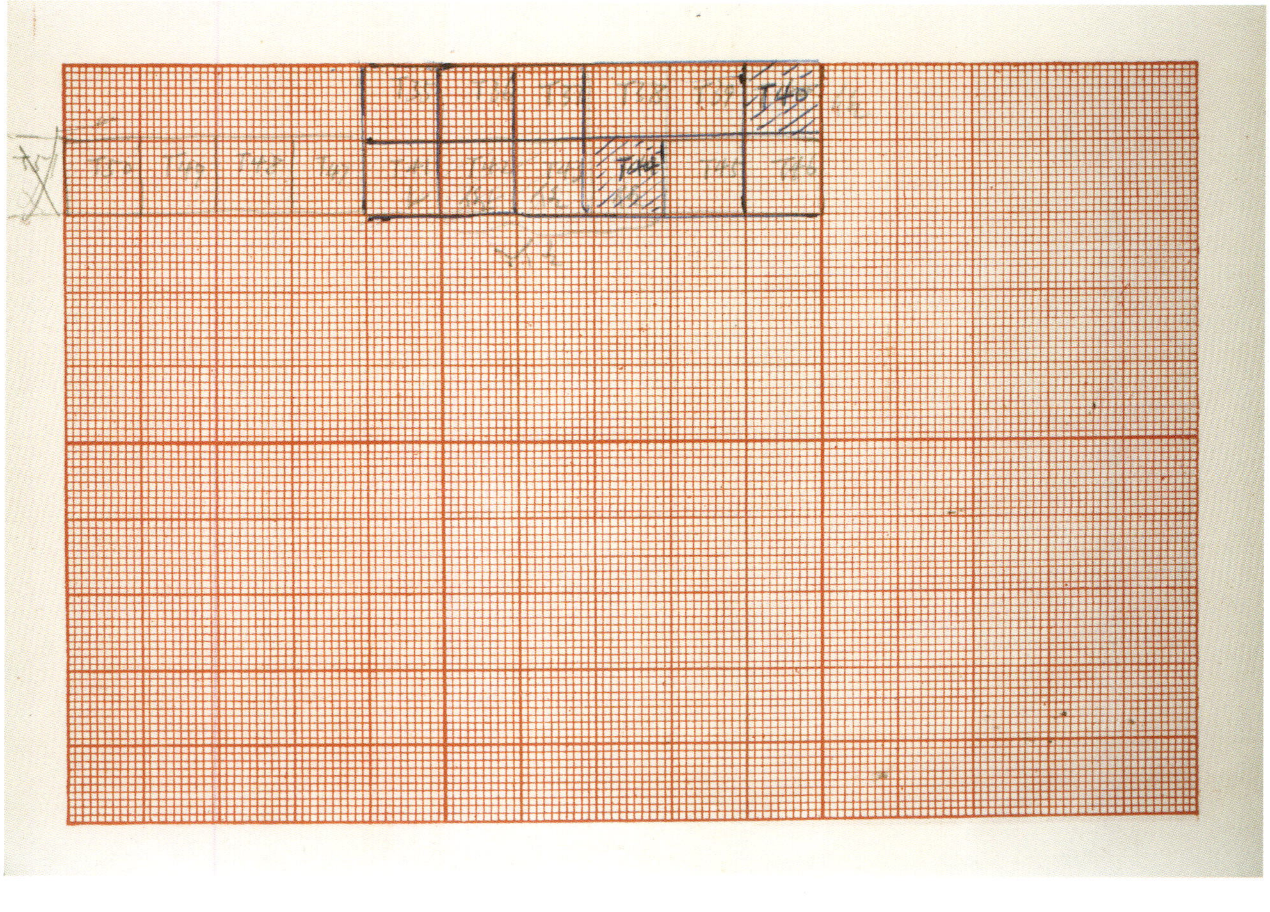

任步雲地灣發掘日記十二

簡牘形制尺寸表

簡號	長度	寬度	厚度	質地	完殘狀況	備注
86EDT1:1	23	2.5	0.5	木	完整	甘露三年
86EDT1:2	23.1	2.3	0.4	木	完整	初元元年
86EDT1:3	13.5	2.4	0.2	木	上殘	
86EDT1:4	21	1.2	0.4	木	殘缺	
86EDT1:5	16.4	1.1	0.4	木	上殘，左下略殘	
86EDT1:6+12	22.5	1.2	0.3	木	下殘	
86EDT1:7	14.1	1.2	0.4	木	下殘	
86EDT1:8	15.5	1	0.5	木	上、下殘	
86EDT1:9	7.2	1.1	0.3	木	下殘	
86EDT1:10	8.5	1.1	0.4	木	上、下殘	
86EDT1:11	6.9	1.1	0.4	木	上殘	
86EDT1:13	14	0.4	0.7	木	上、下殘	
86EDT1:14	8.1	0.4	0.2	木	上殘、斷裂已粘合	
86EDT1:15	6.2	1.7	0.4	木	下殘	
86EDT1:16	6.8	1.5	0.5	木	下殘	
86EDT1:17	5.4	1.4	0.4	木	左下側殘、下殘	
86EDT1:18	15	2	0.2	木	上、左下、下殘	
86EDT1:19	11.9	2	0.2	木	左上、右側、下殘	
86EDT1:20	15.4	1.7	0.6	木	左上、下殘	
86EDT1:21	11.7	1.7	0.5	木	上、下殘	
86EDT1:22	10.6	1.7	0.5	木	左上側、上殘	
86EDT1:23	7	1.5	0.6	木	上、下殘	
86EDT1:24	7.8	1.5	0.4	木	左上、下殘	
86EDT1:25	5.8	1.4	0.6	木	上、下殘、中下（竪向）開裂	
86EDT1:26	8.4	1	0.5	木	上、下、左側、右側殘	
86EDT2:1	17.2	1.2	0.2	木	左側、下殘	
86EDT2:2	10	1.1	0.5	木	上殘、斷裂已粘合	
86EDT2:3	9.5	1.2	0.4	木	上殘	
86EDT2:4	12	1	0.4	木	左上側、下殘	河平元年
86EDT2:5	5.7	2	0.3	木	上殘、左側開裂	
86EDT2:6	14.1	3	0.6	木	完整	
86EDT2:7	7.7	1.1	0.2	木	下殘	

簡號	長度	寬度	厚度	質地	完殘狀況	備注
86EDT2:8	6.5	1.1	0.5	木	下殘，下端焦黑	
86EDT2:9	17	1	0.4	木	上、下殘	
86EDT2:10	6	1.2	0.2	木	上、右下殘	
86EDT2:11	4.8	1.2	0.2	木	下殘、斷裂已粘合	
86EDT2:12	6.5	1.2	0.4	木	上殘、斷裂已粘合	
86EDT2:13	2.9	1	0.2	木	上殘	
86EDT2:14	3.1	1.2	0.4	木	上、下殘	
86EDT2:15	4.2	1	0.2	木	上、下殘	
86EDT3:1	13.1	1.4	0.3	木	下殘	
86EDT3:2	6.5	1.2	0.2	木	下殘	
86EDT3:3	11	1.5	0.1	木	上、左側、下殘，斷裂已粘合	
86EDT4:1	6	1.8	0.2	木	下殘	
86EDT4:2	6.4	1	0.3	木	下殘	
86EDT4:3	4.1	1	0.2	木	上、右側、下殘	
86EDT4:4	4.6	1.2	0.4	木	下殘	
86EDT4:5	4	1.1	0.2	木	下殘	
86EDT4:6	4.7	1.5	0.1	木	削衣	
86EDT4:7	2.3	1	0.2	木	上、下殘	
86EDT4:8	8	1.1	0.4	木	左上、下殘	
86EDT4:9	5.4	1	0.4	木	上、下殘	
86EDT4:10	7.0	1.1	0.2	木	下殘、斷裂已粘合	
86EDT5:1	4.9	1.3	0.5	木	下殘	
86EDT5:2	5	1.3	0.4	木	下殘	
86EDT5:3	4.4	1	0.2	木	上殘	
86EDT5:4	5.2	1.3	0.3	木	下殘、上端（竪向）開裂	
86EDT5:5	4.3	1	0.3	木	上殘、表面（竪向）開裂	
86EDT5:6	3.7	1.1	0.2	木	下殘	
86EDT5:7	3.4	1.2	0.3	木	上、下殘	
86EDT5:8	5.5	1	0.4	木	上、下殘，上端開裂	
86EDT5:9	5.9	1	0.2	木	上、下殘	
86EDT5:10	3.8	0.9	0.4	木	下殘	
86EDT5:11	5.1	1	0.3	木	上、下殘	

簡號	長度	寬度	厚度	質地	完殘狀況	備注
86EDT5:12	5.3	1.1	0.1	木	下殘	
86EDT5:13	2.7	1	0.2	木	上、下殘	
86EDT5:14	2	1	0.2	木	上、下殘	
86EDT5:15	2.2	0.9	0.3	木	下殘	
86EDT5:16	6.2	0.7	0.2	木	上、下殘	
86EDT5:17	10.9	1	0.3	木	上殘	
86EDT5:18	17.3	0.7	0.3	木	上、下、右側殘	
86EDT5:19	6.5	1.2	0.2	木	上、下殘	
86EDT5:20	4.1	1.6	0.1	木	削衣	
86EDT5:21	2	1.5	0.1	木	削衣	
86EDT5:22	4.2	0.9	0.1	木	削衣	
86EDT5:23	5.3	0.9	0.1	木	削衣	
86EDT5:24	2.7	1	0.1	木	削衣	
86EDT7:1	23.5	3.6	0.5	木	右上開裂	
86EDT7:2	22.8	2	0.4	木	右下開裂	始元六年
86EDT7:3	18.3	2.4	0.3	木	完整	
86EDT7:4	23.8	0.7	0.3	木	左側、右側殘	建武三年
86EDT7:5	19.4	1.3	0.3	木	上殘，斷裂已粘合	
86EDT7:6	24.1	1.3	0.3	木	右下殘	
86EDT7:7	15.5	1.1	0.3	木	上殘	
86EDT7:8	12.7	1.3	0.3	木	上、下殘	
86EDT7:9	13	1.3	0.2	木	下殘	
86EDT7:10	9.1	2.1	0.3	木	上殘，斷裂已粘合	
86EDT7:11	9.2	0.8	0.4	木	下殘	
86EDT7:12	11.2	1	0.3	木	上殘，右下開裂	
86EDT7:13	14	1	0.3	木	下殘	
86EDT7:14	6.8	1	0.1	木	上、下殘	
86EDT7:15	8.1	1.2	0.2	木	下殘	
86EDT7:16	4.7	1.5	0.3	木	右上、下殘，斷裂已粘合	
86EDT7:17+24	4.5	1	0.3	木	上、下殘，斷裂已粘合	
86EDT7:18	10	2	0.1	木	上殘	
86EDT7:19	4.9	1	0.2	木	上、下殘	
86EDT7:20	6	1	0.3	木	上、下殘	
86EDT7:21	4.5	0.8	0.5	木	上、下、左側、右側殘	
86EDT7:22	3	1	0.1	木	下殘	黄龍元年
86EDT7:23	4	1.5	0.5	木	下殘	
86EDT7:25	5.6	2.2	0.3	木	下殘	
86EDT7:26	6.2	1.1	0.2	木	上、下殘	
86EDT7:27	3.2	0.7	0.2	木	上、下、右側殘	
86EDT7:28	7	1.2	0.2	木	上、下、表面殘	
86EDT7:29	4.4	1.2	0.2	木	上、右側殘	
86EDT7:30	6.5	0.8	0.2	木	下殘	
86EDT7:31	6.2	1.1	0.2	木	上、下殘	
86EDT7:32	5.1	1.2	0.3	木	右側、下殘	
86EDT7:33	7.5	1.7	0.2	木	上殘	
86EDT7:34	8.4	1.1	0.2	木	上、右側殘	
86EDT7:35	5	0.8	0.2	木	右側、下殘	
86EDT7:36	4.2	0.5	0.3	木	上、下、右側殘	
86EDT7:37	4.5	1.1	0.3	木	上、下殘，開裂	
86EDT7:38	4	1	0.3	木	上、下殘，斷裂已粘合	
86EDT8:1	5.1	3.5	0.3	木	下殘	
86EDT8:2+26	15.9	1	0.3	木	下殘	河平二年
86EDT8:3	22.8	1	0.2	木	左側、右側殘	
86EDT8:4	18.2	1.1	0.3	木	左側略殘	
86EDT8:5	22.8	1.3	0.2	木	上端斷裂已粘合，左側略殘	
86EDT8:6	10.2	1	0.5	木	上、下、左側殘	
86EDT8:7	11	0.7	0.3	木	上、下、右側殘	
86EDT8:8	4.6	1.1	0.3	木	下殘	
86EDT8:9	17	0.8	0.3	木	上、下、左側、右側殘	
86EDT8:10	20.2	1	0.2	木	下殘	
86EDT8:11	22.2	1.6	0.4	木	上殘，右側略殘，上部多處開裂	
86EDT8:12	6	1	0.3	木	上、下殘	
86EDT8:13	7	1	0.3	木	下殘	
86EDT8:14	8.8	1.5	0.3	木	上、下、左側殘	

簡號	長度	寬度	厚度	質地	完殘狀況	備注
86EDT8:15	10	1	0.3	木	上、下殘	
86EDT8:16	8	1.3	0.2	木	上殘	
86EDT8:17	3.7	1.7	0.2	木	上、下殘	
86EDT8:18	3.7	1.2	0.3	木	上、下殘	
86EDT8:19	5.4	1.2	0.3	木	下殘	
86EDT8:20	5.5	1	0.1	木	下殘	
86EDT8:21	12.2	1.1	0.3	木	上、下殘	
86EDT8:22	5	1	0.3	木	上、下殘	
86EDT8:23	10.6	1.1	0.3	木	下殘	
86EDT8:24	6.4	0.9	0.3	木	上、下、左側殘	
86EDT8:25	5.5	1	0.2	木	上、左側殘	
86EDT8:27	5.3	1	0.3	木	上、左下殘	
86EDT8:28	6.3	1	0.2	木	上、下殘	
86EDT8:29	4.5	1.1	0.2	木	上、下殘	
86EDT8:30	7	1.1	0.2	木	上、下殘	
86EDT8:31	5.5	1.1	0.2	木	下殘、左側略殘	
86EDT8:32	3.5	0.9	0.3	木	下、左側殘	
86EDT8:33	5.7	5.8	0.3	木	上、下、左側、右側殘	
86EDT8:34	2.5	1.1	0.2	木	上、下、左側殘	
86EDT8:35	5	1.1	0.3	木	上、下殘	
86EDT8:36	5.9	0.8	0.2	木	右側、下殘	
86EDT8:37	4.2	1.2	0.2	木	上、下、右側殘	
86EDT8:38	5.4	1	0.4	木	上、左側、右側殘	
86EDT8:39	5.5	1	0.3	木	上、下殘	
86EDT8:40	6	0.7	0.3	木	上、下、左側殘	
86EDT8:41	3.8	1.1	0.3	木	上、下殘	
86EDT8:42	4.7	0.7	0.2	木	上、下、左側、右側殘	
86EDT8:43	5.5	1.1	0.3	木	上殘	
86EDT8:44	3.5	1.1	0.3	木	下殘	
86EDT8:45	4.2	1.1	0.3	木	上殘	
86EDT8:46	6	0.5	0.2	木	下、左側、右側殘	
86EDT8:47	4	0.8	0.2	木	上、下、右側殘	

簡號	長度	寬度	厚度	質地	完殘狀況	備注
86EDT8:48	2.6	1	0.2	木	上、下殘	
86EDT8:49	2.1	1	0.2	木	上、下殘	
86EDT8:50	5.1	0.8	0.2	木	上、下、左側、右側殘	
86EDT8:51	6	0.9	0.3	木	上殘、下殘	
86EDT8:52	4	1	0.4	木	上、下、左側、右側殘	
86EDT8:53	3.8	0.7	0.2	木	上、下、左側、右側殘	
86EDT8:54	7.4	1.1	0.2	木	上殘	
86EDT8:55	3.7	1.9	0.5	木	上、下殘	
86EDT8:56	4.0	1	0.2	木	上、下、左側、右側殘	
86EDT8:57	3.2	1	0.3	木	上、下殘	
86EDT8:58	3	2.3	0.1	木	削衣	
86EDT8:59	6.2	0.8	0.2	木	上、下、右側殘	
86EDT8:60	4.7	1.2	0.2	木	上、下殘	
86EDT8:61	2.8	0.8	0.2	木	上、下殘	
86EDT8:62	2.8	0.7	0.2	木	上、下殘	
86EDT8:63	4	0.5	0.2	木	上、下、左側殘	
86EDT8:64	7	0.7	0.4	木	下、左側殘	
86EDT8:65	5.8	0.5	0.5	木	下、左側、右側殘	
86EDT8:66	6	1	0.3	木	下、左側殘	
86EDT9:1	12	1.1	0.3	木	上、下殘	
86EDT9:2	9	1	0.2	木	上殘、右下開裂	
86EDT9:3	7.1	0.8	0.3	木	上、下、左側、右側殘	
86EDT9:4	5.7	1	0.2	木	上、下殘	
86EDT9:5	6.3	1.2	0.3	木	上、下殘，下部表面開裂	
86EDT9:6	5.1	1.3	0.3	木	上、下殘	
86EDT9:7	4.9	0.7	0.3	木	上、下、右側殘	
86EDT9:8	4	1	0.3	木	上、下殘	
86EDT9:9	4.2	1.7	0.1	木	削衣	
86EDT10:1	14	1.1	0.3	木	下、表面殘	
86EDT10:2	4	1.1	0.3	木	上、下殘	
86EDT10:3	2.6	0.8	0.2	木	上、下殘	
86EDT10:4	5	1	0.2	木	上、下殘	

簡號	長度	寬度	厚度	質地	完殘狀況	備注
86EDT10:5	6.8	1.9	0.3	木	上、下、右側殘	
86EDT10:6	8.5	1.4	0.4	木	下、右側殘	
86EDT10:7	3.2	0.7	0.2	木	上、下、右側殘	
86EDT10:8	3.7	1.1	0.3	木	上、下殘	
86EDT10:9	3	1	0.3	木	上、下殘	
86EDT10:10	4.6	1	0.3	木	上、下、左側殘	
86EDT10:11	4.1	0.9	0.2	木	下殘，斷裂已粘合	
86EDT10:12	4.5	1	0.3	木	上、下殘	
86EDT10:13	3.7	1	0.2	木	下殘	
86EDT10:14	4.3	1	0.2	木	下殘	
86EDT10:15	5.5	1	0.3	木	上、下殘	
86EDT10:16	3.5	0.9	0.2	木	上、下殘	
86EDT10:17	3.5	1.6	0.3	木	上、下殘，左側開裂	
86EDT10:18	1.5	1	0.3	木	上、下殘	
86EDT14:1	18.1	1	0.1	竹	上殘，下部有裂縫	
86EDT14:2	13.5	1	0.2	木	下殘	
86EDT14:3	11	1.1	0.2	木	下殘	
86EDT14:4	5.5	1	0.3	木	上、下殘	
86EDT14:5	3	1.1	0.2	木	下殘	
86EDT14:6	7	1.1	0.4	木	上、下殘	
86EDT15:1	7.4	1.5	0.2	木	上、下殘，斷裂已粘合	
86EDT15:2	10.1	3.1	0.4	木	上、下殘，表面多處裂縫	建始四年
86EDT15:3	4.5	1.6	0.1	木	下殘	元鳳六年
86EDT15:4	2.2	1	0.3	木	上、下殘	
86EDT15:5	3.3	1	0.3	木	上、下殘	
86EDT15:6	3	1.5	0.2	木	下殘	
86EDT15:7	3.3	1	0.3	木	上、下殘	
86EDT15:8	5	1.1	0.2	木	上、右側殘	
86EDT16:1	8.2	1.5	0.2	木	上、下殘	
86EDT16:2	16	1.1	0.2	木	上殘	
86EDT16:3	10.5	1.4	0.2	木	上、下、左側殘	
86EDT16:4	6.5	1.2	0.2	木	上、下殘	

簡號	長度	寬度	厚度	質地	完殘狀況	備注
86EDT16:5	9.9	1.3	0.3	木	下殘	
86EDT16:6	4.6	1	0.2	木	上、下、左側殘	
86EDT16:7	8.3	1.3	0.2	木	上、下、左側殘	
86EDT16:8	5.4	1	0.2	木	下殘，上部有裂縫	
86EDT16:9	19	2.2	0.3	木	上、下、左側、右側殘	
86EDT16:10	8.3	1.2	0.2	木	上、下殘	
86EDT16:11	6.6	1.4	0.2	木	下殘	元康二年
86EDT16:12	2.8	1.1	0.2	木	下殘	
86EDT16:13	5.3	1	0.2	木	上、下、右側殘	
86EDT16:14	3.2	0.8	0.3	木	下、左側殘	
86EDT16:15	4	1.1	0.2	木	上、下殘	
86EDT16:16	6.2	0.5	0.2	木	上、下、左側、右側殘	
86EDT16:17	4.4	1	0.2	木	上、下殘	
86EDT16:18	5.4	1.1	0.3	木	下殘	
86EDT16:19	4	0.9	0.2	木	下、左側殘	
86EDT16:20	4	1	0.3	木	上、下殘	
86EDT16:21	3.1	1.1	0.2	木	上、下殘	
86EDT16:22	4.3	0.5	0.3	木	下、右側殘	
86EDT16:23	3.3	0.9	0.2	木	上、下殘	
86EDT16:24	3.5	1.2	0.4	木	上、下殘	
86EDT16:25	3.2	0.9	0.2	木	上、下殘	
86EDT16:26	3.6	0.5	0.2	木	下、右側殘	
86EDT16:27	3.5	0.5	0.2	木	上、下、左側、右側殘	
86EDT16:28	2.8	0.8	0.2	木	上、下殘	
86EDT16:29	2.2	0.6	0.2	木	上、下殘	
86EDT16:30	3.5	0.7	0.2	木	上、下、左側、右側殘	
86EDT16:31	5.6	0.6	0.2	木	上、下、左側殘	
86EDT16:32	3.5	1	0.2	木	上、下、右側殘	
86EDT16:33	2.8	0.9	0.1	木	上殘	
86EDT16:34	2.3	1	0.1	木	下殘	
86EDT16:35	1.5	1	0.2	木	上、下殘	
86EDT16:36	6	1	0.2	木	上、下、左側、右側殘	

簡號	長度	寬度	厚度	質地	完殘狀況	備注
86EDT22:1	15.5	3.7	0.5	木	右上、左側、下殘，表面開裂	
86EDT22:2	14	1.3	0.2	木	上殘	
86EDT22:3	5.3	0.7	0.2	木	上、下殘	
86EDT22:4	4.7	0.9	0.2	木	上、下殘	
86EDT22:5	4.3	0.9	0.2	木	下殘	地節四年
86EDT22:6	7.3	1	0.4	木	上、下殘	
86EDT22:7	14.5	1	0.3	木	上、下殘	
86EDT22:8	4.9	1.4	0.3	木	下、右側殘	
86EDT22:9	8.1	1.1	0.3	木	下殘	
86EDT22:10	4.5	1.3	0.2	木	下、右側殘，右上開裂	
86EDT22:11+12	6	1.2	0.3	木	上、下殘	
86EDT22:13	4.8	1.2	0.4	木	下殘	
86EDT22:14	2.3	1	0.2	木	上殘	
86EDT22:15	4.6	1.1	0.3	木	上殘	
86EDT22:16	4.3	1.1	0.3	木	上殘	
86EDT22:17	8	0.8	0.4	木	上、下、左側、右側殘	
86EDT22:18	3.8	1	0.2	木	右上、下殘，斷裂已粘合	
86EDT22:19	2.3	0.8	0.2	木	上殘、下殘，斷裂已粘合	
86EDT22:20	2.4	1.2	0.2	木	上、下殘	
86EDT28:1	11.6	1	0.3	木	下殘	
86EDT28:2	11.5	0.6	0.3	木	上、下殘	
86EDT28:3	6.9	1	0.5	木	下殘	
86EDT28:4	8	1	0.3	木	下殘	
86EDT28:5	4.5	1	0.3	木	下殘	
86EDT28:6	4.4	1	0.2	木	上、下殘	
86EDT28:7	7.7	1	0.2	木	上、下殘	
86EDT28:8	6.8	0.9	0.4	木	上殘	
86EDT28:9	6.2	2.3	0.3	木	上、下、左側殘	
86EDT28:10	1.8	1	0.3	木	上、下殘	
86EDT28:11	2.3	0.7	0.3	木	上、下殘	
86EDT28:12	6.4	1.2	0.2	木	上、下、左側、右側殘	
86EDT28:13	2.8	0.8	0.3	木	上、下殘	

簡號	長度	寬度	厚度	質地	完殘狀況	備注
86EDT34:1	14.6	2.7	0.3	木	完整	
86EDT34:2	13.5	2.5	0.4	木	上、下殘	
86EDT34:3	9.8	2.4	0.5	木	上、下、左側殘	
86EDT34:4	7.8	1.6	0.4	木	上、下殘	
86EDT34:5	7.4	1.1	0.3	木	上殘	
86EDT34:6	5.6	1.2	0.2	木	上、下殘	
86EDT34:7	7.7	1	0.2	木	上、下殘	
86EDT34:8	9.4	2	0.4	木	上、下殘	
86EDT34:9	3.8	1	0.2	木	上、下殘	
86EDT34:10	6.7	0.7	0.5	木	上、下、右側殘	
86EDT34:11	3.5	1	0.2	木	上、下殘	
86EDT40:3+1+5+4	23.5	3.4	0.4	木	上、左側、右側殘	
86EDT40:2	18.8	1	0.2	木	上殘	
86EDT40:6	6.7	1.1	0.1	木	下、左側殘	
86EDT40:7	5.3	1.3	0.2	木	上、下殘	
86EDT40:8	3.2	1.2	0.2	木	上、下殘	
86EDT40:9	2.4	1.1	0.3	木	下殘	
86EDT40:10	2	1.1	0.2	木	下殘	
86EDT40:11	4.1	2.5	0.1	木	削衣	
86EDT40:12	1.1	0.8	0.1	木	削衣	
86EDT40:28+13	4.2	1.2	0.1	木	削衣	
86EDT40:14	1.8	0.9	0.1	木	削衣	
86EDT40:15	2.1	1.4	0.1	木	削衣	
86EDT40:16	2	1	0.1	木	削衣	
86EDT40:17	2.5	1.2	0.1	木	削衣	
86EDT40:18	2.2	0.7	0.1	木	削衣	
86EDT40:19	3.2	0.7	0.1	木	削衣	
86EDT40:20	3.5	1.7	0.1	木	削衣	
86EDT40:21	4.5	0.8	0.1	木	削衣	
86EDT40:22	1.3	0.9	0.1	木	削衣	
86EDT40:30+23	3.5	2	0.1	木	削衣	

簡號	長度	寬度	厚度	質地	完殘狀況	備注
86EDT40:24	3.2	1	0.1	木	削衣	
86EDT40:25	1.3	0.6	0.1	木	削衣	
86EDT40:26	1.5	0.6	0.1	木	削衣	
86EDT40:27	3.5	1.5	0.1	木	削衣	
86EDT40:29	1.1	1	0.1	木	削衣	
86EDT40:31	1.1	0.3	0.1	木	削衣	
86EDT40:32	1.3	0.8	0.1	木	削衣	
86EDT40:37+33	2.4	0.9	0.1	木	削衣	
86EDT40:34	1.2	0.5	0.1	木	削衣	
86EDT40:35	1.5	0.8	0.1	木	削衣	
86EDT40:36	1.5	1.1	0.1	木	削衣	
86EDT40:38	0.8	0.4	0.1	木	削衣	
86EDT42:1	23.7	0.5	0.2	木	上、左側殘	
86EDT42:2	11.6	1	0.2	木	下殘，斷裂已粘合	
86EDT42:3	14.5	1.3	0.6	木	上殘，右側殘裂	
86EDT42:4	5.4	0.8	0.3	木	上、左側殘	
86EDT42:5	3.7	1	0.2	木	上、下殘	
86EDT42:6	3.4	1	0.4	木	上、下、表面殘	
86EDT42:7	3.2	0.9	0.1	木	削衣	
86EDT42:8	2.5	1	0.3	木	上、下殘	
86EDT42:9	3	1.1	0.2	木	上、下、右側殘	
86EDT42:10	3.2	1	0.2	木	下殘	
86EDT42:11	1.2	0.9	0.2	木	削衣	
86EDT43:1	23	1	0.2	木	完整，斷裂已粘合	
86EDT43:2	7.7	0.6	0.2	木	下殘	
86EDT43:3	6.4	1.2	0.2	木	上殘	
86EDT43:4	6.2	1.2	0.3	木	上、下殘	
86EDT43:5	3.8	1	0.2	木	上、下殘	
86EDT43:6	6.4	1	1	木	下殘	
86EDT43:7	5.8	1.3	0.3	木	上、下殘	
86EDT43:8	6.8	1.1	0.3	木	上、下、左側殘	
86EDT43:9	4	1	0.2	木	上、下殘	
86EDT43:10	10.7	0.9	0.4	木	上、下殘，斷裂已粘合	
86EDT43:11	2.7	0.7	0.4	木	上、下、左側殘	
86EDT43:12	2.5	1	0.3	木	下殘	
86EDT43:13	1.5	1	0.2	木	下殘	
86EDT43:14	3.3	1	0.1	木	削衣	
86EDT44:1	13.8	1	0.3	木	下殘，下部開裂	
86EDT44:2	14	0.9	0.3	木	上、右下殘	
86EDT44:3	8.1	1	0.2	木	上、下殘	
86EDT44:4	12.8	0.9	0.2	木	上殘	
86EDT44:5	11.5	1.1	0.2	木	下殘	
86EDT44:6	9.5	1	0.3	木	下殘	
86EDT46:1	6	0.9	0.3	木	上、下、右側殘	
86EDT46:2	6.2	1.1	0.2	木	上、下殘	
86EDT46:3	5	1.1	0.2	木	上、下殘	
86EDT65:1	22.7	2.5	0.3	木	左上略殘	陽朔元年
86EDT65:2	17.5	1.3	0.4	木	上殘	
86EDT65:3	6.4	1.2	0.2	木	下殘	
86EDT65:4	12.1	1.2	0.4	木	左上、下殘	
86EDT65:5	5.5	1	0.4	木	上、下、右側殘	
86EDT65:6	2.5	0.9	0.2	木	上、下殘	
86EDT65:7	7.1	1.1	0.4	木	左側、下殘	
86EDT65:8	7	1	0.4	木	上、右側殘	
86EDT65:9	6	1	0.4	木	上殘	
86EDT65:10	3.3	1	0.2	木	上、下殘	
86EDT65:11	5.7	0.9	0.3	木	上、下殘	
86EDT65:12	4.8	0.7	0.2	木	上、下殘	
86EDT65:13	9.1	2	0.4	木	下殘	
86EDT65:14	12.8	1.3	0.4	木	上殘	
86EDT65:15	7.5	2	0.5	木	上、下、左側殘	
86EDT65:16	4.7	1	0.2	木	上、下殘	
86EDT65:17	2.7	0.9	0.2	木	下殘	
86EDT65:18	3	0.9	0.2	木	上、下殘	

簡號	長度	寬度	厚度	質地	完殘狀況	備注
86EDT65:19	2.3	1.3	0.3	木	上、下殘	
86EDT65:20	8.4	0.8	0.2	木	上、下、左側、右側殘	
86EDT79:1	18.8	1	0.3	木	上殘，上部開裂	
86EDT79:2	6.4	0.7	0.2	木	上、下、左側殘	
86EDT79:3	5.3	0.6	0.2	木	上、下殘	
86EDT79:4	14.3	3	0.3	木	左上略殘、下殘	
86EDT79:5	14	1.4	0.3	木	下殘	
86EDH:1	12.6	0.9	0.4	木	上殘，斷裂已粘合	
86EDH:2	4.4	1	0.2	木	上、下殘	
86EDH:3	14.2	2.5	0.3	木	下殘，下端焦黑	
86EDH:4	3.7	1.5	0.3	木	上、下、左側、右側殘，表面開裂	
86EDH:5	4.2	0.9	0.2	木	下殘	
86EDH:6	5.6	1.2	0.2	木	左側、右側、下殘	
86EDH:7	11.2	1.2	0.2	木	上、左側、右側殘	
86EDH:8	3.7	1.1	0.2	木	上、下殘	
86EDH:9	4.8	1.2	0.2	木	上、下殘	
86EDH:10	6.9	1	0.2	木	右上、下殘	
86EDH:11	7.2	1	0.2	木	上、下殘	
86EDH:12	5.5	0.8	0.2	木	上、下殘	
86EDH:13	3.3	1.1	0.1	木	上、下殘，斷裂已粘合	
86EDH:14	5	0.8	0.3	木	上、下殘，斷裂已粘合	
86EDH:15	3.4	1	0.3	木	下殘	
86EDH:16	4	1.1	0.2	木	下殘	
86EDH:17	2.6	0.9	0.3	木	下殘	
86EDH:18	2.2	0.7	0.2	木	下殘	
86EDH:19	4.5	1	0.2	木	上、下殘	
86EDH:20	2.8	0.9	0.2	木	上、下殘	
86EDH:21	3	0.7	0.3	木	上、下殘	
86EDH:22	3.9	0.9	0.2	木	上、下殘	
86EDH:23	5.7	1	0.2	木	上、下、左側、右側殘	
86EDH:24	2.1	0.4	0.2	木	上、下殘	
86EDH:25	9.5	0.5	0.2	木	左側、下殘	

簡號	長度	寬度	厚度	質地	完殘狀況	備注
86EDH:26	4.7	0.9	0.2	木	右側、下殘	
86EDH:27	2.7	0.9	0.2	木	右上、下殘	
86EDH:28	2.1	1	0.2	木	下殘	
86EDH:29	4.7	0.7	0.3	木	右側、下殘	
86EDH:30	1.5	0.8	0.2	木	上、下、左側、右側殘	
86EDH:31	2.1	0.9	0.2	木	左側、下殘	
86EDHT:1	20.5	3.8	0.5	木	左側殘，斷裂已粘合	
86EDHT:2	18.5	3.2	0.4	木	完整	
86EDHT:3	17.1	2.8	0.2	木	完整	
86EDHT:4	16.1	2.9	0.2	木	完整，表面開裂	
86EDHT:5	23.3	2.5	0.3	木	左下側略殘	
86EDHT:6	16.9	3	0.2	木	完整，斷裂已粘合	初元二年
86EDHT:7	23	1.6	0.2	木	左側、右側殘	
86EDHT:8	23.5	1	0.3	木	左側殘	
86EDHT:9	23.1	1.2	0.3	木	左側、右側殘	
86EDHT:10	10.1	6.6	0.5	木	完整	
86EDHT:11	5.9	0.9	0.2	木	下殘？完整？	
86EDHT:12	22.6	1.4	0.3	木	完整	
86EDHT:13	22.8	2	0.3	木	完整	
86EDHT:14	21	1.9	0.2	木	上殘，斷裂已粘合	
86EDHT:15	16.1	1.9	0.3	木	上、左下側殘，斷裂已粘合	
86EDHT:16	12.9	1.2	0.2	木	下殘	本始五年
86EDHT:17	21.5	1.5	0.2	木	上、左下殘	
86EDHT:18	10.5	2.3	0.3	木	下殘，表面開裂	地節四年
86EDHT:19	14.1	1	0.2	木	上、下殘	
86EDHT:20	21.5	0.9	0.3	木	上、左側殘	
86EDHT:21	17.2	1.1	0.4	木	下殘	
86EDHT:22	14	2	0.05	木	削衣	
86EDHT:23	3.1	3.2	0.05	木	削衣	
86EDHT:24	17.2	2.8	0.5	木	上殘，表面開裂	
86EDHT:25	16.5	1.5	0.3	木	上、下殘	
86EDHT:26	7.8	1	0.3	木	下殘	

簡號	長度	寬度	厚度	質地	完殘狀況	備注
86EDHT:27	7.9	1.1	0.3	木	下殘	
86EDHT:28	8.4	1	0.2	木	上、下殘	本始四年
86EDHT:29	10.2	1.2	0.3	木	上、下殘	
86EDHT:30+31	14	2.5	0.2	木	上、下、右上殘，表面開裂	
86EDHT:32	7	2.6	0.4	木	上、下、右側殘	
86EDHT:33	11.8	1.9	0.2	木	下殘	
86EDHT:34	7.6	1.7	0.2	木	下殘	
86EDHT:35	13.2	1	0.2	木	下、右側殘	
86EDHT:36	16.7	1.1	0.4	木	下殘	
86EDHT:37	8.8	2.5	0.3	木	上、右側殘	
86EDHT:38	6.1	2.7	0.3	木	上、下、左側、右側殘	
86EDHT:39	4.5	1.6	0.2	木	上、下、左側、右側殘	
86EDHT:40	2.3	2.1	0.1	木	上、下、右側殘	
86EDHT:41	8.8	1	0.2	木	下殘，表面開裂	
86EDHT:42	7.5	1.2	0.2	木	上、下殘	
86EDHT:43	6.1	1.6	0.3	木	下殘	
86EDHT:44	6.2	1.5	0.2	木	下殘	
86EDHT:45	13.1	1.1	0.2	木	下殘	
86EDHT:46	10	1.3	0.4	木	上殘	
86EDHT:47	10.5	0.8	0.3	木	上殘	
86EDHT:48	12.4	1.2	0.2	木	上殘，左下角略殘，表面開裂	
86EDHT:49	7.7	1.1	0.3	木	上、下殘	
86EDHT:50	7.7	0.9	0.4	木	下殘	
86EDHT:51	4.9	1	0.4	木	上、下殘	
86EDHT:52	5	0.9	0.2	木	下殘	
86EDHT:53	7.3	1	0.1	木	上、下殘	
86EDHT:54	5.1	1	0.2	木	下殘	
86EDHT:55	5	1.2	0.2	木	下殘	
86EDHT:56	13.4	0.6	0.1	木	上、下、左側、右側殘	
86EDHT:57	7.7	1.1	0.3	木	下、左側殘	地節五年
86EDHT:58	8	0.8	0.1	木	下殘	
86EDHT:59	4.2	1	0.3	木	上殘	
86EDHT:60	5.1	0.9	0.3	木	上、下殘	
86EDHT:61	7.4	1.8	0.4	木	上、下、左側殘	
86EDHT:62	2.5	1.3	0.2	木	下殘	
86EDHT:63	3.4	0.8	0.3	木	上、下、右側殘	
86EDHT:64	9.7	1	0.4	木	上、下殘	
86EDHT:65	8	1.2	0.2	木	上、下殘	
86EDHT:66	9.3	1	0.2	木	上、下殘	本始四年
86EDHT:67	7.7	1	0.3	木	下殘	
86EDHT:68	3	1.8	0.2	木	上、下殘	
86EDHT:69	6.3	1.1	0.3	木	上、下殘	
86EDHT:70	9.2	1	0.3	木	上、下殘	
86EDHT:71	5	0.8	0.2	木	上、下殘	
86EDHT:72	2.1	0.9	0.2	木	上、下殘	
86EDHT:73	7.8	1	0.2	木	下殘	
86EDHT:74	10.5	0.7	0.5	木	下、左側、右側殘	
86EDHT:75	2.2	0.5	0.2	木	上、下、右側殘	
86EDHT:76	3.3	1	0.2	木	上、左側殘	
86EDHT:77	7	1.2	0.5	木	上、下、左側、右側殘	
86EDHT:78	5.7	0.9	0.2	木	下殘	
86EDHT:79	2.8	1.2	0.2	木	下殘	
86EDHT:80	4.5	1.1	0.2	木	上、下殘	
86EDHT:81	6.6	1	0.2	木	上、下、左側殘	
86EDHT:82	11.2	1	0.2	木	上、下殘	
86EDHT:83	3	1.1	0.05	木	上、下殘	
86EDHT:84	5.2	1.3	0.1	木	上、下殘	
86EDHT:85	4	1.5	0.2	木	上、下殘	
86EDHT:86	4.5	1.2	0.1	木	上、下殘	
86EDHT:87	4	1	0.2	木	上殘	
86EDHT:88	2.5	1	0.2	木	下殘	
86EDHT:89	5.5	0.8	0.2	木	上、下殘	
86EDHT:90	1.8	0.9	0.2	木	下、右側殘	
86EDHT:91	5.3	1.2	0.3	木	上殘	本始三年

簡號	長度	寬度	厚度	質地	完殘狀況	備注
86EDHT:92	7	1.2	0.3	木	上、右側殘	
86EDHT:93	8	0.6	0.3	木	上、下、左側、右側殘	
86EDHT:94	3.4	0.8	0.1	木	下、左側、右側殘	
86EDHT:95	4.5	1	0.2	木	上、下殘	
86EDHT:96	3.9	1	0.3	木	上、下殘	
86EDT5H:1	16.5	2.7	0.4	木	右上角略殘、右下角殘，下端有裂縫	
86EDT5H:2	15.5	2.2	0.3	木	下斷殘	
86EDT5H:3	22	1	0.3	木	左上略殘	
86EDT5H:4	23.1	1	0.4	木	完整	
86EDT5H:5	20.4	1.2	0.3	木	上殘	
86EDT5H:6	23.5	1.3	0.4	木	完整	
86EDT5H:7	19.4	1.5	0.3	木	下殘	
86EDT5H:8	21.3	1.1	0.2	木	下殘	
86EDT5H:9+21	22.9	1.6	0.2	木	完整，斷裂已粘合	
86EDT5H:10	20	1.1	0.2	木	下、左側、右側殘	居攝三年
86EDT5H:11	22.6	1	0.2	木	完整	
86EDT5H:12	22.7	1.2	0.2	木	完整	
86EDT5H:13	21	1.3	0.3	木	下殘	
86EDT5H:14+99	22	1.5	0.2	木	左側、右側殘，左側未完全粘合	
86EDT5H:15	22.1	1.2	0.3	木	完整	始建國三年
86EDT5H:16	23	0.8	0.3	木	完整	始建國三年
86EDT5H:17	22.4	0.8	0.3	木	右側殘，下部開裂	
86EDT5H:18	22.7	1	0.2	木	左側、右側殘	
86EDT5H:19	23.1	1.3	0.2	木	完整	
86EDT5H:20	19.5	1.3	0.4	木	上殘	
86EDT5H:22	23.3	0.6	0.3	木	左側殘	
86EDT5H:23	19.5	1	0.4	木	下、左側殘	
86EDT5H:24	16.9	1.1	0.2	木	下殘	
86EDT5H:25	22.5	1	0.3	木	左側、右側殘	
86EDT5H:26	16.4	1	0.2	木	上殘	
86EDT5H:27	13.3	1.1	0.3	木	下殘	
86EDT5H:28	16.1	1.3	0.3	木	下殘	
86EDT5H:29	18.4	1.2	0.2	木	下殘	
86EDT5H:30	17.8	0.9	0.3	木	下殘	
86EDT5H:31	15.7	1.2	0.2	木	下殘	
86EDT5H:32	14	0.8	0.4	木	左側、右側殘	
86EDT5H:33	21.4	1.2	0.2	木	左上略殘	
86EDT5H:34	17	1.2	0.2	木	下殘	
86EDT5H:35	17.3	1.1	0.3	木	上殘	
86EDT5H:36+177	19.7	1.2	0.2	木	下殘	
86EDT5H:195+37	23	1.1	0.2	木	上殘	
86EDT5H:38	15.6	1.1	0.2	木	下、左側、右側殘	
86EDT5H:39	16	1.1	0.3	木	上、下殘	
86EDT5H:40	23	1	0.2	木	下部略殘	
86EDT5H:145+41	23.2	0.7	0.3	木	上、下、左側、右側殘	
86EDT5H:42	22.5	1.1	0.3	木	下端開裂	
86EDT5H:180+43	19.5	1	0.2	木	上、下殘	始建國二年
86EDT5H:44	15.7	1	0.3	木	下、左側殘	
86EDT5H:45	12.2	1.3	0.3	木	下、左側殘	居攝二年
86EDT5H:46	11.7	1.1	0.4	木	上、下殘	
86EDT5H:47	15.5	1.4	0.2	木	下殘	
86EDT5H:48	16.3	1.4	0.2	木	下殘	
86EDT5H:49	17.6	1.4	0.4	木	下殘	
86EDT5H:50	15.9	1.5	0.5	木	下殘，上端開裂	
86EDT5H:111+51	22	0.9	0.2	木	上、下殘	
86EDT5H:52	14.5	1	0.3	木	上殘	
86EDT5H:53	14.3	1.2	0.3	木	下殘	
86EDT5H:54	17.2	1.3	0.3	木	下、右側殘	
86EDT5H:55	15.4	1.2	0.3	木	左上略殘，下殘	
86EDT5H:56	12.8	1.1	0.2	木	下殘	元始六年
86EDT5H:57+78	22.3	1.2	0.3	木	下殘	
86EDT5H:58	17.2	1	0.2	木	右側殘	始建國元年
86EDT5H:59	11.2	1.4	0.2	木	下殘	

簡號	長度	寬度	厚度	質地	完殘狀況	備注
86EDT5H:60	14.5	0.9	0.4	木	上、右側殘	
86EDT5H:61	11.5	1.1	0.2	木	上、下殘	
86EDT5H:62	14.2	1	0.2	木	下、左側、右側殘	
86EDT5H:63	12.9	1	0.2	木	上、下殘	居攝元年
86EDT5H:64	16.7	1.2	0.3	木	上殘	
86EDT5H:65	14	1.2	0.3	木	上殘	
86EDT5H:66	13	1.1	0.2	木	上殘	
86EDT5H:67	13.3	1.4	0.3	木	上、下、左側、右側殘	
86EDT5H:68	14.1	1	0.1	木	下、左側、右側殘	
86EDT5H:69	11.5	1.3	0.2	木	下殘	
86EDT5H:70	10.1	1.2	0.2	木	下殘	
86EDT5H:71	12.8	1	0.3	木	下殘	
86EDT5H:72	10.1	1.3	0.2	木	上、下殘	
86EDT5H:73	10	1.2	0.2	木	下殘	
86EDT5H:74	11.6	1.2	0.2	木	下殘	
86EDT5H:75	12.1	1.3	0.2	木	左上、下殘	
86EDT5H:76	13.3	0.7	0.3	木	上、下、左側、右側殘	
86EDT5H:77	9.8	1.2	0.2	木	下殘	
86EDT5H:79	9.8	1	0.2	木	下、右側殘	
86EDT5H:80	12.3	0.9	0.2	木	下殘	
86EDT5H:81	10.4	1.3	0.2	木	下殘	
86EDT5H:82	9.5	1.3	0.3	木	下殘	始建國元年
86EDT5H:83	10.2	0.9	0.2	木	下、左側殘	
86EDT5H: 191+124+84	23.2	1.1	0.3	木	上殘	
86EDT5H:85	9.5	1	0.3	木	下、左側殘	
86EDT5H:86	10.6	0.8	0.3	木	上、下、左側殘	
86EDT5H:87	9	1	0.2	木	上殘	
86EDT5H:88	8.5	1.2	0.2	木	下殘	
86EDT5H:89	10.7	1.1	0.2	木	上殘	
86EDT5H:90	8.7	1.4	0.2	木	上、下殘	
86EDT5H:91	11.2	1	0.2	木	上、下殘	
86EDT5H:92	9.6	1.3	0.2	木	下殘	
86EDT5H:93	8.5	1.1	0.2	木	上、下殘	
86EDT5H:94	15.8	1.1	0.2	木	上、下殘	
86EDT5H:95	10	1.2	0.2	木	上、下殘	
86EDT5H:96	8.7	1	0.3	木	下、右側殘	
86EDT5H:97	9.2	1.5	0.4	木	上殘	
86EDT5H:98	10	1.1	0.2	木	下殘，下端焦黑	
86EDT5H:100	13.5	1.2	0.4	木	上殘	
86EDT5H:101	10.6	1	0.2	木	下殘	
86EDT5H:102	12	1.1	0.5	木	下殘，下端焦黑	
86EDT5H:103	11.7	1.2	0.2	木	下殘	
86EDT5H:104	10.8	1	0.2	木	上殘	
86EDT5H:105	12.4	0.7	0.1	木	上、下、左側、右側殘	
86EDT5H:106	8.6	1.4	0.2	木	右上角略殘、下殘	居攝三年
86EDT5H:107	10	1	0.3	木	左上角略殘、右側殘	
86EDT5H:108	9.2	1.1	0.4	木	上、下殘	
86EDT5H:109	9.7	1	0.2	木	上、下殘	
86EDT5H:110	10.1	1.1	0.2	木	下殘	
86EDT5H:112	6.2	0.9	0.3	木	上殘，上端焦黑	
86EDT5H:113	9.6	1	0.2	木	上殘	
86EDT5H:114	10	1.2	0.2	木	下殘，下端焦黑	
86EDT5H:115	9.2	1.3	0.3	木	上、下殘	
86EDT5H:116	8.3	1.3	0.2	木	上、下殘，下端焦黑	
86EDT5H:117	8.9	0.8	0.2	木	上、下殘	
86EDT5H:118	9.5	1.2	0.3	木	上、下殘	
86EDT5H:119	9	1.4	0.3	木	下殘	
86EDT5H:120	7.9	1.3	0.2	木	上、下殘	
86EDT5H:121	7.8	1.1	0.3	木	下殘	
86EDT5H:122	9.1	1.1	0.2	木	下殘	
86EDT5H:123+127	11.4	1.1	0.2	木	下殘，下端焦黑	
86EDT5H:125	10	1	0.2	木	上、下殘	
86EDT5H:126	8.8	1.1	0.2	木	上殘	

簡號	長度	寬度	厚度	質地	完殘狀况	備注
86EDT5H:128	8.7	1	0.2	木	下殘	
86EDT5H:129	7.8	1.3	0.3	木	上、下殘	
86EDT5H:130	7.6	1.2	0.2	木	上殘	
86EDT5H:131	8.4	1.1	0.3	木	下殘	始建國元年
86EDT5H:132	9.2	1.5	0.3	木	下殘	
86EDT5H:133	9.2	1	0.2	木	下、右側殘	
86EDT5H:134	8.7	1.2	0.3	木	上、下殘	
86EDT5H:135	8.1	1	0.3	木	下殘	
86EDT5H:136	9.6	1.1	0.2	木	上、下殘	
86EDT5H:137	8.2	1	0.3	木	下殘	
86EDT5H:138	8.5	1.2	0.4	木	下殘、下端焦黑	
86EDT5H:139	6.5	1.2	0.4	木	下殘	
86EDT5H:140	5.2	1.3	0.2	木	上、左側殘	
86EDT5H:141+160	7.1	1.5	0.3	木	上、下、左側殘	居攝三年
86EDT5H:142	9	0.7	0.2	木	殘缺	
86EDT5H:143	10.1	0.9	0.2	木	上、下、左側殘	
86EDT5H:144	6	0.8	0.1	木	上、下、右側殘	
86EDT5H:146	7	1	0.2	木	下、右側殘	
86EDT5H:147	6	1	0.1	木	上殘	
86EDT5H:148	8.3	0.7	0.2	木	上、下、右側殘	
86EDT5H:149	10.5	1	0.2	木	上、左側殘	
86EDT5H:150	7.6	1.1	0.2	木	上、下殘	
86EDT5H:151	7.5	0.8	0.3	木	下、左側殘	
86EDT5H:152	4	1.2	0.2	木	下殘	
86EDT5H:153	9.6	1.1	0.3	木	上殘	
86EDT5H:154	6	0.7	0.2	木	上、左側殘	
86EDT5H:155	6	1	0.2	木	下殘	
86EDT5H:156	6.4	1.1	0.2	木	下殘	
86EDT5H:157	5.5	1.2	0.2	木	下殘	
86EDT5H:158+239	13.3	1	0.3	木	下殘	始建國三年

簡號	長度	寬度	厚度	質地	完殘狀况	備注
86EDT5H:159	6.7	1	0.3	木	上殘，上端焦黑	
86EDT5H:161	7.4	1.4	0.2	木	下殘	
86EDT5H:162	6.7	1.1	0.3	木	下殘	
86EDT5H:163	6.1	1.1	0.4	木	上、下殘	
86EDT5H:164	7	1	0.2	木	上殘	
86EDT5H:165	7	1.3	0.2	木	上殘	
86EDT5H:166+167	12.5	1	0.3	木	下殘	
86EDT5H:168	6.8	1	0.2	木	下、左殘	
86EDT5H:169	5.5	1.3	0.2	木	上、左側殘	
86EDT5H:170	0.8	1.3	0.2	木	右上、下殘	
86EDT5H:171	7.3	1.1	0.2	木	上、下、右側殘	
86EDT5H:172	7.6	1.2	0.2	木	上、下殘	
86EDT5H:173	8	1.2	0.2	木	上、下殘	
86EDT5H:174	7.7	1.1	0.3	木	上、下殘	
86EDT5H:175	6.2	1.3	0.3	木	下殘，下端焦黑	
86EDT5H:176	4.5	1.4	0.3	木	上、下殘	
86EDT5H:178	7	1	0.3	木	上、下殘，上端開裂，下端焦黑	
86EDT5H:179	5.9	1	0.3	木	上、下殘	
86EDT5H:181	6.4	1.1	0.3	木	上、下殘	
86EDT5H:182	5.5	0.9	0.2	木	上殘	
86EDT5H:183	6.3	1.1	0.3	木	下殘	
86EDT5H:184	5.2	0.8	0.3	木	上、下殘	
86EDT5H:185	5.5	1	0.4	木	上、下殘	
86EDT5H:186	5	1.1	0.2	木	下殘	
86EDT5H:187	4.8	0.9	0.2	木	上、下殘	
86EDT5H:188	5	1.1	0.1	木	削衣	
86EDT5H:189	4.4	1.4	0.2	木	上殘	
86EDT5H:190	4.1	1.2	0.2	木	上、下殘	
86EDT5H:192	6	1.3	0.2	木	下殘	
86EDT5H:193	5	1.5	0.2	木	下、左側殘，上端開裂	
86EDT5H:194	3.5	1.2	0.2	木	下殘	

簡號	長度	寬度	厚度	質地	完殘狀況	備注
86EDT5H:196	4	1.2	0.2	木	上殘	
86EDT5H:197	9.3	1	0.2	木	上、下殘	
86EDT5H:198	4.5	1.2	0.2	木	上、下殘	
86EDT5H:199	3.6	0.8	0.2	木	上、下、右側殘	
86EDT5H:200	5	0.8	0.2	木	下殘	
86EDT5H:201	4.5	1	0.2	木	下殘	
86EDT5H:202	4.9	0.9	0.2	木	上、下殘	
86EDT5H:203	4	1	0.3	木	上、下殘	
86EDT5H:204	5.1	0.8	0.2	木	上、下、右側殘	
86EDT5H:205	9.6	0.9	0.2	木	上、下殘	
86EDT5H:206	5.1	0.9	0.1	木	下殘	
86EDT5H:207	11	0.9	0.2	木	上、下、左側殘	
86EDT5H:208	4.5	0.8	0.2	木	下殘	
86EDT5H:209	13.8	1	0.2	木	上殘	
86EDT5H:210	12	1	0.3	木	下殘	
86EDT5H:211	8.2	1.3	0.2	木	上、下殘	
86EDT5H:212	10.5	1.2	0.3	木	上、下、左側、右側殘	
86EDT5H:213	4.7	1.2	0.2	木	上、下殘	
86EDT5H:214	7.7	1	0.2	木	上、下殘	
86EDT5H:215	6.5	0.9	0.1	木	下、左側、右側殘	
86EDT5H:216	4.5	1.1	0.3	木	上、下殘	
86EDT5H:217	4	1	0.3	木	下、右側殘	
86EDT5H:218	2.5	0.9	0.2	木	上、下殘	
86EDT5H:219	3.6	1.2	0.2	木	下殘	
86EDT5H:220	3.8	1	0.2	木	上、下殘	
86EDT5H:221	5.4	0.9	0.2	木	上、下殘，下端焦黑	
86EDT5H:222	5.5	1	0.2	木	上、下殘	居攝三年
86EDT5H:223	7.3	0.9	0.3	木	上、下殘	
86EDT5H:224	4.9	1.3	0.4	木	下殘	
86EDT5H:225	5.4	1.1	0.3	木	下殘，斷裂已粘合	
86EDT5H:226	4.5	1.5	0.3	木	上、下殘	
86EDT5H:227	4.7	1.2	0.2	木	上、下殘	
86EDT5H:228	9	1	0.3	木	上、下殘	
86EDT5H:229	10.5	1	0.3	木	上、下殘	
86EDT5H:230	7.5	1.2	0.2	木	上、下殘	
86EDT5H:231	2.5	1	0.2	木	下殘	
86EDT5H:232	4	1	0.3	木	上、下、左側、右側殘，下端焦黑	
86EDT5H:233	4.8	1.3	0.3	木	上、下、左側、右側殘	
86EDT5H:234	5	1.1	0.4	木	上、下殘，兩端焦黑	
86EDT5H:235	3.3	1	0.3	木	上、下殘	
86EDT5H:236	2.7	1.2	0.4	木	下殘	
86EDT5H:237	4.5	0.9	0.3	木	上、下殘	
86EDT5H:238	3	0.8	0.3	木	下殘	
86EDT5H:240	3.1	1.1	0.2	木	上、下殘	
86EDT5H:241	3.2	1.2	0.2	木	下殘，下端焦黑	
86EDT5H:242	4.3	0.7	0.2	木	上、下、右側殘	
86EDT5H:243	5.3	1.8	0.4	木	下殘	
86EDT5H:244	2.6	1	0.2	木	上殘	
86EDT5H:245	6.8	1.6	0.5	木	上、下殘	
86EDT5H:246	5.8	1.3	0.3	木	上、下殘	
86EDT5H:247	5.2	1.3	0.2	木	上、下殘	
86EDT5H:248	6	1.1	0.2	木	上殘	
86EDT5H:249	5.2	1.2	0.3	木	下殘	
86EDT5H:250	3.9	1.3	0.2	木	上、下殘	
86EJC:1	9.6	2.1	0.2	木	左上、下殘	永始三年
86EJC:2	7.2	1.3	0.2	木	上、下殘，上端開裂	
86EJC:3	7.5	1.9	0.3	木	上、左側、下殘，上端焦黑	
86EJC:4	5	1.2	0.2	木	下殘	
86EJC:5	6.3	0.7	0.2	木	下殘	
86EJC:6	3	1.3	0.2	木	下殘	
86EJC:7	4.2	1	0.3	木	上、下殘	
86EJC:8	4	0.9	0.2	木	下、左側殘	始建國元年
86EJC:9	7	1.3	0.2	木	上、下、左側、右側殘，上部開裂	

簡號	長度	寬度	厚度	質地	完殘狀況	備注
86EJC:10	2.3	1	0.2	木	上、下殘	
86EJC:11	3	0.6	0.1	木	上、下殘	
86EJC:12	7.3	0.7	0.1	木	上殘	
86EJC:13	3	0.7	0.1	木	上、下、右側殘	
86EJC:14	6.7	2.4	0.3	木	下、右側殘	
86EJC:15	4.2	1	0.1	木	下、右側殘	
86EJC:16	3	0.7	0.1	木	下殘	
86EJC:17	2.2	1.1	0.2	木	上、下殘	
86EJC:18	2.7	0.8	0.1	木	上、下殘	
86EJC:19	3	0.8	0.1	木	上、下、左側、右側殘	
86EJC:20	4	0.5	0.2	木	上、下、左側殘	
86EJC:21	6	0.5	0.1	木	上、下、左側、右側殘	
86EJC:22	1.8	0.8	0.1	木	下殘	
86EJC:23	2	0.8	0.1	木	下殘	
86EJC:24	1.6	0.7	0.1	木	下殘	
86EJC:25	6.8	1.9	0.8	木	上、下殘，上端開裂	